跨域视角下的文化政策研究

A Cultural Policy Study from an Inter-Disciplinary Perspective

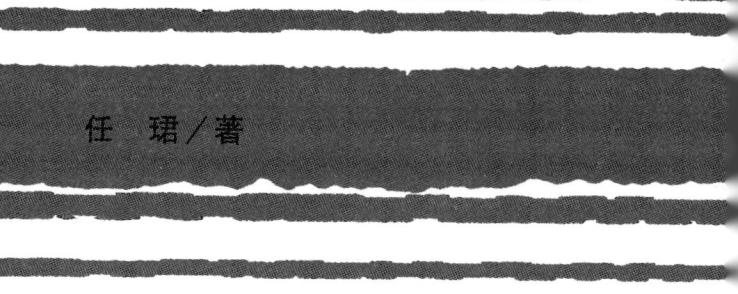

任珺 / 著

社会科学文献出版社
SOCIAL SCIENCES ACADEMIC PRESS (CHINA)

序 一

彭立勋

费孝通先生曾指出：20世纪90年代以后，在多元文化中生活的人们还未能找到一个和平共处的共同秩序。针对全球所面临的这一危机，他提出了文化自觉的理论范畴。费孝通先生所提出的"文化自觉"说，不仅强调要对中国文化传统、我们的生活方式、发展道路进行重新思考；而且更要能够既重视自身传统，又能学习他人的优点，为人类创造新的具有时代前瞻性的文化发展模式。他期望中国学术界能够开创学术新风气，着眼于一种宏阔的全球文化视角，而中国学者则能够在社会转型期担当积极的角色。至今，这一命题在理论界和文化实践中仍具有积极的引导意义。而文化战略和政策的选择和实施，正是文化自觉的一种突出体现。

文化是一个内涵丰富复杂多变的概念。在某种意义上，文化体现的是个体和群体某种带有自我构建和他者构建特征的生活方式。所以，我们不仅需要关注精神性的文化存在，更要密切关怀涉及个体或群体生活方式、生存方式的文化实践活动。当文化作为社会管理的新领域出现时，有关文化的规范和管理的文化政策就出现了。随之，关系到生产和管理文化产品的内容和形式的体制机制也逐步建立起来。这是当代文化政策和文化管理体制产生的背景。利用文化政策作出有针对性的制度安排，对与文化发展相关的社会公私行为进行有选择性的约束和指引，是当今社会各个国家和地区普遍的选择。任珺的《跨域视角下的文化政策研究》一书正是立足于此，开展与当代文化实践紧密结合的文化政策理论问题研究。它运用跨学科研究方法，对国际、民族国家、城市不同层面文化政策的各个分支领域的发展状况及当今研究的热点问题，进行了全面梳理和深入探讨。以文化政策作为研究对象而展开的跨学科研究的著作，在国内学术界还不多见。这一学术研究路径对目前中国正在努力构建的文化强国战略，具有重要的理论和实践意义。

荷兰哲学家冯·皮尔森在20世纪70年代，从文化人类学和哲学的高度提出过关于文化战略的思考。他将文化视为按一定意图对自然或自然物进行转化的人类全部活动的总和。尽管文化表面上呈现出积累的形态，但皮尔森教授所强调的"文化"不是一个名词，而是一个动词；文化必须变得更有动态性，更注重未来取向。基于这一认识，他提出文化战略实质是人类的生存战略。冷战后，对主流文化的争夺即国际权力斗争的具体表征。当今社会文化与政治、经济相互交融，文化的意识形态属性更为深入、更为隐蔽。发达国家非常重视对内通过文化活动与措施增强国民的文化身份认同及民主实践，对外则通过贸易及传媒行销它们的价值观念和生活方式。作为一种带有强烈文化价值取向的全局性、总体性的长远谋划，国家文化战略在很多发达国家都很受重视。中国也不能例外。文化强国战略的提出，对我国来说其中最大的突破是对文化的功能有了一种崭新的定位。文化越来越成为民族凝聚力和创造力的重要源泉，越来越成为综合国力竞争的重要因素。联合国教科文组织曾提出"文化既是发展的目标，也是评价发展水平、发展质量的指标"。2013年联合国教科文组织杭州大会进一步倡议：把文化置于全球可持续发展议程之中心地位。在某种意义上，文化处于统领政治、经济、社会和生态五位一体建设的核心。建设文化强国，实现人类发展的终极目标，不只是为了国际软实力较量，更是中国希望给以世界的独特发展经验。据此，我们更应该结合自己的国情和新的实践，加强对文化的战略研究。任珺的《跨域视角下的文化政策研究》一书提出了"建构中国语境下的文化政策研究"，并对此作了积极探索，总结了近年来中国实施文化战略和政策的新经验、新理论、新观点，这是极有价值的。

随着城市化和全球城市发展的推进，城市作为全球战略节点的变化与影响日益重要。城市为文化实践提供了重要的试验场域。对中国城市来说，地方嵌入和联结全球生产网络的过程充斥着传统与现代的抗衡。如何维持传统与现代的平衡、全球性与地方性的平衡，成为城市发展的关键。

世界城市运用文化策略汇集文化资本、社会资本和经济资本，整合区域软资产，创新性地推动城市功能升级的发展路径，带给我们诸多的启示。未来中国城市治理结构的变革对转变城市政府职能、培育参与城市管理的多元主体、提高政府的治理能力这三方面内容都提出了新的要求。目前中国各个试点城市广泛推动的文化体制改革，为地方转型提供了文化领域内的治理经验。政府将从传统的公共文化产品的直接提供者，逐步转变为公共文化管理的宏观协调者。政府在提供基础性的公共文化物品和服务方面仍有不可推卸的责任，但在其他具体的微观领域，政府则尽可能地退出，引入市场机制和社会力量，鼓励更多的参与者共同治理。《跨域视角下的文化政策研究》一书在论及文化政策一般性问题的同时，重点关注了国际领域内的"文化治理"与"文化参与"概念的发展，从理论到实践，甚至包括政策工具的探讨，为我们提供了一个全球比较的视角。实际上，两个概念之间具有一定的关联性，与逐步发展起来的文化权利理念有着深层的内在联系。公民文化参与的过程，既是个体文化近用的方式，也是公民自身能力的建构。公共部门、私营部门、非营利组织和公民个体组成的共同治理结构，也有赖于各方面治理能力的提升。现阶段中国各参与主体治理能力发展是不均衡的，因此，亟待相关政策措施积极引导并促进公民文化参与的成熟。这一议题的现实意义是不言而喻的。

深圳的发展是中国改革开放的缩影。深圳的文化建设也伴随着改革开放和经济社会发展迅速迈进。2003年深圳提出实施"文化立市"战略，这是在城市文化战略和政策上的一次大调整，显示这座迅速崛起的经济城市，对文化发展有了更高的自觉。2010年，深圳又进一步提出建设"文化强市"的战略目标，并将这一文化发展目标正式列入深圳市"十二五"国民经济和社会发展规划。十年来，深圳在城市价值观念建设、文化产品精品创作、公共文化服务体系及文化产业发展模式创新等方面都进行了卓有成效的探索，为中国提供了城市文化实践的经验。可以说，对于文化发展战略和政策的正确选择和实施，是深圳城市文化这些年来产生巨大变化的一个重要原因。作者选择深圳的探索和实践作为分析文化战略与政策的案例，无疑增加了理论的说服力。当然，深圳城市发展是否能作为中国城市发展的典范，乃至在全球发挥影响，还取决于深圳能否一如既往走改革创新发展之路。城市的可持续发展应以人的全面发展为旨归，文化策略可以引导管理者重新回归对人本身的关注。对此，笔者也和本书作者一样对深圳发展充满期待。

任珺在攻读研究生时，就钟情于文化研究。她的硕士论文是研究中国书院审美文化问题的。我有幸参加了她的硕士论文答辩，并应邀担任答辩委员会主任。她的论文获得专家一致好评。毕业后她先后在深圳市特区文化研究中心和深圳市社会科学院从事文化政策研究，勤奋治学，持之以恒，既深入钻研文化基本理论，又紧密联系当代中国文化实践，放眼国外文化建设的优秀经验，在公共文化政策和公共文化服务研究领域取得了丰硕成果。现在，她以此为基础，对文化政策进行了全面、系统研究，既有理论阐发，又有对策建议；既有对已有经验的反思，又有对未来发展的新见，相信这对文化政策的理论研究和实践探索都会大有裨益。我衷心祝贺这部新作问世，并望她今后不断有新的成果。

2013 年 12 月 11 日

序 二

吴予敏

不久前收到任珺发给我的她的这本新著全文，我一口气读下来，感到获益良多。

文化政策研究，是公共政策研究的一个组成部分，也是涉及面非常广的跨学科研究领域。这部著作，框架系统，逻辑严谨，资料翔实，论述精辟，给我们提供了这个领域的丰富的专门知识，同时也对全球文化治理问题、我国文化政策导向问题进行了深入的思考，对于学术研究和政策制定都有很大的启发。

对于社会制度和治理体制不同的国家来说，其制定文化政策的原则和思路是有很大不同的。一个国家在不同的发展阶段，对应不同的发展要求，其文化政策也有所不同。我们国家在改革开放之前，制定文化政策主要是从阶级斗争的意识形态出发。尽管党的八大曾经提出过国内的主要矛盾"是人民对于经济文化迅速发展的需要同当前经济文化不能满足人民需要的状况之间的矛盾。这一矛盾的实质，在我国社会主义制度已经建立的情况下，也就是先进的社会主义制度同落后的社会生产力之间的矛盾"。但是，阶级斗争的阴影长期覆盖了我国的文化建设，文化创造的多样性、文化传统的保护和继承、对外文化交流的开放性等等，都受制于文化意识形态的总控。这就形成了在文化政策方面优先的思考定式：一涉及文化问题，首先要问哪个阶级的文化，什么立场和导向的文化，为什么人服务的文化。按照马克思主义的观点，一定社会的政治经济制度，决定了文化的形态和性质。反过来，文化也会对政治经济制度发生影响。但是，文化又有它本身的发展规律，不同于一般的政治经济的规律。文化突出的特点就是它的普适性、共享性和独特性。文化的普适性意味着文化可以在一定程度上超越意识形态和社会政治制度的约束,在人类社会生活的广阔领域中唤起共鸣;文化的共享性意味着文化可以在一定程度上超越阶级和政治经济纷争,在社会共同体全体成员、全体公民中实现文化创造的公平机会;文化的独特性意味着任何一种文化的存在和发展在于它对于人类文化历史的独特创造与贡献,它也决定了世界上多元共生的文化的和谐环境。马克思主义是对于启蒙运动以来的思想遗产的高度概括和伟大创造,它高度肯定人的自由和人的解放的崇高价值。这一价值理念应当是文化观念的核心的本质的理念,也应当是我们制定文化政策、衡量文化政策的首要的尺度,这一尺度应该高于其他的政策和策略的尺度。当然,这似乎是一种老调重弹。但是,我们不要忘记的是,在党的十一届三中全会之前,我们国家曾经经历过多么令人窒息的文化专制主义的时代!文化专制主义也是一种文化政策,在中国有过深厚的历史基础,也会加上类似"文革"那样时髦的现代包装。

我很高兴地看到任珺的这部著作,从头到尾都贯穿了"公民文化权利"的思想红线。我更高兴的是,这些年来,深圳市对这个理念讲得最多,也最为响亮,并且在制定文化政策、实施文化工程层面有很多实实在在的建树,切实让人们普遍受惠。凡是有点历史知识的人,或者还没有对共和国的历史淡忘的人,都会充分理解这个理念的内在价值。在这部著作里面,对于文化政策和文化治理的观念的梳理和分析,并没有简单地问"姓社姓资",而是让我们看到全世界各个国家在文化政策方面的不同程度的进步,各国逐渐形成的文化共识,各自从传统和现实出发所制定的文化政策的建设性,以及文化政策制定过程中如何将人文主义精神和科学主义精神有机统一。对于今天的中国来说,不能再回到封闭保守的老路。其实老路就是歧路,就是死胡同。只有放眼看世界,以开放的、创造的心态,以人的自由解放的基本价值为理想,才能真正融入世界,成为当今世界上积极的文化创造力。文化政策固然也有避免改旗易帜的问题。文化的旗帜,本质上是文化认同的体现。有什么样的文化认同,就会有什么样的文化旗帜和文化气质。文化必须在公民社会权利的实现方面发挥建设性作用。文化与公民权利的本质契合,是文化认同的牢固根基。

刚刚结束的党的十八届三中全会提出"全面深化改革的总目标是完善和发展中国特色社会主义制度，推进国家治理体系和治理能力现代化。必须更加注重改革的系统性、整体性、协同性，加快发展社会主义市场经济、民主政治、先进文化、和谐社会、生态文明，让一切劳动、知识、技术、管理、资本的活力竞相迸发，让一切创造社会财富的源泉充分涌流，让发展成果更多更公平惠及全体人民"。这个非常有感召力的政策取向对于我们所从事的文化研究工作，又是新的指引。在研究和制定文化政策方面，我们要将理想性和现实性结合起来，从我国的国情出发，正视我们面临的社会发展和文化发展的问题，突出文化政策制定的科学性、前瞻性、可操作性和可检验性。我们国家在相当长的时间内还是一个发展中国家，文化发展的任务很重，要解决好地区和城乡之间的文化发展不平衡问题，解决好提高全民文化素质的问题，还任重道远。政府要通过制定科学的文化政策，准确定位市场、社会和政府三方在文化建设中的地位，将更多的发展空间、更多的文化创造的主动权交给市场和社会。我理解这就是在文化创造方面让社会活力竞相迸发，让文化创造源泉充分涌流的意思。从政府这方面来说，却是要集中力量做市场和社会没有足够能力做好的事情，就是要更多地做好公共文化服务体系的建设，这就是让文化成果更多更公平惠及全体人民的意思。我们国家的社会主义制度的优越性，在文化上就要体现在不能单纯地强调文化的产业效益，不要用经济发展的"GDP主义"的指挥棒来指挥文化建设，这和不要用阶级斗争意识形态的指挥棒来指挥文化建设是一样的道理。今天我们国家和各个地区（城市）的文化政策思路越来越成熟和稳定了，这是全体人民之福，也是我们对未来中国文化的全面复兴保持充分信心的一个条件。读了任珺的这本书，我想人们的信心应该更足了。

2013 年 12 月 11 日

目录 CONTENTS

001	导 言
011	**第一章 文化政策研究一般性问题**
011	第一节 文化政策：概念界定及政策内容
027	第二节 文化政策研究的一般方法与理论构建
050	**第二章 民族国家文化政策**
050	第一节 文化观念衍变与文化政策回应
065	第二节 西方文化政策的价值导向及选择路径
076	第三节 中国文化政策发展 20 年
092	**第三章 全球文化治理**
092	第一节 国际文化政策全球行动
107	第二节 全球治理与公共文化领域实践
119	第三节 城市规划中的地方性文化治理
134	**第四章 文化测度：寻求文化发展的标识**
134	第一节 文化指标研究：理论与实践
151	第二节 公共文化服务绩效测度

169	第三节	文化参与及文化近用测度
187	**第五章**	**城市文化政策**
187	第一节	文化遗产政策
200	第二节	文化艺术政策
215	第三节	文化社会政策
228	第四节	文化经济政策
245	第五节	创意城市：何以发展文化策略？ ——深圳文化立市十年实践（2003~2013）
257	附一	深圳在世界城市及中国大陆城市中的位置
263	参考文献	
273	后　记	

导 言

"文化自觉"是费孝通先生在世纪之交提出的命题，是指人们要对自身文化有一种自知之明。"知道在新的时代中华文明存在的意义，中华文明要为世界的未来发展做出什么样的贡献。"[①] 这需要我们不仅要清楚地认识中华文化传统及发展历程，而且能适应新的历史来调整自身文化，从而在文化转型过程中获得新生。当今世界对文化多样性包容与诉求的背后，隐含着未来人类更加激烈的软实力竞争。我们只有对自身文化生命力持有坚定的信念；只有清醒地认识文化发展的阶段性特征，准确判断和预测未来发展环境；主动担当传承民族优秀文化、吸收人类文明共同成果、繁荣发展中华文化的历史责任，才能在现代世界多元文化格局中获得民族文化的长久发展。任何一个进步的社会都不可能构筑思想堡垒，阻碍文化交流。未来是否能以开放、通达的心态对待文化沟通与合作，不断革新我们的文化发展模式和管理体制，是我们应对国际竞争成败的关键。

一 当代文化政策的全球发展态势

文化政策概念的历史渊源可以追溯久远，现代意义上将其视为民主国家政府的社会文化职能，还是在第二次世界大战以后。当时出现了许多新

[①] 方李莉：《费孝通先生晚年跨越的最后一重山》，《中国文化报》2010 年 11 月 26 日。

兴的民族国家，它们除了面临政治体制的选择与构建任务之外，还必须考虑政府的政策选择问题，以便更好地维持本国政治、经济、社会秩序的稳定与发展。以此为开端，政府利用文化政策对文化发展相关的社会公私行为做出有选择性的约束和指引，是当今许多国家和地区的普遍做法。文化政策首先在民族国家和国际层面发起。当文化被纳入公共政策领域时，其中文化艺术的独立性大部分都消失了。因此，我们可以看到文化政策的内容范围在不断拓展。从依托精英文化传播普遍价值观，到借助文化功能性和生产性活动，通过文化参与、文化消费使个体满足与社会利益相统一。文化政策不仅关注文化遗产的保护与继承、传统及现代艺术的发展，而且公共干预的落脚点更多地放置于文化的社会政策及产业政策领域。随着国际交流日趋频密，民族国家之间相互借鉴，文化政策措施在相当程度上体现了某种"主流"趋势和同一性。

总体来说，西方国家经历了从传统欧陆模式的现代国家干预和公共赞助，到市场调控转化的潮流。全球化及传播技术的发展，使得各个民族国家的发展不可避免地受到影响。发展中国家也程度不一地从各自传统模式中寻求革新之路，以适应内外部环境的变化。不同国家和区域受国家政体、管理体制、社会经济发展程度和文化传统等因素影响，所采取的文化政策措施是不尽相同的。但促进社会公正平等、实现人类的可持续发展等目标，是世界各国共同的期望，这也是开展国际文化对话与合作的基点。

20世纪80年代始，文化政策开启了从国家视角向城市视角的转换。城市中的社区成为诸多创新性活动的场域。这是由于人们日益认识到社区生活质量是生活中的决定性因素；社区更贴近个人和社区团体利益，解决种种不易处理的问题。文化图谱（cultural mapping）及文化规划（cultural planning）在城市发展中的引入，不只是表面上呈现出的文化资源策略运用问题。它要求专家学者和政策制定者们在设计和实施项目时，应将文化因素的分析贯穿于始终。文化的整体性特征（也即综合发展思维）可以促使人们从人类福祉的长远影响角度看待问题，而不是把目光只盯在项目本身的社会成本－收益（经济思维）分析模式上。

文化政策与政治、意识形态存在着纠缠不清的复杂关系。毋庸置疑，文化政策受一定的社会准则和价值观影响，这最终决定公共文化资源分配的基本原则和文化政策的发展方向。一些国家，如美国，为了回避意识形态问题，声称国家并无文化政策，奉行尽量不干预的政策。英国一些学者也否认本国存在国家文化政策一说，只承认有区域或城市的文化发展策略。这不足以证明这些国家没有文化政策。事实上，只是隐藏于各项具体政策与措施之中而已。① 有国外学者称这类为"描述性文化政策"（descriptive policy）②或自由的文化政策。近年来，由于民族国家文化政策内外部环境日益复杂，连美国奥巴马政府也开始修正政策措施，增加对美国艺术基金会的补助，积极推动文化外交。

我国过去一段时间文化艺术高度意识形态化的特殊经历，使得普通民众对"文化政策"普遍产生误解，认为文化从属于政治，文化政策与政治意识形态密切关联。尽管这一观念不完全错，但却片面化了文化政策的功能。近30年来人们的认识发生了很大的改变，文化的独立性逐渐被认知，尤其文化生产力的解放使民众看到了文化的经济力量，以及文化的物的特性。然而国内对文化政策的理解大多还局限于文化政策的狭义定义——文化领域内的法律法规和各项规章制度③。这与我国主要采纳"指令性文化政策"（prescriptive policy）有关，即以一套事先构思及公布的成文政策来实施。因此，文化政策往往被视为政府的单一行为——监督并实施相关规章制度。随着有限政府的发展、社会建设的完善，政府与社会的互动关系在文化政策领域也将日益被重视。文化产品及服务的供给需要扩张到更大的社会环境中去考虑，政府和公共部门的职责应只限于提供好基本的供应量和质，其他的则交给社会和市场予以补充。从这个意义上来说，文化政策从来就是，而且将一直是一项重要的社会政策。在中国未来

---

① 法国学者认为美国中央政府、地方政府（州、郡县、市）都在积极但不均等地支持文化和艺术。美国在绝大多数领域都存在对艺术和文化生活的官方和半官方支持，只是比较"分散"而已。〔法〕贝尔纳·古奈（Bernard Gournay）著《反思文化例外论》，李颖译，社会科学文献出版社，2010，第44~45页。
② 西方学者把民族国家文化政策分为三种类型，即指令性文化政策（prescriptive policy）、描述性文化政策（descriptive policy）及回应性文化政策（reactive policy）。
③ 在我国尤其集中指向中国共产党历届代表大会报告和中国历届人大政府工作报告涉及文化的部分。李河、张晓明称之为一切政策中的第一政策（the policy of all policies）。

发展趋势中，社会文化的管理一定是以政府为主体的多元结构。包括不同形式的社群、社会组织等组织化实体及公民个人都应参与到社会管理中。当然这一过程还亟须建立相应的制度与机制予以保障。

进入21世纪，文化政策领域分散化，文化政策议题多元化。首先，全球市场的来临及信息传播环境的变化，使得文化政策更具广泛的政治意义。民族国家开始加强对文化开发和文化作品内容独创性和民族性的保护性管理；强调民众文化生活的创造性和参与性；从消极的资产保护或展演转移到积极而整体的社会重建。各民族国家纷纷制定文化战略，展开了一场新的全球竞争。其次，文化政策更关注于"文化价值"的"外部利益"，工具化特征明显。政治目标、经济目标、社会目标……文化本身的目标到底是如何？其中文化应扮演怎样的角色和作用？国际社会对这些问题一直存在争议。国外有学者质疑文化经济的发展，未能实现普遍的文化民主，反而使社会分层加剧，可见市场手段的局限性。再反观早期西欧福利国家在推行文化民主化措施——大力修建文化基础设施、开展文化艺术普及活动时，也是期望公共举措可以弥补市场的不足，但调查研究显示：受惠群体也极为有限，并呈固定趋势。政府失灵现象同样存在。对于文化政策未来发展方向，国际社会讨论诸多，主要聚焦于文化与发展的关系层面。我认为文化政策需要重返人本主义精神，开启新的文化启蒙。但此时的启蒙方式不再是以往精英式的自上而下传播，而是强调以文化参与的方式——双向流动的过程——培育、增强民众创造能力及治理能力，最终达到人类的全面发展和可持续发展的目标。

二 文化政策研究的新趋势及当代意义

文化政策研究是一个新兴的研究领域，与理论研究相比而言，政策研究主要着眼于解决社会实践问题。文化政策研究领域有两个截然不同的研究路径：工具性的政策研究和批判性的文化研究。甚至工具性的政策研究也还存在完全不同学科视角的分析框架，这使得文化政策学科内部的学术传统本身就存在着不一致的因素，甚至是对抗的焦点。从学术根源来看，文化政策研究是源于西方知识谱系的学术研究，学科的知识架构不可避免带有西方学科色彩。当文化政策研究在进行本土化学科建设时，首先脱离不了该领域基本理论及研究方法的运用；其次应注重与中国实践的结合，着力解决当代中国发展存在的问题，以加强我们的研究和政策分析能力。英国学者伊格尔顿（Terry Eagleton）认为，"文化在本质上是实践，是生产。文化研究的根本目的不是为了解释文化，而是为了实践地改造和建设文化。"这一思想同样可用以描述文化政策研究。无论如何，文化政策研究始终反映了知识分子对社会实践的积极介入。

  当今文化政策在研究方法上，工具性政策研究路径常采用测绘法（mapping）和比较分析法（comparative analysis）。测绘法主要是运用跨学科知识对文化政策所处的制度背景、社会资源等，作组织、功能和运作系统的综合分析，把研究对象放置在一个宏大的谱系中，关注文化政策过程所置身的政治、社会及经济环境的影响。比较分析法，通常是共时性的跨区域对比及历时性的历史比较。通过归纳对比研究，有助于理解不同文化政策过程中的共性特征及相异之处；也有助于寻找政策分析规律，提高政策分析的有效性和普遍性。批判性文化研究路径则常采用深度描述法（thick description）和文本分析法（text analysis）。深度描述方法来自于文化人类学，是对研究对象进行一种解释性描述。通过把文化政策过程中的研究对象放置于文化系统复杂关系中去观察，以加深对政策行为背景与意义的理解。文本分析法是文化研究常用的方法，这里不再是文学（文献）文本，而是把文化政策实践作为研究文本对象，运用符号学和结构主义的分析方法阐释其中的结构和象征意义，探寻受众对意义的不同解读方式，揭示文本中所隐藏的意识形态的操纵力量。

  目前当代文化政策研究逐步从单一性、简单性，发展到多样性、复杂性，内容更加注重文化整体性、应用性、适应性方面的研究。从文化政策内部研究来看，平等公正的价值理念仍然是公共政策追求的终极目标。当今我们需要的是一种机会平等，普通民众可以平等地参与文化生活，享受社会发展所带来的进步；乃至更为广泛地体现在每个个体能在公平竞争中运用知识、创造财富、追求利益的平等，保持社会公正，维护社会的动态平衡。这亟须文化政策研究能够在理论与实践中破除文化参与方面物质或非物质性障碍，扩大每个人的文化机会和选择范围。因此，创造面向所有人的"文化的可接近性""文化参与的可及性"（Access and Availability）途径，不仅是一项重要的政策议题，也是理论界探索的重点。与之相关的是组织、制度研究，如何通过组织管理、沟通协调，为这种平等自由提供最大限度的空间，使之有序平衡发展；以及如何在文化行政管理方面，完善立法、契约、谈判、监督等制度性保障，都是文化政策研究在进行制度设计时尤为关注的。

从文化政策外部研究来看，当代文化政策所处的时代背景，包括资源和市场的全球化所带来的民族文化身份（或民族国家文化主权）意识的危机、跨文化的价值冲突、文化同质化趋势；文化传播渠道和消费模式的巨变对人文价值的冲击、人际交往环境的改变等等，都影响着民族国家文化政策的发展。有些甚至被列入文化政策议程中，成为当代亟待解决的问题。现阶段西方学术界主要致力于"文化价值与生活方式""公众参与和文化生活""信息时代的文化管理""新科技革命与文化环境""文化经济与知识网络"等领域的深入探讨。国际社会中的文化政策研究，则对"文化是人类可持续发展的关键"论题积极作为，反对工具性文化观，主张赋予文化以建设性、决定性和创造性的意义。研究课题包括探讨创意对人类的发展贡献，文化在和平与和解中的作用，文化领域内的公私合作伙伴关系，等等。2013年联合国教科文组织杭州大会上的议题，可见一斑。这些研究内容对我国文化政策研究有极大的启发意义，有些主题也同样需要我国理论界结合中国实际去研究探讨。

文化发展的模式不是单一的，文化政策的发展模式及研究模式也同样可以多元化。有很多发达国家或地区的成功做法值得我们去学习，但政策措施的简单移植往往是一种不切实际的行为，同一政策在不同机构、不同社会文化和经济基础背景下必然会产生不同的作用和效果。国内一些地区直接借用了来自发达国家和城市的成熟经验——百分比公共艺术政策，以及文化领域内的公私合作伙伴关系[①]运作机制，等等。有

---

① 即PPP模式，Public-Private-Partnership的字母缩写，是指政府与私人组织之间，为了合作建设城市基础设施项目，或是为了提供某种公共物品和服务，以特许权协议为基础，彼此之间形成一种伙伴式的合作关系。通过签署合同明确双方的权利和义务，以确保合作的顺利完成，最终使合作各方达到比预期单独行动更为有利的结果。

些成功了,但也有失败的教训。失败的最终原因就是政策举措背后的体制机制不能为其提供顺畅运行的保障。这提醒我们在研究具体政策时,应关注政策背后的利益博弈和其他制约因素。借鉴发达地区政策经验时,应将本土知识体系和地方特色融入政策、制度和规划环境中。当前,我们的文化政策理论与实践既需要能够从过去的践行中汲取营养,又需要能够对特定制度的缺陷保持清醒的认识,回应国内社会的需求及全球化的挑战。我们未来的发展应不拘泥于制度框架,通过不断强化政府解决关键性公共问题和社会焦点问题的能力,为全球处理文化与发展关系提供中国的思想和经验。

三 本书的研究方法及内容架构

本书以文化政策为研究对象,运用公共政策、政治经济、文化研究、统计与测量等分析方法尝试进行跨学科的综合研究。通过纵向历史研究专注于当代文化政策在社会演进中的变量,着力探讨历时性发展问题;横向研究涉及国际、区域、民族国家、城市及地区不同层面文化政策的各个分支领域的发展状况,通过比较研究专注于解决文化发展中的共时性问题。本书试图建立一个对"文化政策研究"较为完整的认知框架,探索现代理论与实践知识相结合的研究路径。文化政策的发展并无统一的模式。我们需要在实践中不断学习,寻找解决的途径和对策,形成自己的发展理论和创新方案。脱离实际机械照搬西方模式是不利于本国文化政策发展的,必须结合本国的制度、社会环境,充分理解各自所处条件的根本差异,才能在西方有效的经验中借鉴良方运用于我们的发展。当今社会,国际环境因素的影响有增无减,立足于本地实践与全球视野的结合,将有助于提升我国社会文化问题的治理能力和决策能力;拓展文化政策跨区域、国际性政策的协调与合作。

全书的主要内容及结构框架如下。

第一章文化政策研究一般性问题。本章梳理了学术界对文化政策概念的界定,对文化政策内容形式等作了较为详细的阐释。通过比较研究,呈现了不同民族国家在文化政策的目标、文化政策的资源及文化政策的成果等方面,存在的差异和相通之处。对西方文化政策研究领域的两种研究路径——工具性的政策研究和批判性的文化研究的研究方法与理论焦点,作了简要的分析。概述了我国文化政策研究现状及走向,并对如何建构中国语境下的文化政策研究提出自己的看法。

第二章民族国家文化政策。第二次世界大战后当代文化政策的兴起是从民族国家开始的。民族国家文化政策内容的拓展与文化观念的发展密不可分,文化政策对人类社会的综合性影响与文化的多元价值功能相关。不同民族国家文化政策,除了受政治体制、社会经济状况等制约以外,传统文化思维观念也是重要的影响因素。中西方文化观念对文化政策影响的比较研究,有助于我们厘清文化发展的道路不是单一的,通过比较研究,可以寻求实施善治的基本原则。本章还对西方国家文化政策价值导向及政策选择进行了研究,从西方当代文化政策发展道路中发现问题,反思我们自己的道路。20 世纪 90 年代,中国一些经济发达城市和地区开启了文化发展战略实践,近 20 多年是中国文化政策发展的重要转型期。文化体制改革促进了公共文化服务体系的构建和文化产业的发展。在未来的国际竞争中,我国所面临的机遇与挑战并存,谋划应对策略、增强软实力是发展的关键。

第三章全球文化治理。在全球化、区域化日益加剧的环境下,基于对文化与发展关系的国际共识,国际组织对各层级文化政策的推行与发展起了很大的促进作用。欧盟文化政策实践是区域发展的典型代表,它所经历的沿革、面临的困境,具有重要的启示作用。"治理"是当今全球十分热门的新理念,它在公共文化领域的出现,展现的是一种新型的文化管理机制。以治理网络为基础的文化互动模式,以"合作"取代了"管理",政府不再是单一行为主体,政府与社会的互动关系被逐步放大。对不同国家和地区文化治理运作模式开展经验性研究,有助于地区探索因地制宜的运作机制和发展道路。城市,尤其是城市中的社区是文化治理最重要的试验场。西方城市规划过程对文化资源的利用,不同的历史阶段大致产生了三种发展模式。分析其中的成效及问题,对中国目前的城市规划与管理有重要的借鉴意义。

第四章文化测度:寻求文化发展的标识。采用一定的测量方法,获取文化信息、量度并评估文化发展状况,是目前国际上广为关注的研究领域。文化测量与统计是文化管理技术的重要内容之一。无论是理论还是实践，文化测度都尚处于探索阶段。本章对文化指标研究的国际发展状况作了阐述，对一些民族国家和地区的文化测度经验作了具体分析。重点对国内关注的公共文化服务的绩效测度、国际关注的文化参与文化近用测度作了详尽的研究，对测量内容及方法、文化指标与文化政策之间的关系等议题进行了深入的分析。

第五章城市文化政策。全球化既带来城市主体地位的提升，同时也吞噬和同化许多富有地域特色的城市文化。如何充分利用发展性的文化资源，制定和实施城市文化发展战略与政策，成为城市管理者的必然选择。城市发展中的众多社会问题如社会融合、经济转型、生活质量提升等，可以从文化政策的角度寻找有效解决的办法。城市文化政策从功能和目标出发，可划分为文化遗产政策、文化艺术政策、文化社会政策及文化经济政策。本章论述虽立足于城市管理，但并不局限于城市范围。在探讨文化政策各领域核心议题的同时，也对我国相关领域发展进行了政策思考。地方经验可以提供很多创新思维，帮助我们理解文化对城市的促进作用。本章最后以深圳文化立市10年探索作为案例研究，分析了深圳基于文化权利理论基础上的城市文化策略与作为。深圳在实践中产生的地方性知识是城市软实力的核心，成就了这座新兴移民城市的创新发展。

本书一部分内容之前已经在专业学术期刊、书籍上发表过，但为了书稿整体需要，这些内容都已进行了详细的修改补充，增加了大量新的分析和资料；有些还作了重新的思考与写作。以前发表过的论文曾出现在：《中国社会科学报》、《文化产业导刊》、《中国文化产业评论》（上海人民出版社）、《文化战略与管理》（上海人民出版社）、《文化产业研究》（南京大学出版社）、《文化蓝皮书：中国文化创新报告》（社会科学文献出版社）、《文化蓝皮书：中国文化产业发展报告》（社会科学文献出版社）、《文化蓝皮书：中国公共文化服务发展报告》（社会科学文献出版社）、《中国创意产业发展报告》（中国经济出版社）等，第四章第一节、第二节中的部分内容最初发表在陈威主编的《完备的公共文化服务体系研究》（深圳报业集团出版社，2010）一书中的第四章和第七章,但内容作了大量的调整和完善。本书内容是笔者文化政策研究的一个起点,所涉及的领域多为本人10年研究的关注点,还不能构成文化政策研究完整体系。该学科未来探索空间十分广阔,理论与实践意义重大。由于笔者知识掌握与理解的局限性,本书涉及文化政策研究的内容尚不完善,有待丰富,讹误、疏漏及失当之处恐难避免。望专家、学者与广大读者批评指正。

任 珺

2013年9月25日

第一章
文化政策研究一般性问题

> 文化发展和政策容易受外部压力和力量的侵害，特别是经济机会主义、技术操纵和政治利用。此外，很难分辨出在过去文化发展中政策是如何发展的、现在处在什么位置、将来将向什么方向发展。这使得阐明文化发展和政策传统的理论和实践基础是当今文化领域内一项至关紧要的事情。
>
> ——〔加〕D. 保罗·谢弗（D. Paul Schafer）

第一节　文化政策：概念界定及政策内容

文化政策是西方学术话语。近代开始，"政策"才作为学术概念或术语出现在中国语境中。中国古代"政""策"两字是分开的。"政"通"正"解，有政治、政事、政务等多项含义；"策"作为名词则有筹策、计谋、策问等诸多含义。把二字合为"政策"一词，用来表示英文 policy 的词义①，则始创于近代日本。中日甲午战争后，国人开始学习日本明治维新经验，以图自强，引进了大批东学词汇，其中就包括"政策"一

---

①　英文中 policy 一词源自 politics，指政治。

词。① 梁启超曾在《说政策》(1910) 一文中用较长篇幅对"政策"一词作了详细解释,强调了政策与政治、政党之间的关系:

> 政策二字,今人殆习为口头禅。虽然,欲确明其性质,固非一二语所能尽也。欲知政策为何物,必当先知政治为何物。……盖政治者,由国家目的而演出者也;政策者,则求所以达此目的之一手段也。……盖政策云者,有一定之方向,如江汉朝宗于海,不至焉而不止。有全部之组织,如三十辐共一毂,通中边而贯彻者也。②

在实践中,文化政策中的文化一般作狭义理解,区别于经济、政治的观念形态意义上的文化现象。当代西方国家文化政策的确立,与当代社会"文化"角色的深刻变化有着紧密的联系,同时也与现代社会管理体制的构建直接相关③。澳大利亚学者戴维·思罗斯比认为:"文化与国家之间自始至终存在明显的政治关系,文化通过塑造民主社会中积极参与的公民,佐证现代西方国家运行的合法性。为了确立国家在文化领域的地位,二战后,文化政策便成为一种明确的机制。"(Throsby, 2001) 也有学者从管理体制上论证,"只有当政府和民众一致同意,认可国家管理文化事业的职能,才可能建立起公共文化政策体系"。④ 这里既点明了文化政策的起点,也指出了国家在社会文化管理中的核心主体地位。然而,随着现代社会管理的发展,国家控制文化的权力有所削弱,政府不再是社会管理的唯一主体,不同形式的社群、社会组织等组织化实体及公民个人也参与到社会管理中。这是西方国家当代文化政策发展的社会背景。

一 对文化政策概念的探讨

什么是文化政策?不同的国家、国际组织,以及学者对此有不同的理

---

① 张小莉:《清末"新政"时期文化政策》,人民出版社,2010,第1~2页。
② 梁启超:《说政策》(宣统二年),《饮冰室合集》文集之二十三,第6、7、14页。
③ 专职文化政策的行政机构是在20世纪60年代后才在世界各国陆续成立。
④ Saez Guy, Les politiques de la culture, in Cravitz Madelaien, Leca Jean, Truite de sciences plitiques, Tame 4, Les Politiques publiques, PUF, Paris, 1985, p.387. 转引自张敏《法国当代文化政策的特色及其发展》,《国外理论动态》2007年第3期。

解。这些概念界定受一定的价值准则和所处的政治、制度背景影响；概念背后隐藏的理论思想及研究方法也是其中的决定因素。

1967年联合国教科文组织召开了"二十四国文化圆桌会议"，在此会议上首次给文化政策作了一个"最低限度的定义"（minimum definition）："文化政策应该是指一个社会为了迎合某些文化需求，通过该时期可以取得的物质资源和人力资源的最优化调动，而制定的有意义的、特定的措施，以及干预的或不干预的行动的总和。"[1] 这个定义是从经济学基本问题——文化需求与供给关系出发的。尽管概念比较模糊，但立足点明确，即把文化政策的执行主体——公共文化行政体系建立在公共产品供需之间客观关系基础之上。此后，联合国教科文组织曾多次修正对文化政策的界定，并逐步认识到用经济学分析文化政策的局限性，强调需加强文化政策的文化分析与研究。所以，就有了2005年更为明确的文化政策的定义："地方、国家、区域或国际层面上针对文化本身或为了对个人、群体或社会的文化表现形式产生直接影响的各项政策和措施，包括与创作、生产、传播、销售和享有文化活动、产品与服务相关的政策和措施。"[2] 联合国教科文组织的这一定义主要侧重于不同层面的政策措施对于"文化循环模式"（Cultural Cycle）链条的介入，使关注点更多地倾注于"文化"本身上。但同时，文化现象也是以产业链的形式呈现的。可见，联合国教科文组织对文化政策的界定一直保留着很强的经济学思维痕迹。

美国学者米勒（Toby Miller）和尤帝斯（George Yudice）认为：文化与政策主要在美学和人类学两方面产生关联。从美学层面上看，美学的标准是历史形塑的，文化起着指标作用，以区分品味和身份；从人类学层面上看，文化意指根植于语言、宗教、习惯、时代和空间的人们的生活方式。他们由此界定的文化政策是：联结美学创造力和集体生活方式的组织力量，它借助系统、规范的行动引导，通过资金分配（或补助）和民众

---

[1] Cultural Policy, A Preliminary Study, Pairs: UNESCO, 1969. 转引自何志平、陈云根著《文化政策与香港传承》，中华书局，2008，第65页。
[2] 见第三章第四条，《保护和促进文化表现形式多样性公约》，联合国教科文组织，巴黎，2005年10月20日。中文版见 www.chinaculture.org。

教育的方法来决定文化的走向，并由相关组织机构采纳执行，以完成任务。[1] 米勒和尤帝斯的文化政策概念更强调文化的功能。这决定了他们的研究模式和重点落在——探讨文化政策如何保证文化功能发挥。

皮埃尔·穆里尼埃（Pierre Moulinier）长期任职于法国文化传播部，曾经担任法国文化部"文化制度与政策分析"计划主任一职，有着丰富的实践经验。他提出：文化政策即通过"确立文化领域内的各项标准、各种准则，来影响文化领域内的价值标准和导向。国家建立起一整套'客观'的价值体系，并以此为依据从财政上给予资助，通过这样的方式，国家力图保障和促进文化的多元化发展，并实现文化方面的社会平等"。[2] 这个界定强调了国家文化管理是控制与服务有机结合的过程。这一过程不仅是对个体社会成员的文化控制，促使人们凝聚共识与情感，并从中体认自我；而且也是通过组织化的方式实行组织的价值与决策的准则，并对个体社会成员文化权利予以保障。理解该定义需要结合法国所处的社会历史背景。从16世纪起，法国就形成了王室扶持资助艺术家和艺术创作的传统。此外，法国政治的特色——强调政府干预经济发展——决定了国家在文化管理领域的主体地位。显而易见，穆里尼埃的界定突出了国家主体地位及文化共识作用。

早期供职于法国文化部研究和开发部门的奥斯汀·基瑞德（Augustin Girard），则是从公共政策制定的过程来思考文化政策概念的。在其经典著作《文化发展：经验与政策》中，他强调文化政策的重心在"政策"。"政策是最高宗旨、具体目标和执行手段组成的一套体系，由社会组织通过权威机构制定执行。在工会、党派、教育组织、研究机构、企业、市镇或者政府中都可以看到文化政策。但是，不管政策的执行主体是谁，一套政策中必定包含长期最终目的、中期可评价的目标和具体实施手段（人员、资金和立法），这三个要素构成了一个连贯一致的体系。"[3] 这一观点

---

[1] 〔美〕Toby Miller/George Yudice 著《文化政策》，国立编译馆主译，蒋淑贞、冯建三译，台北，巨流图书公司，2006，第1、6页。

[2] Pierre Moulinier, *Politiques culturelles et la decentralization*, L'Hamattan, Paris, 2002, p.122. 转引自张敏《法国当代文化政策的特色及其发展》，《国外理论动态》2007年第3期。

[3] Augustin Girard with Genevieve Gentil, *Cultural development: experiences and policies*, 2nd ed. (Paris: Unesco, 1983), pp.171–172.

经常被学术界所引用，它凸显了文化政策的制定程序。首先，明确文化价值、目标，并规定优先发展事项。其次，制定初步纲要以及计划实现这些目标所需经费。再次，建立监督程序评估文化活动对外界环境的潜在影响。很显然这个界定的缺陷在于：换成社会政策，它同样有效；没有顾及加了限定语"文化"后，是否有其特殊性。但是基瑞德这一界定在方法论上影响很大，后来许多文化政策分析都依照这一路径，包括穆里尼埃所著的《法国文化政策机制》（Les politiques publiques de la culture en France, 2007）。

美国学者唐·艾德姆斯（Don Adams）和阿勒纳·古勃德（Arlene Goldbard）在《什么是文化政策?》一文中，肯定了基瑞德的界定及文化政策制定的程序，同时强调了文化政策有别于一般公共政策的特殊性——它描述了某种价值和规则，引导任何一个社会实体进行其文化事务。实际上，也是肯定了文化政策中隐含的某种"共识"和标准。在美国学者的界定中，执行主体是泛化的，这是因为美国文化管理与法国很不同——没有像法国文化部这样的行政主管部门。美国文化政策没有正式规制，但暗含在具体文化实践模式中。大多数时候，文化政策是借助对其履行责任的中介机构，来使文化政策逐步明确化。譬如，艺术中介机构可能需要规划一项政策来明确它的目标，制定一些行为准则支持各种不同区域内的剧院。这也说明了在不同政治体制、制度背景下，对文化政策的理解是不同的。在美国政策环境下，艾德姆斯和古勃德特别指出文化政策的领域应包括：文化的保护、普及、创意、研究、培训、教育和营造充满活力的氛围，以及具体的执行机构。[①]

澳大利亚学者葛雷克（Jennifer Craik）等人也是从文化政策领域入手，把文化政策界定为：有组织的、受政策领域所管辖的一系列文化习惯、文化产物以及流通与消费形式。他们所提出的文化政策四个关键领域是：①艺术与文化。包括对文化生产者的直接资助，为文化机构（如图书馆、博物馆、画廊和艺术表演中心）提供资金，以及为负责出资管理的文化机构提供资金。②传播与媒体。包括制定政策机制来资助和支持广

---

① Webster's World of Cultural Democracy, The Institute for Cultural Democracy, 1996.

播媒体（包括公办的和商业性质的），在融合媒介的环境下，制定有关新媒体科技、多媒体、出版、设计和数字版权管理的政策。③公民与身份。包括语言政策、文化发展政策、多元文化、流散身份、文化旅游业以及民族标志身份问题。④空间文化。包括城市与区域文化传统、城市与区域规划、文化传统管理、文化旅游以及休闲娱乐。① 可以看出葛雷克等学者归纳的四个关键领域实际上包含了文化政策更为广义的范围内容。它将全球化、媒体化等所带来的新挑战一并纳入考虑之中，显示了文化政策的日益复杂性。

丹麦文化学者彼得·杜伦德从政治角度提出狭义的文化政策是指对艺术的资助，即决定哪种艺术是最好的，值得在民众中推广。因此，文化政策成为政府、文化营利机构、文化团体、艺术家等利益集团影响民众思想的手段并且反映着各个利益集团的价值取向。文化政策反映了在特定历史环境下，为艺术自我实现建立体制和创造条件的政治斗争。② 对文化政策的这一性质的理解，在我国早些年也比较普遍。文化政策更多时候被狭义为文艺政策，并视为政治斗争的有力工具，常与政治意识形态密不可分。

我国从 1949 年新中国成立至今，中国共产党根据不同历史时期社会发展、文化建设的具体情况和要求，相应地制定、调整了党和国家的文化政策——从狭义的文艺政策发展到广义的文化政策。理论界争论不少，这里暂不作历史评述。现仅从 20 世纪 80 年代后广义文化政策出发，做进一步探讨。众所周知，政治性是公共政策的重要特征，文化政策也不例外。撇开政治来谈文化政策几乎是不可能的。从理论视角来看，早期中国受苏联理论影响较深，关于文化的理解也主要基于马克思的历史唯物主义观。因此，对文化政策的理解主要关照的是社会经济基础、意识形态等内容。尽管当代文化政策的发展逐步向社会领域拓展，但仍不能抹去意识形态在

---

① CRAIK, J., DAVIS, G & SUTHERLAND, N. Cultural policy and national identity [M] // G. Davis & M. Keating. The Future of Governance: Policy choices. Sydney: Allen & Unwin, 2002: 177 - 209. 转引自〔澳〕Terry Flew《"统一化"与"软实力"——全球创新经济大潮下对文化政策的反思》，赵介苇编译，《文化艺术研究》2009 年 3 月第 2 卷第 3 期。

② Peter Duelund, Cultural Policy: An Overview, in Peter Duelund ed, The Nordic Cultural Model, Copenhagen: Nordic Cultural Institute, 2003, pp. 13 - 14. 转引自郭灵凤《欧盟文化政策与文化治理》，《欧洲研究》2007 年第 2 期。

其中的潜在作用。

我国学者胡惠林正视了文化政策的政治表现形态属性，认为文化政策是国家形态下人类有意识的、自觉的文化统治行为和文化政治行为，反映的是一定阶级的文化权益、愿望、要求和目的，体现的是国家的文化意志。文化政策是一国对于文化艺术、新闻出版、广播影视、文物博物等领域进行行政管理所采取的一整套制度性规定、规范、原则和要求的总称，是有别于科技政策、教育政策等其他领域政策的一种政策形态。[①] 国内学界普遍认同这一观点。毛少莹在中国语境下，从行政管理的角度阐释了文化政策概念：公共文化政策是社会公共权威（通常是政府）在特定情境中，为达到一定的文化目标而制定的行动方案或行动准则。其作用是规范和指导有关机构、团体或个人的行动；表达形式包括法律法规、行动规定或命令、国家领导人口头或书面的指示，政府大型规划、具体行动计划及相关策略等。[②] 也有学者运用经济学思维看待文化政策。如刘华认为，文化政策是国际组织和政府机构，在一定时期为实现文化发展特定目标，通过政策成本与政策效果的比较，对与文化发展相关的社会公私行为所作出的有选择性的约束和指引。根据文化发展的现实状况和对未来发展的预期，以文化政策的形式作出有针对性的制度安排是当今社会充分运用国家权力和政府资源促进文化发展的普遍选择。[③]

当代中国语境下，党和国家仍是管理公共文化事务的主体，强调运用公共权力维护并实现公共利益。因此，整体上看"国家行政观念"色彩明显。政府行政机构作为决策者，从确认文化政策目标、内容，到抉择政策方案过程中，担当重要角色。文化政策的执行则是按照一定的指导思想、基本原则，采取一系列措施。涉及内容包括：尊重文化的精神价值和历史价值，维护文化艺术多元生态，构建公共文化服务体系，发展文化产业，扩大文化选择和促进公民广泛参与文化生活，发挥文化发展对个体、社会福利和民族国家的积极影响。

---

① 胡惠林：《文化政策学》，上海文艺出版社，2003，第1、4页。
② 毛少莹：《公共文化政策的理论与实践》，海天出版社，2008，第8页。
③ 刘华：《文化政策视域下我国知识产权文化发展研究》，《华中师范大学学报》（人文社会科学版）2009年第2期。

从当代文化政策发展历史来看，作为公共政策，文化政策一度成为社会政策的一部分或经济政策的一部分，即以文化事业和文化投资作为手段或工具，追求文化领域之外的目标。这样的目标可能是增进民族社会公民的团结，维护民族国家的文化主权；也有可能是投资及盈利、创造工作机会、防止人口减少、创造吸引人居住的地方、加强社会的创造能力（地方性的/地区性的）、吸引高技能的人才等。（Geir Vestheim，1994）[1] 文化政策的复杂性在于：尽管人们认识到文化与生活质量的提高有着密切的联系，理论上文化政策应该回归到文化本位上，但在实践层面上它是无法与社会政策及经济政策相脱离的。近10多年来，构建文化政策体系之所以进入各国政府议程并放置到战略地位，是与文化政策的综合性特征有关的。文化政策体系呈现的不是一种单一、纵向的状态，而是横跨多领域的综合体。因此，区域性国际联盟组织欧盟，近年来的文化政策就融入了文化的跨界整合思维，提出将文化目标平行融入各个政策行动的整体架构中，文化政策领域也获得了更广的拓展。但其中的难点也不言而喻，即如何把握文化目标与其他政策目标之间的关系，文化精神层面的价值会不会被湮没在功利性社会功用中？这也是未来文化政策发展所需应对的巨大挑战。

二 文化政策的内容形式

以下主要依据公共政策评价的分析架构，探讨一般民族国家意义上的文化政策具体内容及表现形式。论述从三个方面展开：文化政策的目标、文化政策的资源及文化政策的成果，并提供多国比较研究的实例以帮助分析。

（一）文化政策的目标

制定、实施文化政策之前，首先必须明确文化政策的目标。一般来说，这可能包含多重目标，并且意味着多重目标之间需要协调。放置在政策体系中，文化政策的目标包括：长期最终目标、中期可评价的目标和短

---

[1] 转引自〔英〕吉姆·麦圭根著《重新思考文化政策》，何道宽译，中国人民大学出版社，2010，第181页。

期实施的目标三种。通常将短期实施的目标合并在具体实施措施中考虑；而前两者中，长期最终目标也即文化施政的宗旨，中期可评价的目标则为文化政策领域里的具体方向。伴随着当代文化政策的日益复杂化，文化政策的功能目标又开始出现了：政治目标、社会目标、经济目标、文化目标、生态目标的分类。文化政策目标的确定，最终决定国家文化发展的方向。以下从民族国家的实例来分析。

法国于 1959 年设立文化部，并通过政令明订了文化部的职责及施政宗旨："人人都能亲近法国重要文化作品，使最多人观赏我们的文化资产，奖励艺术创作，丰富创意思想。"这一方面反映了戴高乐派的国家和世界观，另一方面也是强调人人亲近文化的共和精神。① 此后，法国的文化政策在总体上保持了这一长期最终目标的连贯性和持续性。穆里尼埃在分析法国文化政策目标时，将其发展演变归纳为三个方向：其一，文化民主化的道路。包括善用媒体和学校开展艺术教育与个人文化活动习惯的养成；推动文化普及；发挥文化无形影响力等。其二，文化目标。包括文化资产的保存与活用、当代创作与展演的扶植推动等。其三，非文化目标。包括经济目标——文化产业产值、文化活力对地方发展的促进关系；社会目标——促进社会融合、培养人民文化气质等。②

澳大利亚多元文化源远流长，第二次世界大战后国家开始逐步强调多元文化主义政策在国家经济、社会发展中的作用。1999 年，联邦多元文化委员会的一份报告给澳大利亚的多元文化主义作了明确界定，即："澳大利亚多元文化主义是确认并颂扬澳大利亚文化多元性的一个术语。在首先忠于澳大利亚及其民主价值和基本框架的前提下，它承认并尊重澳大利亚人表达和分享他们特殊的文化遗产。多元文化主义也是国家的战略、政策和议程，包括推动政府、社会和经济机构为我们文化多样的人民的权利、义务和需求负起更大的责任；促进不同文化群体间的社会和谐；利用文化多样性给澳大利亚人民创造尽可能多的福祉。"根据 2003 年《国家

---

① 〔法〕Gerard·Monnier 著《法国文化政策：从法国大革命至今的文化艺术机制》，陈丽如译，台北，五观艺术事业有限公司，2004，第 273 页。
② 〔法〕Pierre Moulinier 著《44 个文化部：法国文化政策机制》，陈羚芝译，台北，五观艺术事业有限公司，2010，第 17~23 页。

议程》，澳大利亚多元文化主义的基本原则是：共同的责任、相互尊重、人人平等和共同的利益。① 可见，澳大利亚文化政策也是以多元文化价值观为指导原则的。尽管澳大利亚政府对艺术创作等具体领域持不干预态度，但对文化政策一直秉承重视传统、鼓励创新的方向。1994 年出台的《创意之国度》（Creative Nation）及 1996 年颁布的《艺术面前人人平等》，这两个重要的政策文本，均体现了澳大利亚文化政策对创新发展、平等共享目标的追求。

中华人民共和国文化部是中国文化行政的最高机构，是国务院的职能部门，在国务院领导下管理全国文化艺术事业。它是中华人民共和国成立最早并一直保留至今的政府部门之一。我国文化政策转型受到 20 世纪 80 年代改革经济政策、对外开放政策的影响，从强调其政治功能逐步向强调其社会功能和经济功能转变。随着我国文化体制改革的不断深化，文化领域呈现出新的发展格局。2011 年中国共产党第十七届中央委员会第六次全体会议审议通过了《中共中央关于深化文化体制改革、推动社会主义文化大发展大繁荣若干重大问题的决定》。在这次会议上我党提出了建设社会主义文化强国的长远战略目标，即增强国家文化软实力，对内发挥文化引领风尚、教育人民、服务社会、推动发展的作用；对外提高参与国际文化竞争的能力，不断增强中华文化的国际影响力。社会主义文化强国建设，在 2012 年党的十八大报告中得到了进一步的阐释。体现了我国对富强、民主、文明及和谐的价值追求。

（二）文化政策的资源

广义上来说，公共文化政策过程，与一般公共政策循环一致，是从对公共文化问题的确认开始的，然后通过政策议程设定使公共文化问题进入政策议程，决策者制定公共文化政策，优选出方案并将其合法化，之后由执行机构实行方案；在方案实行后对其评估以测定绩效，并对方案进行终结的操作。文化政策的资源，是指保证文化政策有序开展的资金来源、文化行政主管部门管理架构及具体执行方案的公共文化机构、专业从业人员等。受不同的社会政治制度、国家形式、政党制度、文化传统及经济社会

---

① 于福坚：《澳大利亚族群整合政策的演变》，《中国民族报》2009 年 11 月 20 日。

发展水平的影响，各国的文化政策资源状况普遍存在差异。

1. 资金来源

第二次世界大战后，欧洲一些国家的文化政策开始被纳入福利国家体系。英国文化政策资金来源主要是各级政府的文化拨款，以及文化基金会提供的文化投资，彩票发行收入也是英国文化发展的重要资金来源。仅彩票收入一项，一年就可为文化艺术事业筹集到赞助费6亿多英镑，弥补了政府文化投资的不足。英国对文化艺术拨款总体方向上提倡中央政府和地方当局、政府和企业以及行业之间建立"伙伴关系"，鼓励文化艺术机构寻求新的经济来源以补充收入。即使享受政府长期资助的，资助额一般也只能占其收入的30%左右，其余部分仍需通过自主创收和争取社会赞助等方式自筹解决。

1959年法国政府颁布了成立文化部的法令，这标志着政府构建系统的公共文化政策体系的开始。法国开始设立集中处理国家文化事务的国家机关和专门人员，也就意味着获得了政府的财政投入。中央政府投放于文化艺术的资源，年度经费预算从1960年总预算的0.38%增至目前的约1%；在"去中心化"（decentralisation）政策指引下，市镇、省、区分别负担了法国公共文化经费的41%、7.3%及2%。[①]政府资源在法国公共文化服务体系中一直占有重要地位，同时，政府还通过一些调节政策增加对公共艺术领域的资助，譬如运用公共空间设计的1%经费作为艺文工程预算；引入市场机制，鼓励私人企业投资文化事业；通过法令对企业和私人赞助予以鼓励等。

美国文化政策资金来源，较少依赖政府资源。尤其随着里根上台执政，新自由主义理论开始成为美国政策的主导思想，即主张削减用于社会服务的公共开支，不提倡公共财政支持艺术。所以，美国没有设立文化行政部门，而法定机构——国家艺术基金会和国家人文基金会对公共文化艺术的资助也非常有限。[②]美国采取的是一种开放性的市场策略，政府只提

[①] 〔法〕Pierre Moulinier著《44个文化部：法国文化政策机制》，陈羚芝译，台北，五观艺术事业有限公司，2010，第128页。

[②] 1965年，美国通过了《艺术及人文事业基金法》，成立了国家艺术基金会与国家人文基金会。

供宽松的外部环境和严格的法律保障,将文化艺术活动放置于市场经济和民间社会中成长。对非营利性文化单位,政府采取了有限干预的政策,通过中介代理机构提供一定数额的资助,其他资金来源允许寻求社会资助渠道。政府通过优惠的税制政策予以支持。1917年颁布的《联邦税收法》明文规定对非营利文化团体、机构和公共电视台、广播电台免征所得税,并减免资助者的税额。对以非营利、促进文化、教育、科学、宗教、慈善事业为目的的团体免征赋税,其他优惠政策包括财产税和销售税减免优惠政策,并在寄发宣传广告等邮件时享受减免60%邮资的优惠。此外,个人和企业对上述非营利团体提供任何形式的捐赠,也均可减少纳税额。美国政府的税收政策促使大批慈善机构、基金会应运而生,也鼓励公司、团体和个人积极去资助文化艺术和其他社会公益事业。而众多的美国重要文化艺术团体和机构也因此与一些大公司、大银行、基金会等建立起相对稳定的资助关系。

我国文化政策资源主要来源于国家的财政投入,分为中央财政和各级政府财政,中央财政通过转移支付方式,扶持重大文化工程项目①,支持各地方文化建设。据财政部统计,2010年,我国文化经费525亿元,比上年增长10.3%,增长速度连续多年高于10%。文化经费占财政总支出的0.59%。扣除文联、作协等部门的经费,文化部门的经费约500亿元左右,占财政总支出的0.56%。为提高财政资金使用效率,各级财政和文化部门积极探索转变财政投入方式。一是明确中央与地方的支出责任,建立了公共文化服务经费保障分级投入新机制。按照健全中央和地方财力与事权相匹配的财政体制的要求,合理界定中央与地方的事权和支出责任,确定了建立中央地方财政共担的文化经费保障机制的思路。二是探索引入基金运行模式,激发全社会文艺创作热情。2013年底文化部会同财政部正式成立了"国家艺术基金",而地方一些发达城市之前就已经开始借助这一模式发挥积极作用。三是改变传统直接投入方式,建立多元文化投入新模式。全国多数地区对艺术表演团体实行了财政补助与演出场次挂

---

① 如乡镇综合文化站设施建设、乡镇文化站内容建设、全国文化信息资源共享工程、国家非物质文化遗产保护等。

钩的动态投入机制，通过政府购买的方式，促进了院团内部机制和服务机制创新。①

2. 文化行政体系

美国政治学家西奥多·罗威（Theodore J. Lowi）将公共政策分为四种：①管制性政策：建立法律，制定规范。②分配性政策：提供服务。③再分配性政策：资源分配。④自我管制性政策：国土与基层建设的规划。② 由于各国文化行政管理体制各不相同，所以四种政策在体制内的机构职责配置也各不相同。文化管理的制度化为从业人员的专业化提供了基础。为各类文化机构服务的文化专业人员及后来广泛出现的文化志愿者，成为各国保证文化政策实施的重要人力资源。

事实上，自国家干预并制定文化政策之始，执行机构便随着社会经济的发展而不断变革更新。英国在第二次世界大战后，将战时为了鼓舞士气成立的"鼓励音乐和艺术发展委员会"③ 转变为"大不列颠艺术委员会"（后来又更名"英格兰艺术委员会"），成为实现文化政策的重要准政府机构。20世纪60年代，文化艺术领域行政还隶属于教育和科学部。直到1992年，保守党政府成立了国家文化遗产部，将原来分散隶属于艺术和图书馆部、科教部等六部门的文化职责集于一身，统一管理文化艺术、文化遗产、新闻广播、体育和旅游等事业。1997年，工党竞选获胜上台执政后，又将国家文化遗产部易名为文化、新闻和体育部。④ 英国实行的是三级文化管理，即中央政府负责制定政策和统一划拨文化经费；准政府机构和地方政府执行政策并具体分配文化经费；地方文化管理部门和艺术组织、艺术家实际使用经费。⑤ 英国有众多非政府公共执行机构及公共咨询机构，他们虽接受政府财政拨款及政策指导，但与政府保持"一臂之距"

---

① 文化部财务司：《近几年我国文化投入情况及对策建议》，中华人民共和国文化部官方网站，2011年8月23日。
② T. J. Lowi, Four systems of policy, politics and choice, in Public Administration Review, t. 32, 1972, pp. 298 - 310. 转引自〔法〕Pierre Moulinier 著《44个文化部：法国文化政策机制》，陈羚芝译，台北，五观艺术事业有限公司，2010，第118~119页。
③ 该机构由政府和私人慈善基金会共同资助。
④ 范中汇著《英国文化》，文化艺术出版社，2003，第25~26页。
⑤ 范中汇：《英国文化管理体制解读》，《中国文化报》2012年8月10日。

(arm's length principle) 的原则，独立运作。譬如，英格兰艺术委员会审批资助时一般采用"同侪评核"的方法，由相关艺术同行专家做出判断。

法国文化部在法国文化政策中扮演着十分重要的角色，负责制定法令规范、提供公共服务①、分配文化资源、规划文化发展。20 世纪 80 年代"去中心化"之后，文化部不再是国家文化发展的单一力量。欧盟、法国其他国家部门以及地方政府（区、省、市镇三个层级）都与文化部建立了合作关系。其中协议政策成为文化活动管理的主要模式，借此来确定彼此同意共同赞助的文化活动。运用最为广泛的是文化部与各大区、省、市镇签订的文化协定。它以契约形式确保实现文化部制定的管理目标，而各项具体文化发展目标也都是通过财政投入的方式来明确的。文化部还利用合同形式对政府资助的文化机构进行管理和监督，以确保投入经费的使用效果。除了中央政府创立的国家级文化机构外，地方文化机构种类更为繁多。一些跨地域的，或由中央政府直接监管，或由中央和地方政府共同管理②；另一些地方性的则主要依赖地方政府支持。

我国目前的文化行政管理体制，从狭义上讲（即从层级上看），是指文化部门，即国家文化部、（省、自治区、直辖市）文化厅（局）、市县文化局、区文化局以及基层（乡镇、村、街道）文化站等管辖范围内的各项文化艺术事业，如文化艺术领域的公共文化服务；物质文化遗产及非物质文化遗产的保护与传承；图书馆、博物馆、文化馆（站）运营等。从广义上讲（即从部门划分来看），是指各级政府有关职能部门对文化艺术的管理。以政府机构而言，包括文化部、新闻出版广播电影电视总局（原广播电影电视总局、原新闻出版总署）等职能部门。其工作范围，包括文化相关法律、法规及政策制定；对文化艺术创作、生产、服务、经营等环节，以及文化市场的监督和管理等。层级文化管理与部门文化管理交错共同构成了我国目前的文化行政管理架构。同时，主管主办制度和属地管理原则是我国文化管理体制的一项基本制度。主要内容是，设立国有文

---

① 文化部提供的种种服务中，许多是通过其所管辖的国家级文化机构，如罗浮宫、法国国家图书馆、巴黎歌剧院、国立美术学校、庞毕度中心等 55 个，提供给全民使用。

② 2002 年法国制定了有关"文化合作公共机构"（EPCC）法令，赋予地方政府和中央政府，或由各地方政府共同经营跨地域文化机构的权能。

化单位（包括公益性质的文化事业单位和经营性质的文化企业单位）必须有具备一定资质的主办单位和上级主管机关，负责履行对文化单位的领导职责；各地党委宣传部和文化行政部门负有对本行政区域内文化活动的监管职责。从我国目前的文化行政管理模式来看，应该是属于政府主导与市场调节、中央集权与地方分级管理的复合型的管理模式。但市场调节和地方文化自治在文化领域能发挥的作用还比较弱。① 这种文化行政管理模式的优势和弊端将在后一章节再做详细分析，其中的弊端也是我国进行文化体制改革的原因之一。

（三）文化政策的成果

文化政策的成果与文化政策的目标是相呼应的。对文化政策的执行进行监管，以及对文化政策的成果进行评量，已成为公共服务现代化必备的机制。通过这样的措施考核既定目标是否实现，并以此追求公共文化资源配置的公平合理；公共文化部门经营的经济、效率和效益等。一般来说，国家文化行政部门的绩效评估由政府审计部门考核并直接向立法机构负责，内容涉及内部管理、行政行为、财政状况、公共资金使用效率、文化服务质量和效益等。国家文化行政部门也肩负着评估下属文化机构服务绩效的工作，通过发布指导性文件，提出文化机构绩效管理的理念和方法，绩效测评框架等。也有国家文化行政部门委托专门的研究机构对文化政策的某一政策目标或某一政策项目做评估研究。譬如，英国文化媒体体育部（DCMS）曾在2007年委托研究机构——前沿经济学（Frontier Economics, Ltd.）作了一份研究报告《文化政策投资评估框架》（Framework for Evaluating Cultural Policy Investment），通过建立评估文化领域公共政策投资和干预的框架，监测其中的经济影响。同年，英国文化媒体体育部还委托德蒙特福德大学对为期二年试点项目——文化探路者计划② （Cultural Pathfinders programme）做评估。

为了保证文化政策的成果及行政效率，一些国家通过法定化制度约束

---

① 潘嘉玮著《加入世界贸易组织后中国文化产业政策与立法研究》，人民出版社，2006，第93页。
② 该计划由英国文化媒体体育部和地方政府协会联合实施，探索文化服务通过何种方式满足当地社区文化的优先需求。

公共文化行政机构及各类公共文化机构。如英国1983年制定了《国家审计法》授予国家审计署①检查各部门，包括公共文化行政管理使用资源的经济性、效率及效果的权力；在1997年颁布的新《地方政府法》中进一步规定：地方政府必须实行最佳绩效评估制度，各部门，包括地方政府管辖的公共文化服务机构每年都要进行绩效评估工作，要有专门的机构和人员及固定的程序。② 1999年，在《地方政府最佳服务效果法案》(the Best Value Provision of the Local Government Act, 1999)中，对地方政府提出了文化方面具体的绩效指标和要求。③ 再如，美国1993年通过的《政府绩效和结果法案》要求：联邦政府所有部门都要在试点的基础上建立和实施绩效管理系统，将政府绩效评估制度法定化，使其不因行政首长更迭而发生变化。根据这个法律联邦各文化机构绩效管理的内容包括三大项：绩效战略规划、年度绩效计划和年度绩效报告。绩效战略规划不仅需要对机构的功能、总体目标及实现途径作陈述，而且还需明确实现总目标的评估方法；战略规划以五年为限，至少每三年更新或重订一次。年度绩效计划涉及内容更为具体，包括：建立绩效目标，使每一项工作明确要达到的绩效水平；以一种客观的、量化的、可测量的形式表示绩效目标；为达到绩效目标而使用的操作程序、技能与技术、人力、资金、信息等资源；建立测量或评定每一项行动的产出、服务水平和结果的绩效评估指标体系；绩效目标和任务完成结果之间进行比较的框架；用以核实、确认测定值的方法，等等。年度绩效报告则是对绩效目标实现情况的综述。④

与评量文化行政管理相比，评量文化政策普遍被视为困难重重。对于管理的经济、效率，方法上可以使用理性设计的模式确定硬性的评估指标，如用精确的数学、经济学方法反复计算测量政府投入和产出的比率等。甚至可以引入一系列软性指标，反映公共文化机构的服务的质量、客

---

① 英国国家审计署于1997年发布《绩效审计手册》(Performance Audit Manual)，总结了英国绩效审计工作的经验和方法，介绍了开展绩效审计工作必然要涉及的共性内容和通用技术。
② 徐剑梅：《英国审计署担当独特角色》，《瞭望》2004年第29期。
③ 参见 Comprehensive, Efficient and Modern Public Libraries-Standards and Assessment。
④ 高小平等：《美国政府绩效管理的实践与启示》，《中国行政管理》2008年第9期。

观社会效果、内外形象、公众满意度等内容。但真正涉及文化内容，往往语焉不详。穆里尼埃认为文化政策具有模糊性，很难用具体数字预期成果，评量影响程度。"多数情况是，如果有具体数字的话，那是指'实际作为'（réalisations）：设立了多少机构、多少协会、购买了多少艺术品，或是买了某位艺术家的作品，等等；而非'结果'（résultats）。我们很少知道这些文化政策的具体成果为何，经常听到的是一些模棱两可的说辞，如传播文化、教育年轻人、重新建立社会联系、打破社会不平等、加强民主，等等。"① 尽管量化研究在评量文化政策方面局限很多，但现有的一些统计数据仍能帮助政策制定者理解文化活动与社会经济活动之间的关系，帮助他们制定新的措施去修正政策结果与政策预期之间的距离。譬如，法国国家统计及经济研究所长期开展法国文化活动的统计调查。结果显示，即使法国公共部门数十年来投入大量资金与精力，文化活动依旧难以遍及社会各阶层，成为真正的全民运动，职业种类、学历高低、年龄与性别仍然是决定是否参与文化活动的重要因素。② 该问题也同样困扰着其他国家文化政策的制定者。因此，近年来，文化政策领域对公民的文化参与问题关注较多，主要集中在文化参与与社会阶层的关系方面。需要思考如何通过政策来克服社会阶层的障碍，达到人人自由、平等实践、享有文化的目标。

第二节　文化政策研究的一般方法与理论构建

　　文化政策研究是社会科学领域内一项跨学科的综合性研究。一般意义上来说，它是政策科学的一个分支。以公共文化问题为中心，通过综合应用多学科知识与方法，实现对文化实践问题的整合研究。第二次世界大战后，文化政策开始在西方政策体系中持续运用，它与以专业化和分工为主要标志的

---

① 〔法〕Pierre Moulinier 著《44 个文化部：法国文化政策机制》，陈羚芝译，台北，五观艺术事业有限公司，2010，第 150 页。
② 〔法〕Pierre Moulinier 著《44 个文化部：法国文化政策机制》，陈羚芝译，台北，五观艺术事业有限公司，2010，第 155 页。

现代化有着紧密的联系。国际局势的变化，现代社会管理体制的改革，文化理念的发展，引发了人文和社会科学领域对文化政策——如何处理文化现象与社会复杂关系的持续关注与思考。先是在几个主要的工业发达国家兴起，其后迅速扩展到许多国家和地区。20世纪70年代，"文化政策研究"（Cultural Policy Studies）这个词在西方英语国家中被提出，它经由文化经济协会和美国阿克伦（Akron）大学的都市研究中心的成立而开展学术活动。之后有固定举办会议探讨经济、社会理论和艺术等主题，以及关于政策及计划评量等主要研究。① 国际上出版文化政策研究成果的期刊有：《国际文化政策杂志》（*International Journal of Cultural Policy*）、《文化经济杂志》（*Journal of Cultural Economics*）、《国际艺术管理杂志》（*International Journal of Arts Management*）、《亚太艺术与文化管理杂志》（*Asia Pacific Journal of Arts & Cultural Management*）、《艺术管理、法律与社会杂志》（*The Journal of Arts Management, Law, and Society*），等等。

对于文化政策研究，国外学术界大致植根于两种不同的研究路径。其一是运用"工具性知识"（instrumental knowledge）②，以政策建构、政策的实施和评估相关内容为研究对象，运用概念模型、价值理论等分析方法，偏重于实际操作层面的政策相关性的应用研究。其二是运用"批判性知识"（critical knowledge），从人类文化艺术发展历史中理解历史上政策制定，及其对后来的发展和应用的影响。以批判性视角，分析各类文化政策可能导致的治理问题、文化与权力关系问题、文化身份以及与意义相关内容在社会中的作用，等等。两种研究范式对文化政策研究来说同等重要。国外有学者认为，文化政策研究是建立在"实用"和"批判"两种话语之上的，它既涉及艺术人文话语，同时又涉及政治经济手段。因此，学科内部学术传统有存在不一致的因素，甚至对抗的焦点。③ 其实，这也正是新兴的、跨学科研究的魅力所在。

---

① 〔美〕Toby Miller/George Yudice 著《文化政策》，国立编译馆主译，蒋淑贞、冯建三译，台北，巨流图书公司，2006，第42~43页。
② 即生产实用知识，成为求得目的的手段而不是知识本身。
③ Adrienne Scullion/Beatriz Garcia, *What is Cultural Policy? A Research Agenda*, Centre for Cultural Policy Research, University of Glasgow, Scotland. 1999.

一 工具性的政策研究路径

文化政策是一定社会共同体处理文化事物的方针和原则。世界各国文化政策源远流长，但文化政策的工具性研究路径则是伴随着当代公共政策研究的发展而演进的。反映了二战后人类所面临的更为复杂的生存环境，以及政府组织迅速成长的背景。以"工具性知识"为路径的文化政策研究学派，通过运用政治学、经济学、管理学和社会心理学等学科的理论假设、概念框架、分析方法及技术（或模型），对国家、地方和团体层面文化政策制定、执行与评估进行相关性研究。对备选政策的效果、本质及其产生原因进行分析，从而发现新的政策方案和解决途径，以期改进政策系统，提高文化政策质量。不难看出，这一研究目的指向是为政策制定者提供政策相关知识和信息。故从一开始工具性的政策研究路径就具有很强的实践性。尽管受政策科学的影响，但由于研究对象——文化领域——的特殊性[①]，在具体研究方法的借鉴和使用上，文化政策研究与一般的公共政策研究既存在共性，也存在一定的差别。共性表现在：均需要研究政策制定过程中利益相关者之间如何处理相互沟通与协调的关系；同时，还需要考虑政策制定、实施、评价等程序，所涉及的人类学和行为科学（如组织、文化、价值观、社会心理等）以及类似意识形态等问题。文化政策的特殊性体现在：政策过程不能完全用效率或效能指标来做衡量准则，精神价值的衡量难以用客观数据来表现。一些公共文化产品是非物质的文化而不是有形的物质产品，因此，所面临的政策环境要更为复杂些。文化政策研究方法虽然应用了公共政策研究的某些方法，但需要考虑问题的范围则更为宽广些。

工具性文化政策研究的对象及所采用的方法、分析范式等，与其所处的时代背景密切相关。早期受福利国家建制的影响，公共财政问题受到了特别的关注，尤其是在国家扶持文化的角色方面。文化政策研究多从福利经济学的角度探讨国家对艺术领域（包括博物馆等公共机构）公共财政

---

① 文化不仅仅有关于意识形态，还涵盖了一个社会的生活方式、观念信仰和从二者升华的物质和精神的产物三大层面。

资助的经济合理性。代表作包括：英国罗宾斯的《艺术与国家》(Art and the State, Lionel C. Robbins, 1963)、皮科克的《福利经济学与艺术的公共资助》(Welfare Economics and Public Subsidies to the Arts, Alan Peacock, 1969)等。事实上，以经济学的思维方法观察并探讨文化政策过程中所出现的各类问题与争议，在文化政策研究领域占据着非常强势的主导地位。除了一直延续对艺术、文化遗产及文化产业进行公共资助的福利经济学分析以外，还有较多运用的新古典经济学分析方法。该方法论将微观经济学中的供给和需求关系植根于明确的"人类行为模型"之上，区分收入、价格、可支配时间、社会制度所强加的限制、个人偏好等特点，帮助分析艺术的供给与需求、艺术需求与受众经验研究等。另外，运用"理性选择"分析框架的研究者大多赞成国家对艺术的扶持，并不遗余力地在实际生活中表明艺术为整个社会所带来的外部效应——"非使用价值"。如存在价值（即使某个社会成员没有参加任何艺术活动，全体人口仍然能够从文化的存在这一事实中获益）、选择价值（即使人们现在不参加艺术活动，他们仍然能够在将来的某个时候参加以获益）、遗赠价值（即使人们不亲身参与任何艺术活动，他们仍然可以通过将艺术传给后人而获益），等等。[①] 运用经济学思维方法介入文化政策领域，本质上看，其研究对象并不是文化本身，而是生产文化、供应文化和使用文化的过程中表现出来的经济现象。关注的焦点包括：文化艺术产品的公共与私人供给，及相关特定管制的合法性问题；资助艺术生产的效果分析；文化艺术价值评估等。

美国自 20 世纪 70 年代，欧洲各国在稍后的 80 年代，普遍面临经济滞胀，政府干预、垄断经济体制的弊端逐渐显现。此后，随着政府市场化导向的规制变迁和文化传播领域的制度变革，公共文化管理问题变得越发复杂，呈现出日益多元的文化供给模式。经济学研究路径开始聚焦于公共文化产品供给过程中的委托人——代理人之间的关系；文化公共资助体制中的内部激励、外部激励机制，及两者之间动态的相互作用，即所谓的

[①] 〔瑞士〕布鲁诺·费雷著《文化经济学：个人视角》，张斌译，《国外理论动态》2007 年第 3 期，节选自 Bruno S. Frey. Arts & Economics: Analysis & Cultural Policy. New York: Springer 2003。

"挤出效应"等。90年代开始，文化经济相关研究的文献数量大增，这里不能一一作梳理。比艺术产业更为广义的文化产业的迅速发展，使该领域的研究关注点又指向文化艺术的生产和消费、产业链、文化艺术市场的机能及公共政策所起的关键作用等方面内容。当21世纪传统产业分工界限逐步走向产业融合发展时，创意产业——融合了符号创意及信息技术——成为各国文化政策重要组成部分，文化的经济问题更是成为不可避免的研究重点。理查德·E. 凯夫斯在他的《创意产业经济学——艺术的商业之道》（*Creative industries: contracts between art and commerce*, Richard E. Caves, 2002）著作中，即把契约理论（国内有些文献翻译为"合同理论"）运用于创意产业分析中。其他以经济学思维开展文化政策研究，并较具有代表性的著作还有：皮考克和利佐的《文化经济和文化政策》（*Cultural Economy and Cultural Policies*, Peacock A. & Rizzo I., 1994）、约翰·霍金的《创意经济》（*The Creative Economy: How People Make Money from Ideas*, John Howkins, 2002）、戴维·思罗斯比的《经济学与文化》（*Economics and Culture*, David Throsby, 2001）、《文化政策经济学》（*The Economics of Cultural Policy*, David Throsby, 2010）、泰勒·考恩的《创造性破坏》（*Creative Destruction: How Globalization Is Changing the World's Culture*, Tyler Cowen, 2002）、鲁思·陶斯的《文化经济学指南》（*A Handbook of Cultural Economics*, Ruth Towse, 2003）、《文化经济学教材》（*A Textbook of Cultural Economics*, Ruth Towse, 2010），等等。在这里，只能主观性地选择介绍国内所能接触到的两位英语世界的代表人物及重要代表著作。①

澳大利亚学者思罗斯比在《经济学与文化》一书中，以经济学的方法，从宏观及微观层面思考经济活动和文化活动之间的关系；考察了文化活动中的经济学视角，及经济学、经济行为中的文化内容。通过对文化的广义和狭义定义，分析了文化对经济的影响，并提出了一些测度这种影响的方法。思罗斯比的最大成就在于分析文化现象时不是简单挪用经济学理论，而是试图将不同学科的知识进行融合。他在价值理论基础上，区分了

---

① 事实上，一些欧洲国家学者，如法国、意大利、瑞士等也很早介入文化政策研究。限于语言障碍，无法全面了解他们的研究状况。

文化价值和经济价值两个不同的概念，并提出文化资本与可持续性发展的重要观点。思罗斯比另一本著作《文化政策经济学》延续了价值理论思想，再次强调行之有效的文化政策过程，需要政策制定者对文化部门所创造的经济价值和文化价值有充分的认识。在此书中，思罗斯比运用经济学理论和分析方法全面呈现了制定文化政策过程中的经济模式。以经济学视角深入探讨了文化政策过程中的一般性原则，并对文化政策关注的具体领域，如艺术、文化遗产、文化产业、区域发展、观光业、艺术教育、文化贸易、文化多样性、文化经济、知识产权及文化统计等政策内容，也作了进一步细致分析。

美国学者凯夫斯以美国文化市场为主要研究对象，归纳了创意产业的七个基本经济特点：一是创意产品具有需求的不确定性；二是创意产业的创造者十分关注产品的原创性、专业技能和艺术表现；三是创意产品的生产需要技能多元化的创意人才投入；四是创意的独特性导致创意产品的差异性；五是创意产品受创造者的技能水平影响重大；六是时间因素对于一个创意产品的传播销售具有重大意义；七是由于产权保护，很多创意产品具有持久的营利性。凯夫斯在《创意产业经济学：艺术的商业之道》一书中，较为突出的理论贡献是运用产业经济学理论、契约理论分析框架，诠释了包括视觉艺术、表演艺术、电影、声像制品和图书出版业在内的艺术创作行为的具体组织构成、艺术产品价值实现所涉及的经营性行为（如艺术经营公司选拔艺术人才、包装推广艺术作品等），以及艺术家与雇主之间签订合同的具体形式等。具体分析路径是建立在产业组织结构基础之上，对某一特定文化创意产业领域相互竞争的公司规模、行为模式及公司的数量开展研究，同时吸纳契约理论成果，利用其自身的一些方法解释了创意产业为何以现有的组织形式进行生产。

从公共管理学科思维方法观察并探讨文化政策过程，是工具性文化政策研究的另一重要路径。所涉及的研究内容是把文化管理与行政管理、城市管理、公共政策、发展管理等紧密联系在一起，具有很强的理论联系实践的特性。很多研究成果都是以政府相关政策研究报告、政策文本及地方实践案例、文化政策措施指南的形式出现的。这一研究路径的发展，与

20世纪80年代开始的全球范围的新公共管理运动密切相关。由于突破了传统的缺乏弹性的行政，新公共管理更关注于管理的技术和方法。在新的管理模式中，公共文化管理主体是以政府为核心的公共文化部门和组织，同时也包括以公共利益为指向的文化类非政府组织（NGO）；客体则为公共文化事务，具体内容包括公共文化资源；文化政策具体化的各类公共文化项目；社会中广泛存在的公共文化议题等。公共管理学科内部存在众多理论方法，如公共选择理论、新公共管理理论、新公共服务理论、公共治理理论，等等。相应地也体现在文化政策研究的内容和方法上面。总体上来说，这一研究路径的最终目标是：强化政府的治理能力，提升文化管理绩效和公共文化服务品质，从而实现公共文化福利与公共文化利益。

这一领域的重要著作[①]包括：艾伯科隆比的《大不列颠文化政策》（*Cultural Policy in the United Kingdom*, Abercrombie, N. 1982），该书聚焦于20世纪60年代末以来大不列颠地区文化政策领域（教育、艺术及文化遗产）的立法及发展问题。马塔拉索的《用途抑或装饰？艺术参与的社会影响》（*Use or Ornament? The Social Impact of Participation in the arts*, Matarasso F., 1997）研究报告，在个案研究的基础上，分析艺术参与的社会影响。欧洲理事会《文化从边缘到中心》（*In from the margins, a contribution to the debate on culture and development in Europe*, Council of Europe, 1997）报告，起源于联合国教科文组织所开展的有关文化与发展关系的讨论。该报告指出要改变文化在政策系统中边缘化的状态，并将其与数字化革命一起纳入新的政策议程中。同时政府也将从推进与文化相关的跨部门合作网络当中获益。泽曼治和克莱恩阿特尔主编的《比较文化政策：日本与美国研究》（*Comparing cultural policy: a study of Japan and the United States*, Zemans J. & Kleingartner A., 1999）论文集，是对两个文化传统完全不同的国家所进行的跨文化比较研究，呈现了各自的文化政

[①] 以下重要代表作书目及报告来源于 Resource Guide in Contemporary Issues in Cultural Policy, Hospitality, Leisure, Sport and Tourism Network, April 2006。需要说明的是该参考文献指引只限于文化政策的国际领域研究、欧洲及英国的研究文本。限于篇幅，这里不具体介绍论文研究成果。

策、项目及案例研究。在公共政策分析领域，比较研究方法运用较为广泛，尤其是跨国比较研究，通过探讨不同国家的政府所采取某项政策的具体内容、原因、方式及其影响，来决定适合本地决策的选择。郝顿是政府智库成员，他的研究报告《找准文化价值：文化如何成为政府决策的工具》（Capturing Cultural Value：How Culture Has Become a Tool of Government Policy，Holden J.，2004），探讨文化政策操纵文化机构向功能主义转向，以达到解决包容性、增加多样性等社会目标，并由此引出如何评价文化的问题。他在报告中建议或许可以转换评价的模式，这有助于重新界定"为艺术而艺术"（art for arts sake）的目标，丰富人们的生活。法国的皮埃尔·莫林尼尔则运用公共政策评量方法在其著作《文化政策评量》（Levaluation au service des politiques culturelles，Pierre Moulinier，1994）及《44个文化部：法国文化政策机制》（Les politiques publiques de la culture en France，Pierre Moulinier，2007）中探讨文化政策评量方法，并剖析法国当代文化政策，描述法国文化政策目标；说明文化政策的资源，包括预算、立法、人力、机构各方面；分析文化政策成果与影响等。

"文化规划"（cultural planning）是20世纪90年代以来西方国家对城市及社区的文化资源进行战略性培育和整体性运用的一种尝试，文化政策成为政府借以推动城市复兴的工具。相关研究包括：班驰尼和派克森的《文化政策和城市更新：西欧经验》（Cultural policy and urban regeneration：the West European experience，Bianchini F.，Parkinso M.，1993），这本著作堪称文化规划领域的奠基之作，探讨了大量有关文化与城市更新的主题。兰德利的《创意城市：如何打造都市创意生活圈》（The Creative City：A Toolkit for Urban Innovators，Landry C，2000），同样以城市再造、城市管理为主题，强调未来城市发展要创造性地、策略性地进行自我开发，找到自身独特的发展潜能和文化资产。伊文斯的《文化规划：城市的文艺复兴》（Cultural Planning：An Urban Renaissance，Evans GL，2001），该文本结合大量欧洲、北美及亚洲的实践案例，探讨城市规划与艺术政策、文化经济与城镇规划之间的关系，指出文化的生产与消费已经成为都市发展的新未来。

除专著和研究报告外，一些国际组织——联合国教科文组织、欧洲委员会等①,及其他国家或地区的官方文化政策研究报告等,都体现了工具性文化政策研究思路。工具性文化政策研究的发展,与西方后工业社会政策建议的制度化密切相关。为了应对日趋复杂的社会管理问题,政策分析开始职业化,并促进了专业知识新形式的出现。社会学家和其他领域技术专家阶层开始承担一个重要角色:他们不再是政府临时的非常规参与者,而是政策议程的积极介入者——为政策方案的选择提供可能有价值的信息分析。②在这样的社会背景下,文化政策的制定者、管理者对政策分析的需求,进一步推进了对文化政策手段及实施效果研究的深入发展。

譬如,伦敦在制定创意产业发展政策方面,大伦敦政府经济委员会自2002年共出版了三份与创意产业直接相关的工作研究报告。第一份为《创意:伦敦的核心商业》(Creativity: London's Core Business, 2002)。它分析了伦敦1995~2001年之间创意产业快速发展的原因和各部门就业及经济贡献力的基本情况。这份报告直接促动政府成立了"创意产业委员会"组织,以评估地区创意产业进展及相关项目的绩效。第二份报告为《伦敦的创意部门:2004》(London's Creative Sector: 2004 Update)。除了进行数据更新外,主要对创意产业的统计方法作了新的探索,并与旧的统计方法作了比较。这份报告出台后,伦敦发展署又成立了"创意伦敦"(Creative London)工作协调小组,负责促进伦敦创意产业的发展。第三份报告为《伦敦的创意部门:2007》(London's Creative Sector: 2007 Update)。它在第二份报告的基础上,跟进了伦敦创意产业的发展研究及数据更新,并指出以前被忽视的创意产业与金融、商业服务业之间的密切联系。这里还没有提到更多的、更为微观的、具体的政策研究工作。正因为有这些大量的基础性科研工作在前,伦敦建立了世界上较为完善的促进创意产业发展的政策体系。

二 批判性的文化研究路径

20世纪80年代后期及90年代,运用"批判性知识"的文化政策研

---

① 如联合国教科组织出版的《世界文化报告》(2000)、欧洲委员会出版的《文化政策汇编和欧洲的发展趋势》(ERICarts, 2009)等。
② 〔美〕威廉·N.邓恩著《公共政策分析导论》,谢明等译,中国人民大学出版社,2002,第51~60页。

究取得了进展。以文化研究的方法介入文化政策研究的学者，与传统文化研究学者相比，也关注国家、社会和公民之间的利益制衡，但他们探讨问题的侧重点则更主要集中在经济、社会理论和艺术生产之间的关系上。当看到文化与社会环境日趋复杂化，他们开始不满足于传统文化研究领域，认为文化研究虽然具有文本的解构意义，但脱离了政策制定及行政，因此，现实的"政治性"是有限的。他们希望拓展文化研究的视域，通过深入当今社会文化机制的研究，确立实践上的学术建构价值。所以，他们把研究对象定位在文化政策领域，并以更积极的姿态介入政府政策议程的评议上。与工具性政策研究不同，他们的关注点不在具体操作方法上，而更多地倾向于理论与政治方面的意义。以"批判性知识"为路径的文化政策研究学派，其本质是政策导向的文化研究学派。他们的理论思想渊源主要还是文化研究领域，包括法兰克福学派的社会批判理论、英国伯明翰学派的文化理论、福柯的话语分析和治理性理论、哈贝马斯的公共领域理论、布尔迪厄的文化社会学理论、葛兰西的文化领导权理论以及后马克思主义的接合理论，等等。[①] 他们致力于通过对文化政策历史发展的梳理，以及对文化机制运作的解析，进一步理解文化与社会的关系，通过认可或合作来干预文化领域。他们认为这是知识分子积极参与文化的一个重要方面。

托尼·本尼特[②]于1987年创办了格里菲斯大学文化政策研究所，聚焦文化与媒体政策研究，以期实现对文化的营救抑或"重释"。基于威廉斯式、葛兰西式、阿尔都塞式等既有文化研究传统的不足，他提出"把政策引入文化研究之中"并致力于解决现实问题，介入文化政策制定议程。[③] 他批评传统的文化研究并不像许多倡导对抗的激进主义者那样——具有变革和解放力量，更多时候它只是文本修辞上的幻影；他

[①] 方彦富：《文化政策研究的兴起》，《福建论坛》（人文社会科学版）2010年第6期。
[②] 托尼·本尼特为当代英国文化研究的著名代表人物，20世纪70年代即为英国文化研究的主要发言人，80年代受聘于澳大利亚格里菲思大学文化政策研究所，90年代回到英国开放大学，任社会与文化变迁研究中心主任。文化政策研究方面的专著有：《博物馆的诞生：历史、理论和政治》《文化与政策：作用于社会》《文化：改革者的科学》《区分多样性：文化政策与文化多样性》《福柯、文化研究与政府性》《超越记忆的过去：进化、博物馆和殖民主义》等。
[③] 徐德林：《经济问题需要文化解决办法——澳大利亚文化研究巡礼》，《中国社会科学报》2012年2月22日。

认为需要把文化研究在理论上和政治上的种种争论，更深入地根植于各种现实环境之中，尤其要关注文化权力的制度层面。因此，他从传统文化研究领域对葛兰西式"文化霸权"的偏好，转向以福柯式"治理性"分析，把文化政策研究作为行动实践的入口，拓展了文化研究的范畴。

对文化的界定，是文化研究的起点。本尼特主张在给文化下定义时，需考虑政策问题，区分不同区域的文化，以辨析不同的治理技术、政治关系等，以确立适当的有针对性的研究方法。① 本尼特在《把政策引入文化研究之中》（1992）提出：把"政策"理论地、实践地、制度地引入"文化研究"，这样可以纠正文化研究在机制领域中的缺失。本尼特将文化研究的路径从文化与权力之间的关系转向了文化的治理性问题。他指出18世纪晚期和19世纪新社会管理领域的出现，使得在特定知识框架中组织和使用文化资源的方式构建了人们的生活方式，在这个意义上，文化应被视为既是治理的对象又是治理的工具。本尼特在批判性评论"文化研究"所界定的具有丰富人类学意义的文化定义之后，指出"文化研究"忽视了某些研究领域的有机层面。譬如，文化也是一系列历史特定的制度所形成的治理关系，目标是通过审美智性文化的形式、技术和规则的社会体系实现广大人口的思想行为的转变。它可以被看作现代化早期社会生活特有的日益治理化过程的一部分。② 本尼特在《文化：改革者的科学》（1998）一书中进一步延伸了这个观点，把文化政策放置于文化研究的中心地带。文中指出：政策是文化构成的重要部分，正是因为这种文化、政策和管制领域的联结，才建构了我们所继承的文化及知识分子所进行的活动。③

---

① T. Bennett. "Putting Policy into Cultural Studies". Lawrence Grossberg, Cary Nelson, Paula A. Treichler, eds. *Cultural Studies*. New York and London: Routledge, 1992: 23 – 37.〔英〕托尼·本尼特著《本尼特：文化与社会》，王杰等译，广西师范大学出版社，2007，第157 ~ 158、166 页。

② T. Bennett. "Putting Policy into Cultural Studies." Lawrence Grossberg, Cary Nelson, Paula A. Treichler, eds. *Cultural Studies*. New York and London: Routledge, 1992: 23 – 37.〔英〕托尼·本尼特著《本尼特：文化与社会》，王杰等译，广西师范大学出版社，2007，第159、162、163 页。

③ T. Bennett. *Culture: A Reformer's Science*. Sydney: Allen and Unwin; London and New York: Sage, 1998, 第4 章。〔英〕托尼·本尼特著《本尼特：文化与社会》，王杰等译，广西师范大学出版社，2007，第197 ~ 198 页。

本尼特的文化政策研究主要是围绕着两个焦点进行组织的：一个是在文化研究范围中，对文化政策研究领域进行分析和实际参与其中的总体理论背景的历史研究，包括文化与政府治理之间的关系等，关注艺术、文化、政府如何行动作用于社会。另一个是探讨作为文化技术的博物馆、美术馆、图书馆等公共文化机构在组织文化和统治的现代关系方面所发挥的关键作用，以及一系列公共文化机构运作所构成的文化体制，它们对整体社会的发展所产生的深远作用。① 前者的代表作包括《把政策引入文化研究之中》《文化：改革者的科学》《文化与治理性》等，后者的代表作包括《文化功用的倍增》②《博物馆的诞生》③《超越记忆的过去：进化、博物馆和殖民主义》④ 等。

在"文化研究"与"文化政策研究"两者之间关系上，本尼特肯定了文化政策的界定和研究是有其自身的特性和历史的，但他不是要探究一般性的政策范畴，而是要利用文化研究既有的成果和独特的视角重新审察文化政策。对此，本尼特主要运用福柯的理论范式——尤其是其"治理性"（governmentalization）及"监视"（police）等概念——来探讨博物馆的历史、文化管理的现代形式、文化政策等具体文化实践领域，同时也吸收了其他理论家的分析话语和科学研究。⑤ 从本质上来说，政策只是本尼特探究文化与社会之间关系的一个切入点，其研究方法的起步及研究的最终归宿还是文化研究，目的是对政策制定者和执行者产生积极作用。在本尼特看来，运用"文化研究"理论范式，可以批判性地去理解文化政策在作为描述现代社会的政府与文化之间特殊的关系结构中的作用。反过

---

① 〔英〕托尼·本尼特著《本尼特：文化与社会》，王杰等译，广西师范大学出版社，2007，第 25~26 页。
② T. Bennett, *The Multiplication of Culture's Utility*, Critical Inquiry, 21. 4, 1995.
③ T. Bennett, *The Birth of the Museum*, 1995.
④ T. Bennett. 2004. *Pasts Beyond Memory: Evolution, Museums, Colonialism*. London and New York: Routledge.
⑤ 譬如福柯的治理（Governmentality）理论以及政府解析学（analytics of government），本尼特运用了福柯文化与政府间关系的一整套视点，将其历史的、现实的应用于文化研究。Tony Bennett. "Culture and Governmentality". J. Z. Bratich et al. eds. *Foucault, Cultural Studies, and Governmentality*. State University of New York Press, 2003. 47-63.〔英〕托尼·本尼特著《本尼特：文化与社会》，王杰等译，广西师范大学出版社，2007，第 199~216 页。

来，文化在现代社会是处于被管理和经营的不断变化的复杂形态之中的，如果文化研究脱离这样的背景，必然会面临理论和现实上的困境。所以，两者的研究是相辅相成的。本尼特认为，文化研究在此之前也关注过政策问题，但局限于文化研究所代表的理论叙述方式，没有充分注意到制约文化不同领域的制度状况，他试图在批判分析和政策定位之间建立更加紧密的关系。[1]

乔治·尤帝斯、托比·米勒及贾斯汀·刘易斯[2]等人分别编著的《文化政策》[3]《批判性文化政策研究读本》[4]，在文化政策研究领域具有一定的代表性，走的也是文化研究路径，强调知识分子独立批判立场。他们运用话语和权力分析方法，历史地揭示了文化政策和制度背后潜藏的规训和控制技术；通过语境重建，从而以批判的立场有效地介入文化政策领域。他们批评传统文化研究尽管有明确的推动社会运动的政治议程，但过度偏重于文本政治分析，是"革命修辞"（revolutionary rhetoric）。认为文化研究如果要进一步发展，就必须关注社会文化治理体系中的文化政策。所以他们更期望通过文化政策研究的导入产生一种新的领导象征，即以"改革志业"（reformist vocation）促使社会发生改变。《批判性文化政策研究读本》作为一本选辑，除了对批判性文化政策研究作了理论介绍以外，它还以不同学者在这一领域的代表性成果，建立起批判性文化政策研究领域的基本范式和研究方法。

米勒和尤帝斯在《文化政策》一书中，首先从对文化与政策之间的关联，以及文化政策的历史与理论的探讨开始，展开文化政策的宏观和微观研究。他们认为，决定文化政策形成的参数包括六个方面的要素：其一，治理性（governmentality）。这个概念来源于福柯，本来是用于解释现代性的行政设施，现代国家的兴起及其对个人的社会调控权力，米勒和尤

---

[1] 罗昔明：《文化、政策与管制——托尼·贝内特的文化批评观念剖析》，《兰州学刊》2007年第2期。
[2] 乔治·尤帝斯为纽约大学美国研究教授、托比·米勒为纽约大学文化政策与文化研究教授、贾斯汀·刘易斯为英国卡迪夫大学传播与文化产业研究教授。
[3] Toby Miller, and George Yudice. 2002. *Cultural Policy*. London: Sage.
[4] Justin Lewis, and Toby Miller. 2003. *Critical Cultural Policy Studies: A Reader*, Oxford, UK; Malden, MA: Blackwell Pub.

帝斯借此概念把国家与公民关系的基础从司法型逐渐向管理型与技术型转变。① 其二，品味性（standards of taste）。在他们看来将品味哲学化的过程是与现代政府同时生发的，品味的形成就是文化管理或文化政策。其三，道德性。文化政策是把治理性和品味相结合，在个人或公众层面上，形塑与管理伦理不完整的主体。其四，竞争性。它体现在与社会政治的竞争，国家所有的文化补助支出，都要有补助的借口。市场机制和政府管控机制都无法单一运作，将文化同时当作是乐趣（凭借着市场）和进步（凭借着政府）的观念，在许多文化政策中是居于中心位置的。其五，认同性。政府的计划要既符合国家认同又要符合超国家认同。通过文本解读可以发现，许多国家的文化政策其实是源于在地化和全球化之间的特殊关系。其六，文化公民权。它经由教育、习俗、语言、艺术和宗教，达成"自身文化"谱系的保存与发展；它关系到文化多样性背景下对差异的承认。②

研究方法上，米勒和尤帝斯把文化政策作为一个转变场域，通过批判理论寻求把知识结合到进步型的社会改变、社会运动，并以此位置思考权力、授权和责任问题。所以，他们的研究不是有关效率、效度和描述的政策研究，而是以理论、历史和政治为起点的文化研究。③ 他们认为了解文化政策并介入它，是参与文化的一个重要部分，该途径可以更深层次地接触到文化的制度层面，拓展激进民主的文化政治。后来在刘易斯和米勒主编的《批判性文化政策研究读本》序言中，这一思想得到了更为明确的论述："文化政策研究的批判路径是一个改良工程，它既需要理解文化政策传统上被采纳的方式，又需要理解严谨而富有想象力的其他方式。它还意味着有必要将进步的社会文化运动和技术官僚联系在一起。文化政策研究的批判路径既需要理论上的挖掘，又需要实用的其他选择"。④

---

① 〔澳〕Terry Flew：《"统一化"与"软实力"——全球创新经济大潮下对文化政策的反思》，赵介苇编译，《文化艺术研究》2009 年 3 月第 2 卷第 3 期。
② 〔美〕Toby Miller/George Yudice 著《文化政策》，国立编译馆主译，蒋淑贞、冯建三译，台北，巨流图书公司，2006，第 4~29 页。
③ 〔美〕Toby Miller/George Yudice 著《文化政策》，国立编译馆主译，蒋淑贞、冯建三译，台北，巨流图书公司，2006，第 3、4 页。
④ Justin Lewis/ Toby Miller, *Critical Cultural Policy Studies: A Reader*, Oxford, UK；Malden, MA：Blackwell Pub., 2003：2.

如果说托尼·本尼特、托比·米勒和乔治·尤帝斯主要是从文化研究中的"治理性"问题涉入文化政策领域的话，那么吉姆·麦圭根①的文化政策研究则重新返回到传统文化研究的核心问题——文化与权力关系上。但是，麦圭根并没有从历史文本上阐述这一古老话题，而是把探讨的侧重点放置在了信息与传播技术高速发展、社会经济急遽变化以及全球化的时代背景下。麦圭根认为以福柯的"治理性"观念为起点的文化政策研究，主要聚焦于社会行为的调控和自我身份的形成机制，它们模糊了国家与市场、政治与经济的历史差异，因此对于诸如文化与跨国资本主义、国际性的文化与权力，以及民族国家与经济力量在控制和失控中的博弈等实际问题就难以解决了。② 对此，麦圭根指出政策导向的文化分析不能仅仅局限于民族国家的运行机制，更应该关注到超越民族国家的政治及政治本身，进而他提出了文化政策研究中需要特别关注的文化调控问题——从中可以考察动力和结构的复杂互动关系。

麦圭根在《重新思考文化政策》一书中，从国家话语、市场话语和市民/交流话语三方面追溯了文化政策话语的历史变异和发展。国家话语源于"国家干预"理念，国家是文化领域的主要行动者，政策的重心是由政府来掌握资源和控制权，并决定文化补贴的领域。市场话语是受经济理性和私营经济的管理思维影响产生的，随后出现了公共文化领域的管理化，文化机构运作必须符合市场和顾客满意的标准。从国家话语向市场话语的转变趋势，在当代许多国家文化政策中都有明显的体现。市民/交流话语源于市民社会，独立于国家与市场之外，关注交往和文化的民主化，并构成上述两种话语的对立面。③ 事实上，国家、市场和市民/交流这三种话语及其代表的力量在民族国家内的不同层面上继续发挥着作用。麦圭

---

① 吉姆·麦圭根为英国拉夫堡大学社会科学系文化研究教授，著作近10种，主要著作为《作家与艺术委员会》（1981）、《文化平民主义》（1992）、《文化与公共领域》（1996）、《现代性与后现代文化》（1999）、《社会学的用处》（2002）、《1945年以来的英国》（2003）、《重新思考文化政策》（2004）等。代表作《重新思考文化政策》（Jim McGuigan, Rethinking Cultural Policy, McGraw-Hill Companies, Inc. 2004）。
② 〔英〕吉姆·麦圭根著《重新思考文化政策》，何道宽译，中国人民大学出版社，2010，第15~17页。
③ 〔英〕吉姆·麦圭根著《重新思考文化政策》，何道宽译，中国人民大学出版社，2010，第44~60页。

根也同时指出，当前市场理性和公共部门的市场化代表着一个无所不在的新自由主义的意识形态，① 它正与文化政策日益纠缠在一起，在世界范围内产生着决定性的影响。麦圭根对此持批判态度。

麦圭根的研究路径是批判性和反身性文化政策分析，他以批判的眼光考察了新自由主义和文化政策的关系。他认为文化政策研究既然是应用研究，就更应该以实用的角度，介入现代意义上的文化机制运作方式的探讨，质疑由资本家的利益和狭义的政府利益决定的议程，对决策做出贡献；而不能只限于对传统的分析，当然文化政策研究也不能成为政府政策的工具，它必须要以独立的立场维持并革新自己与进步运动的关系，以求得社会文化公正，使之符合公共的利益。②

这里仅仅重点介绍了几个具有代表性的学者及其观点。其他一些著作还包括：科林·默瑟的《文化公民身份研究》（*Toward cultural citizenship: tools for cultural policy and delopment*, Colin Mercer, 2002）, 尼克·斯蒂文森的《文化公民身份：全球一体的问题》（*Cultural Citizenship: Cosmopolitan Questions*, Nick Stevenson, 2003）以及澳大利亚学者约翰·哈特利（John Hartley）、麦克·金（Michael Keane）、斯图亚特·坎宁安（Stuart Cunningham）、汤姆·奥里甘（Tom O'Regan）等使用文化研究方法介入传媒产业及创意产业的著作、论文，等等。值得注意的是，许多采用文化研究路径的学者普遍对新自由主义文化政策持批判态度，号召各国家或地区要警惕新自由主义文化政策在全球的影响。运用"批判性知识"的文化政策研究领域，也有跨学科研究方法的使用，如赫斯蒙德夫在其著作《创意产业》（*The Creative Industries*, Hesmondhalgh D, 2002）中，就将政治经济学研究方法同文化社会学、文化研究、传播研究以及社会理论等研究方法结合起来，围绕着文化产品产生的一系列关键性议题，尤其是体制和生产环节展开论证。

总体来看，以"批判性知识"为路径的文化政策研究一派，体现了

---

① 〔英〕吉姆·麦圭根著《重新思考文化政策》，何道宽译，中国人民大学出版社，2010，第48页。
② 〔英〕吉姆·麦圭根著《重新思考文化政策》，何道宽译，中国人民大学出版社，2010，第4~6、114页。

文化研究"实践理性"的一面,即一种改造环境和变革世界的干预意识与实践精神。从批判性解构向实践性建构积极迈步,以期改变现实的社会环境、体制制度和人的生存状态。文化研究作为一种学术范式,为传统政策研究提供了一种文化与社会关系问题的研究路径和理论模式。而知识分子也通过重新审查文化政策等具体文化实践领域,了解文化政策并介入政府的参政议程,这是知识分子深层次接触文化制度层面,积极参与文化的一个重要方面。当代知识分子试图在学术解构与建构之间建立平衡,比以往更倾向于在批判分析和政策定位之间建立紧密的关系。

三 我国文化政策研究现状及走向

20世纪90年代初,中国台湾地区人文社会科学研究界开始对文化政策的研究产生了兴趣,文化政策逐步成为学术界讨论的一个焦点。多所高校及研究院、所把"文化政策与文化政治"列为重要的研究领域,相继开设了文化政策研究课程。台湾地区出版的学术著作包括:林信华著的《文化政策新论:建构台湾新社会》、黄国帧著的《文化政策的地方模式:宜兰文化经验1990~2000》、谭光鼎著的《原住民教育与文化政策规划之研究》、洪孟启著的《文化政策的形成与执行》、郭为藩著的《全球视野的文化政策》、王志弘主编的《文化治理与空间政治》、刘俊裕主编的《全球都市文化治理与文化策略》,等等。① 这里还不包括大量以文化政策为研究对象的学术论文和学术会议成果。值得一提的是台湾学术界最先开启华语地区西方文化政策研究的译介工作,译著成果也颇多。如理查·考夫著的《文化创意产业:以契约达成艺术与商业的谋合》②、戴维·思罗斯比著的《文化经济学》③、托比·米勒和乔治·尤帝斯著的《文化政策》、皮埃尔·穆里尼埃著的《44个文化部:法国文化政策机制》、杰郝德·莫里耶著的《法国文化政策:从法国大革命至今的文化艺术机制》、克里斯·史密斯著的《创意英国》、格蓝·艾林著的《文化遗产》,等等。

---

① 方彦富:《文化政策研究的兴起》,《福建论坛·人文社会科学版》2010年第6期。
② 国内译本为〔美〕理查德·E.凯夫斯著《创意产业经济学:艺术的商业之道》,孙绯等译,新华出版社,2004。
③ 国内译本为〔澳〕思罗斯比著《经济学与文化》,王志标等译,人民大学出版社,2011。

比较而言，中国大陆地区文化政策研究起步稍晚但发展迅速。20世纪90年代初首先出现了对文化行政与管理思路的新的探讨，如《文化艺术管理论》（高占祥，1994）、《文化市场与艺术研究》（刘颖南，1994）、《现代文化行政学》（林国良，1995），等等。90年代末开始逐步兴起文化政策研究。随着国内各区域、城市乃至国家对文化发展战略布局的升温，学术界对文化政策的关注也不断深化。以文化政策为研究对象的学术论文及学术著作近年来增长较快。以下仅大致梳理部分重要学术成果。

上海交通大学胡惠林主持的"面向21世纪文化管理系列教材"是我国高校编写的第一种关于文化管理的系列教材，后来又在"高等学校文化产业管理系列教材"中又作了进一步补充。这两套教材包括《文化政策学》（胡惠林，2003）、《文化市场学——中国当代文化市场的理论与实践》（刘玉珠、柳士发，2002）、《文化经济学》（胡惠林、李康化，2003）、《文化行政学》（黄飙，2003）、《现代文化产业理论与政策》（胡惠林，2006）、《文化市场营销学》（李康化，2006）、《文化产业学概论》（胡惠林、单世联，2006）、《西方文化管理概论》（陈鸣，2006）、《文化产业管理概论》（李向民、王晨民、成乔明，2006），等等。上海交通大学在国内也是较早开设文化艺术管理专业的高校，建立了文化经济学、文化市场营销学、文化管理学、文化行政学、文化政策学等课程体系，在国内影响较大，为文化政策研究打下最初的学科基础。

文化部主持的"世界各国文化概览"丛书（文化艺术出版社），系统介绍了全世界十个国家的文化发展概况，包括国家文化政策、文化管理模式、文化产业及教育等内容；清华大学国家文化产业研究中心主持的"世界文化产业"丛书（外语教学与研究出版社），也是以国别为单位，重点介绍了世界上主要国家文化产业市场的最新情况、管理制度和发展模式以及经验教训等，内容涉及出版业、电影业、电视业、广播业、音像业、广告业、演艺业、网络业等方面。这两套丛书，资料翔实，对国内了解异域文化政策与管理运营实践和经验有很大帮助。除了这两套系列丛书以外，还有大量对国外或我国港台地区文化政策和文化产业发展状况的具体介绍和阐述。如李庆本、吴慧勇著的《欧盟各国文化产业政策咨询报告》（2008）、张生祥著的《欧盟的文化政策：多样性与同一性的地区统一》（2008），何志平、陈云根著的《文化政策与香港传承》（2008），陈云著的《香港有文化——香港的文化政策》（2008），姜毅然、张婉茹、王海澜编著的《以市场为导向的日本文化创意产业》（2009），马群杰著的《台湾地区文化产业与文化营销》（2011）；熊澄宇著的《世界文化产业研究》（2012），宿琴著的《多元维持与共识建构：欧盟文化政策研究》（2012），等等。

中国人民大学出版社出版的"文化创意产业译丛"译介了多部当代西方文化政策领域内的经典名著，对国内学者了解西方文化政策理论界的研究动向助益很大。如美国学者艾伦·J. 斯科特著的《城市文化经济学》、英国学者吉姆·麦圭根著的《重新思考文化政策》、澳大利亚学者思罗斯比著的《经济学与文化》、英国学者查斯顿著的《知本营销——21世纪竞争之刃》、美国学者海尔布伦等著的《艺术文化经济学（第二版）》、英国学者大卫·赫斯蒙德夫著的《文化产业》、美国学者马克卢普著的《美国的知识生产与分配》等。国内其他译著还包括加拿大学者弗朗索瓦·科尔伯特著的《文化产业营销与管理》、美国学者理查德·E. 凯夫斯著的《创意产业经济学：艺术的商业之道》、澳大利亚学者约翰·哈特利编著的《创意产业读本》、英国学者约翰·霍金斯著的《创意经济：如何点石成金》、加拿大学者 D. 保罗·谢弗著的《经济革命还是文化复兴》及《文化引导未来》、英国学者查尔斯·兰德利著的《创意城市：如何打造都市创意生活圈》、日本学者驮田井正和浦川康弘著的《文化时代的经济学》，等等。联合国教科文组织等国际组织的一些重要报告，国内也作了部分译介工作，如北京大学出版社出版的《世界文化报告——文化、创新与市场（1998）》、《世界文化报告——文化的多样性、冲突与多元共存（2000）》，广东人民出版社出版的《文化多样性与人类全面发展——世界文化与发展委员会报告》，三辰影库音像出版社出版的《创意经济报告（2008）》、《创意经济报告（2010）》，等等。

金元浦主编广东人民出版社 2005 年出版的"当代文化产业论丛"是国内较早推出的一套我国学者关于文化产业的理论研究书系。丛书包括：《文化巨无霸——当代美国文化产业研究》（李怀亮、刘悦笛）、《当代国际文化贸易与文化竞争》（李怀亮）、《文化产业发展与国家文化安全》

(胡惠林)、《国家利益与文化政策》(张玉国)、《文化产业竞争力》(花建)等。论题涉及国家文化产业现状与对策、欧美文化产业理论和实践、当代国际文化贸易、国家文化利益和文化安全、文化产业竞争力等。

文化政策研究本身是一项跨学科研究领域，早期文献综述及分析较多，渐渐地一些学者从不同的专业角度介入主题探讨，大大丰富了我国文化政策学科知识谱系。譬如从经济学视角，顾江编著的《文化产业经济学》(2007)、《文化遗产经济学》(2009)分别以产业组织学、公共产品理论、委托代理理论、福利经济学等经济学理论为分析工具，深入探讨了文化产业、文化遗产的经济学特征。左惠著的《文化产品供给论——文化产业发展的经济学分析》(2009)是从文化产品供给视角出发，对文化产品的供给机制进行研究。陈少峰、张立波著的《文化产业商业模式》(2011)总结和提炼了60种文化产业领域内通用的商业模式，系统地提出了文化产业主要行业领域的发展趋势及商业模式选择问题。

从公共政策的视角，陈威主编的《公共文化服务体系研究》(2006)及《完备的公共文化服务体系研究》(2010)立足于深圳实践，对公共文化服务体系理论进行了较为系统的理论研究。毛少莹著的《公共文化政策的理论与实践》(2008)对公共文化政策的基本理念、制度安排作了梳理、总结和分类，特别对我国改革开放30年来文化政策的转型与重构做了阐释。王列生、郭全中、肖庆著的《国家公共文化服务体系论》(2009)从理论及制度设计的角度展开研究，并作了相关内容的中西比较研究。曹爱军、杨平著的《公共文化服务的理论与实践》(2011)对公共文化服务的相关范畴和理论问题作了梳理和整合研究，对公共文化服务均等化发展的基础平台进行了研究。

从城市规划视角，黄鹤著的《文化规划：基于文化资源的城市整体发展策略》(2010)从发展目标、体系方法、空间实践和支撑体系方面对文化规划的理论及方法进行了建构和探讨，并以相关案例进行说明。刘合林著的《城市文化空间解读与利用——构建文化城市的新路径》(2010)依据文化城市的理论逻辑，提出了构建文化城市的内部指向性战略、外部指向性战略以及该系统化战略可能造成的空间、社会、经济效应。

从文化指标视角，祁述裕主编的《中国文化产业国际竞争力报告》

(2004)，上海高校都市研究院著的《2011年全国31个省市自治区公共文化服务指数蓝皮书》（2012），胡惠林、王婧著的《中国文化产业发展指数报告（CCIDI）》（2012），高福民、花建著的《文化城市：基本理念与评估指标体系研究》（2012），分别在我国文化的公共领域、产业领域及城市文化发展领域做出了开创性的研究。

还有涉及文化政策某一分支领域的专题研究，如金冠军、郑涵、孙绍谊主编的《国际传媒政策新视野》（2005）集中了西方学者对媒体政策研究的理论与方法，西方国家与区域的媒体政策案例研究以及全球传媒新秩序等问题的探讨。潘嘉玮编著的《加入世界贸易组织后：中国文化产业政策与立法研究》（2006），对我国现行的文化体制、文化管理制度以及文化法律制度作了全面而详尽的剖析；对世界贸易组织关于文化贸易的相关规则，以及我国加入世界贸易组织时做出的承诺进行了深入细致的阐述。周晓风著的《新中国文艺政策的文化阐释》（2008），以新中国成立以来至20世纪90年代末中国当代文艺政策为研究对象，对新中国文艺政策的历史形态、结构体系、文化内涵等进行了全面的论析。单霁翔著的《城市化发展与文化遗产保护》（2006）、《文化遗产保护与城市文化建设》（2009）对文化遗产保护和城市文化建设的历史和现状进行了归纳与阐释，对当前发展过程中出现的问题进行了批判性反思。从文化、文化遗产、城市规划学科融会的角度，预测可能的发展途径，进行综合对策研究。王岳川、胡淼森著的《文化战略》（2010）从文化政治学的角度介入"文化战略"或"文化政策"研究，对近代以来，尤其是全球化时期中西文化的交流与对话进行了深入的解读。其他视角还有很多，这里不能一一点评，但可以看出国内文化政策研究的跨学科、多元化发展趋势。

国内一些行业或区域年度报告，如张晓明、胡惠林、章建刚主编的《中国文化产业发展报告》《中国公共文化服务发展报告》[①]，叶朗主编的《中国文化产业年度发展报告》，张京成主编的《中国创意产业发展报告》，于平、傅才武主编的《中国文化创新报告》，刘世锦主编的《中国

---

① 该书不是年度报告，分别于2007、2009及2012年，共出版了3册，前两册主编为李景源、陈威，后一册主编为于群、李国新。

文化遗产事业发展报告》、王亚南主编的《中国文化消费需求景气评价报告》、庞井君主编的《中国广播电影电视发展报告》，等等，提供了各行业领域年度发展评析及学术界最新研究成果。各地方文化蓝皮书，如北京、上海、广州、深圳等城市，每年都会对区域文化发展状况做分析，并提供大量地方性经验案例。以书代刊形式出版的《中国文化产业评论》《北大文化产业评论》《文化产业研究》《文化战略与管理》及最新的《文化创意产业法律评论》；以及学术期刊《文化产业导刊》《中国文化产业》等，集中了国内文化政策研究领域，尤其是文化产业研究的重要学术成果。

  目前国内文化政策研究成果较为丰富，也比较注重其理论与实践相结合的特殊性；但与跨学科研究要求还有一定的距离，知识层次上的互动还比较匮乏。国外相关研究成果虽陆续有零星引介，但还缺乏整个研究领域较为系统性的译介、分析与评论。从整体而言，学术界还缺少对文化政策学科建设的共识。

  如何建构中国语境下的文化政策研究？我认为有三点尤需关注：一要注重现有学科的理论借鉴及问题意识的拉动作用。西方文化政策研究从20世纪70年代发展至今，在学术思想、知识框架、基本研究领域、主体理论和研究方法等方面已形成了一定的学科基础。当前在生活全球化、公司集中化和技术整合化日趋加剧的时代背景中，西方文化政策研究对公领域与私领域的关系、制度与人的关系、文化与政治经济的关系等焦点问题的探讨，值得我们去思考与借鉴。中国语境下，我们的问题意识与西方国家相比，既有相同之处，也有我们自己的特殊性。譬如，文化资源分配的公平与效率问题、全球化浪潮中的文化传播与文化身份问题等。随着历史演进、社会发展，政策环境也在不断发生变化，文化政策也有适应变化的需要，这更急切要求我们以问题意识来迎接挑战。对于中国来说，无论是正在实施的公共文化服务体系建设、文化产业振兴规划，还是有待加强的国家软实力和可持续发展环境等，都亟须从理论上和实践中找到我们自己应走的道路，形成中国研究特色。

  二要勇于超越传统研究模式，探索跨学科方法的融合运用。与国外相关领域发展不同，国内早期文化政策研究人员多从哲学、文学及文艺理论学科背景下介入的，随着理论热点持续高涨，行政管理学、经济学等其他学科背景的学人也开始关注这一领域。学术形态上，局限于传统学科研究模式的居多，这就需要我们在研究方法上努力作新的突破。作为一门新兴跨学科研究领域，研究者除了要具备传统社会科学研究所要求的较高专业素质外，还要有跨学科研究的严格训练及学术规范，培育跨学科的意识和视野，灵活运用多种研究方法。国外文化政策研究领域常用方法包括：图谱法（mapping）、比较分析法（comparative analysis）、深度描述法（thick description）、内容分析法（content analysis）等。

三要坚持本地实践与全球视野相结合的原则。文化政策研究起源于西方，移植过程中要实现理论的本土化，注重对中国实际问题的理性观察、分析。需要解决在理论研究和学科拓展的基础上，怎样用专业知识解决我们文化发展中所面临的具体问题，提供行之有效的治理办法。在全球化和国际化的趋势下，仅靠一个国家的力量已不能解决所有文化政策问题，国际间的联系更加紧密，依赖度也日益增强，国际环境因素的影响有增无减。如果我们没能把自己放置于这一大环境中，必然会导致在发展问题上的被动局面。立足于本地实践与全球视野的结合，不仅能提升我国社会文化问题的治理能力和决策能力，而且也能拓展文化政策跨区域边界意义上的国际性政策的协调与合作。

建构中国语境下的文化政策研究，需要中国当代学人具备公共关怀和人文情怀，创新我国文化政策的应用和研究模式，以更积极的姿态介入政府政策议程的评议和构建，从而发挥文化政策学科知识的社会功能和文化责任。

第二章
民族国家文化政策

> 在以往政府设计的任何改进中,都不可能对某种价值全盘否定。在不同的历史时期,某种价值可能比另一种价值更被推崇。
>
> ——〔美〕赫伯特·考夫曼(Herbert Kaufman)

第一节 文化观念衍变与文化政策回应

英国文化研究学者雷蒙·威廉斯曾指出:"英文里有两三个比较复杂的词,文化(culture)就是其中的一个,部分的原因是这个词在一些欧洲国家语言里,有着极为复杂的词义演变史。然而,主要的原因是在一些学科领域里以及不同的思想体系里,它被用来当成重要的观念。"[①] 在这一章节中就即将探讨当代文化政策中的文化观念衍变历程及其政策措施的回应。

关于"文化"一词的定义,众说纷纭。美国人类学家阿尔弗雷德·克罗伯(Alfred Kroeber)和克莱德·克拉克洪(Clyde Kluckhohn)在《文化:概念和定义的批判回顾》(*Culture*:*A Critical Review of Concepts and*

---

① 〔英〕雷蒙·威廉斯著《关键词——文化与社会的词汇》,刘建基译,生活·读书·新知三联书店,2005,第101页。

Definition，1963）一书中研究了100多条不同的文化定义。根据不同文化定义所固有的基本主题，将谈话和历史文献中许多明显不同的文化定义加以分类，得出九种基本的"文化概念"：哲学概念、艺术概念、教育概念、心理学概念、历史概念、人类学概念、社会学概念、生态学概念和生物学概念。① 我国学者衣俊卿提出"文化层次论"，即把文化理解成三个层面的概念：第一层面的文化理解是诸如文学、书法、戏剧等具体艺术形式或产品；第二层面的文化理解是指作为精神形态或观念形态的文化，这是一种社会主导性的价值观，也可以称为社会的精神形态或文化软实力；第三个层面的文化理解通常被称为"文化模式"。这是体现在社会政治、经济、生态等各个领域的运行模式，是社会有效运行的内在制约力和驱动力，也是一个民族、国家历史地凝结而成的内在机理或图式的文化。文化模式带有整体和整合的特征。②

事实上，理论界往往以广义术语来表达和定义文化，而这里所讨论的文化政策领域则仅仅限于部分领域，只集中反映文化概念的某些方面。从当代文化政策发展历程来看，文化政策中文化最早被界定为艺术、遗产，后来政策范围及内容获得了拓展，有了更为广义、综合的术语来表达文化。联合国教科文组织在1982年墨西哥城召开的文化政策世界会议上采用了下列文化定义：

> 今天，应该认为文化是一套体系，涵盖精神、物质、知识和情感特征，使一个社会或社群得以自我认同。文化不单包括文学和艺术，也包括生活方式、基本人权观念、价值观体系、传统与信仰。
> ——联合国教科文组织：《墨西哥文化政策宣言》

这一理解对全球文化政策的发展有着深刻的影响，同时也逐步影响了各民族国家文化政策的内容。文化标识着群体特征，是群体价值观念和实践背后隐形的指挥棒和推动力。文化就其本质来说，具有动态性。它既与

---

① 〔加〕D. 保罗·谢弗著《文化引导未来》，朱邦俊译，社会科学文献出版社，2008，第15、18页。
② 衣俊卿、田晓明：《文化忧思录》，《苏州大学学报》（哲学社会科学版）2012年第3期。

地理环境密切相关，同时也和社会一起不断发展。文化与经济、政治的联系性是文化赖以形成和发展的外在结构关系。① 社会经济的发展决定文化发展的物质基础，科技进步水平提供文化传播的技术手段，政治制度和策略影响文化发展的方向。提出"文化战略"概念的荷兰学者皮尔森，从人类发展角度也肯定了文化的动态性。他认为，"文化"不是一个名词，而是一个动词。文化不仅是传统，而且是任务。任务体现在：文化是对自然的持续的改造，而人则在文化中发展自己。②

一 文化概念的发展与文化政策内涵的拓展

当代文化政策的确立及发展，既与现代社会管理体制的构建直接相关，又与当代社会"文化"角色的深刻变化有着紧密的联系。文化政策内容的拓展延伸也是与20世纪以来文化观念的衍变是相一致的。文化观念映射到文化政策上，是受历史经验、当代的现实、当前的趋势和未来的需求综合影响所致。众所周知，文化的发展有相当强的对传统继承的惯性，因此会有一个延续的过程，文化政策的发展也不例外。就主流文化而言，文化充当的角色就是民族和国家变化以及各种趋势的记录者。③ 很容易判断：在当代社会，文化的某些功能仍在发挥作用，有些则稍有弱化。当政府大规模介入公共领域时，人们寄希望于政府能够通过一个更加集中和广泛的途径处理社会问题和公民需求，从而超越私人生产者和特殊利益群体的利益。④ 历史证实：文化和各种文化形态很容易因为政治目的而被操纵和利用。因此，当代文化政策需要通过更加完善的制度设计和政策机制，才能保障文化发展成为满足人们需求、履行权利和义务的最佳途径。

第二次世界大战后至20世纪70年代末，文化政策主要强调文化的启蒙作用及社会功能的发挥。早期，文化政策延续了文化的传统意义和功能，即

---

① 钟宜：《文化发展的规律与历史定位问题》，《理论与改革》2001年第2期。
② 〔荷〕C. A. 冯·皮尔森著《文化战略》，刘利圭等译，中国社会科学出版社，1992，第156页。
③ 〔斯洛文尼亚〕Vesna Copic 著《论文化政策研究中实证研究的缺失》，马绯璠编译，《文化艺术研究》2012年第1期。
④ 〔加〕D. 保罗·谢弗著《文化引导未来》，朱邦俊译，社会科学文献出版社，2008，第216页。

把文化视为整个社会得以文明发展的关键要素，与国家凝聚力、民族认同感和区别性密切相关，广泛的文化启蒙可以加强民主进程。此时，文化政策的核心是保护精英文化艺术和文化遗产，增加公众接触"精英艺术"文化形式的机会。50年代，文化不仅代表国家身份，也体现普遍价值观，实行的是以供给为中心的文化政策，依托精英文化、高雅艺术，通过"由上至下"的公共文化举措，传播普遍价值观。60、70年代，科学技术迅速发展所导致的新产业革命，正深刻地影响着人们的生产、生活方式。同期，社会运动蓬勃发展，权利抗争激烈。此时，文化权利也获得广泛关注，引发了民众对文化平等的诉求。社会平等不仅仅意味着物质财富的分配公平，同样也意味着对文化差异的承认。社会抗争不是为了争夺经济权利或者物质利益，而是不同亚文化及不同文化群体为了得到社会和法律认可而进行的斗争。① 文化的民主化纳入许多国家的政策议程，以期解决社会的包容问题。文化被视为缓减社会压力，改善福利水平和生活质量的良剂。70年代末，文化政策的范围已从传统意义上的艺术、展览、文学、戏剧等扩展到了文化产业、城市规划和社区文化。文化政策将公共参与延伸到了大众文化领域，鼓励地方性的、小范围的、社区型文化活动的参与。相比起价值和欣赏品位而言，文化政策更加看重文化的多样性，看重公众是否有条件接触和参与到文化之中。这种文化政策强调的重点更多的是为公众提供选择，而不是所提供文化的质量如何。②

美国自20世纪70年代，欧洲各国在稍后的80年代普遍面临经济衰退。西方管制政策被认为是经济低迷的诱因，特别是新自由主义思潮认为人类需求只有通过无管制的自由思想才能得到最大限度的满足，进而从理论上消解了公有制及特定管制形式的合法性，为政府市场化导向的规制变迁和文化传播领域的放松管制提供了思想基础。③ 80年代开始，整个西方受英美（撒切尔和里根）新自由主义经济政策影响，开始大幅度削减公共开支和社会保障，包括公共文化领域的财政投入，文化政策领域开始更

---

① 〔英〕Nicholas Garnham 著《从文化产业到创意产业——解读英国艺术及媒体发展政策中"创意产业"一词的含义》，马绯璠译，《文化艺术研究》2009年第2卷第6期。
② 〔斯洛文尼亚〕Vesna Copic 著《论文化政策研究中实证研究的缺失》，马绯璠编译，《文化艺术研究》2012年第1期。
③ 〔英〕Nicholas Garnham 著《从文化产业到创意产业——解读英国艺术及媒体发展政策中"创意产业"一词的含义》，马绯璠译，《文化艺术研究》2009年第2卷第6期。

多地使用经济和管理思维方式。80年代中晚期，全球产业结构发生转变，产业布局重新调整。发达地区劳动密集型为基础的制造业发展优势日渐衰微，文化产业首先在旅游业内发展起来，其他文化生产部门，如娱乐产业、艺术产业、传媒产业等也越来越成为重要的经济力量，产生直接就业机会和收入。各国文化政策开始强化对经济（工具性）功能的追求，以促进边缘地区发展活力。经济思维导向的文化政策把文化视为能够提高经济竞争力的地方营销工具。

20世纪90年代，随着经济形态的转型，文化作为经济增长的潜在要素又再次被突出强调。理论界早期的讨论在经济发展中逐步呈现，如熊彼得（Joseph A. Schumpeter）的长波理论（Long Wave Theory）以及他将技术革新看成是资本主义发展的核心推动力的理论。贝尔（Daniel Bell）的后工业理论，也指出经济发展的动力已经不再是有形的资本，而是以科学知识为表现形式的人力资本。越来越多的价值增值不是来自传统的物质改造的生产活动，而是来自人的思想。可见，社会的增长模式开始依赖于技术创新和国家知识资本的提升。在此思想指导下，一些国家公共政策把文化视为创新来源，等同于创造性，关注的重点是其为国家带来的经济竞争优势。政策核心也从关注文化设施等环境氛围对经济的促进作用，发展到把文化领域视为是经济领域的一部分，或者一种产业。文化被界定为与文艺联系在一起的实用的和功能性的生产形式的活动。通过文化消费实现在地区和社会层面上的平等，使个体满足与社会利益相一致。从而，导致文化政策成为一种"产业"政策。① 澳大利亚联邦政府于1994年第一次出台文化政策《创意之国度》，将文化产业尤其是艺术产业正式定义为一种经济性质的产业，并作为一项国家战略加以实施推动。受其启发，1998年英国工党政府提出"创意产业"概念，将文化产业进一步融入了产业融合发展趋势及信息化社会的背景中，开创了全球新经济潮流。同时，文化政策也转向新兴通信技术领域的产业政策。可见，在经济思维引导下的文化政策，文化被界定为两种功能：其一，视其为社会增长模式的潜在要

---

① 〔法〕皮埃尔-米歇尔·门格著《欧洲的文化政策——从国家视角到城市视角》，欣文译，《国外社会科学》2012年第3期。

素，强调文化的经济贡献。其二，视其为支持和促进的角色，目标是提高生活质量，吸引经济投资。

20世纪90年代中后期开始，尤其到了21世纪，世界对"文化"的认识发生了变化。尽管经济思维在各国文化政策中仍占有比较突出的地位，但通过对现代化与全球化的反思，文化的民族意识及整体性观念开始逐步成为文化政策的主导思想。《世界文化多样性宣言》（联合国教科文组织，2001）中指出："文化是当代就特性、社会凝聚力和以知识为基础的经济发展问题而展开的辩论的焦点。"民族国家对全球化时代文化贸易、文化传播导致的文化霸权现象十分警惕。这使得文化的"民族"和"地域"等文化差异性的认同开始成为共识，并成为保障和维护民族国家文化主体性的重要基石，也成为角逐全球化格局中文化地位的重要因素。

文化的整体性观念来源于人类学理论解释。爱德华·伯内特·泰勒在《文化的起源》（*The Origins of Culture*，1958）一书中指出："文化，或文明，就其广泛的民族学意义来说，是包括全部的知识、信仰、艺术、道德、法律、风俗以及作为社会成员的人所掌握和接受的任何其他的才能和习惯的复合体。"[1] 此定义对文化的理解产生了深刻的影响。它不仅对有关文化的性质、范围、意义和实质的当代观念有强大的冲击，而且它还在文化的观念和定义的历史演变中起到分水岭的作用。泰勒之前的文化概念往往强调的是整体的各个部分的概念。泰勒开启了文化的整体观，研究的关注点也集中到整体上和文化的复杂的相互关系上。[2] 英国文化研究学派代表人物雷蒙·威廉斯（Raymond Williams）在其专著《漫长的革命》（*The Long Revolution*，1965）中为文化下的定义，对后来文化政策研究也产生了影响。他认为文化有三种定义，其一是杰出的观念或思想。其二是指以物质形式存在的、凝结着人类思想与经验的产品。其三是指一个社会的整体的生活方式。[3] 文化的整体性观念获得了延续。具体到后来文化政策中的整体性观念，主要是强调文化的"动态的和有机的整体"特性。当以整体性方式看待和对待文化时，文

---

[1] 〔英〕E. B. 泰勒著《原始文化》，连树声译，上海文艺出版社，1992，第1页。
[2] 〔加〕D. 保罗·谢弗著《文化引导未来》，朱邦俊译，社会科学文献出版社，2008，第26、27页。
[3] Raymond Williams, *The Long Revolution*, London: Pelican books, 1965, p.57.

化政策可以更全面地，而不是按特定方向来处理人类与世界的关系。文化政策开始有着更为广泛的目标，包括促进文化艺术的发展、处理与人自身发展的关系、平衡经济和社会发展以及战略的实施等，甚至可以探讨文化对人类可持续发展的关键作用。

不过，也有西方学者批评：当今文化政策中的文化意义受到了削弱，或变得含混不清。早期文化政策中对"启蒙""艺术的平等"以及"观众思考机会"的关注，已被多元政策目标所稀释了。将文化视为一笔资产而非单纯的资源消耗，这在发达国家和部分发展中国家已获得共识，并由此提升了文化政策的地位。然而身处社会经济需求尚未得到满足的地区，文化往往还被作为奢侈品看待，以至于当地物质和非物质文化遗产的衰退。未来文化政策的发展虽然是未知数，但有一点可以明确——文化观念既要与变化的现实相协调一致，又要与人类追求的未来方向相协调一致。

二 文化政策与文化的价值功能及内涵

文化政策之所以可采用整体观，并被视为人类社会可持续发展的关键，是因为文化可以具备不同的价值功能及内涵。英国文化媒体体育部委托研究报告——《测量文化价值》（*Measuring the value of culture: a report to the Department for Culture Media and Sport*, David O'Brien, 2010），其中就意识到文化的多功能特性，政策建议明确指出：文化决策必须要做多标准分析（Multi-criteria Analysis）。我国台湾学者王俐容认为文化艺术价值包括：美学价值、文化价值、社会价值和经济价值。澳大利亚学者思罗斯比（D. Throsby）以价值理论为基础，强调了文化政策过程中的文化价值和经济价值。这里的文化价值实质上是从一个较为广义的人类学视角观察的。同样，从文化的人类学概念来看，文化的形塑是历史的过程，文化的价值功能形态也是不断发展的结果。以下本文将从文化的审美价值、社会价值、经济价值及生态价值四个功能层面展开分析。

1. 文化的审美价值及相关内涵

文化的审美价值与艺术概念紧密相关。文化的艺术概念在西方可以追溯到中世纪和文艺复兴时代，今天一般认为它包括表演艺术（音乐、戏剧、歌剧、舞蹈、哑剧、木偶剧），文学艺术（诗、文学、创作），视觉艺术（绘画、

第二章　民族国家文化政策

文化不同价值功能及内涵的比较

价值功能	相关内涵
审美价值	艺术创造和审美感知;对主流的质疑;对个人的反省;传播价值观念;传承与创新等
社会价值	促进社会融合及凝聚力;增强公民自信及治理能力;作为认同符号;提升社会公平、归属;塑造区域特色与影响力等
经济价值	文化艺术的商品化、产业化;提高经济产值及就业率;产业结构升级;区域复兴和转型;发展资源、潜力及竞争力等
生态价值	文化多样性;文化权利;文化生存发展;文化与环境的关系;人与自然的关系等

雕刻),环境艺术(建筑、城镇规划、城市设计、景观)以及材料艺术或手工艺术(编制、制陶、上釉、刻字)等。[①] 不同的国家文化对艺术概念所包含的内容也有差异。比如在中国,我们的戏剧还包括传统戏剧,如京剧、昆剧、越剧、粤剧等;视觉艺术还包括书法等;手工艺术门类就更为繁多了。文化的审美价值同时也与文化的哲学概念、教育概念相关。这种特性在东方文化传统中,也特别显著。"文化"的最初意思即文治教化[②]。在中国古代,政治社会特别讲究治术,占社会主导地位的儒家哲学走的是"治心"的道路,注重教育的内化功能。儒家思想认为:美不在于外在形态,只在于伦理人格。因此,艺术的审美往往与道德修养紧密联系在一起。审美教育注重具有一定人格意蕴的美好事物对人的感化作用。儒家既不否认审美,同时又要限制审美。当艺术有利于道德教化时,儒家是加以赞扬的。"岁寒,然后知松柏之后凋也。"(《论语·子罕》)这是孔子从四季常青的松柏上,寄托自己矢志恢复周礼的独立不迁的情怀。但当审美享受激发了情欲追求时,儒家又会去尽量削弱艺术的审美属性。"是故先王之制礼乐也,非以极口腹耳目之欲也,将以教民平好恶,而反人道之正也。"(《乐记》)由此可见,儒家在制度中引入审美,在生活中提倡审美,不是为了享受,而是为了平欲;不是单纯为审美,而是为了道德上的至善。

---

① 〔加〕D. 保罗·谢弗著《文化引导未来》,朱邦俊译,社会科学文献出版社,2008,第19、20页。
② 刘向:《说苑·指武》中有"凡武之兴,为不服也,文化不改,然后加诛"。

在西方社会，文艺复兴时期也是通过文艺创作及对古希腊、古罗马文化艺术的研究，宣扬人文精神，强调意识和精神因接触到大量的知识和智慧而受到启发。对于文化的审美价值，夏普（Lesley Sharpe）认为"只有艺术在不被认为应该为任何目的而服务的情况下，它才能以其独特的方式，重建失落的和谐"。阿诺德（M. Arnold）则认为，文化艺术可以使人们脱离困境，将源源不断的思想注入人心，破除陈腐的概念与习惯，进而引导人类走向一种和谐的完美（Arnold，1960：8）。① 类似的观点都与审美引发的文艺启蒙相关。可见，文化艺术的审美在人类社会中总是与价值观念联系在一起。

2. 文化的社会价值及相关内涵

文化中凝聚着人类生存经验的总结，关联到人类群体生存方式、发展模式的选择。帕森斯（Talcott Parsons）在他的社会行动理论（social action theory）中对文化尤为看重。他认为文化系统是社会结构变迁的最高控制系统，文化系统从人类对一系列最基本的生存意义问题的思考中获得信息量和控制力。文化系统既是变迁中的带动因素，又是变迁中的滞阻因素。② 在西方创作领域中，艺术和文化的分野是比较明显的。艺术是不停演进的，对主流的质疑衍生了新的流派，因此艺术的基础是"反对""批判"。文化的基础则是"共识"，让全民在文学艺术与文化资产的熏陶之下，产生对崇高理想的景仰之情。③ 艺术和文化的分野在东方语境下并不十分明显，反而是一种交融的状态。文化的社会价值使得单一性艺术政策逐步走向了综合性文化政策，而文化政策中所涉及的公共艺术政策导向也常常倾向于"共识"的建立，激发民族认同感、凝聚力和创造力。

思罗斯比认为文化艺术的社会价值表现在："艺术作品传达了一种与别人联系的感觉，而且它有助于理解社会的本质，也有助于认同感。"这体现了文化艺术与民族认同感及区别特征的相关性。全球一体化发展趋势的影响无远弗近，文化身份的社会价值（社会整合作用）也日显重要。

---

① 转引自王俐容《文化政策中的经济论述：从精英文化到文化经济？》，台湾，《文化研究》2005年第1期。
② 谭功荣：《西方公共行政学思想与流派》，北京大学出版社，2008，第176页。
③ 〔法〕Pierre Moulinier 著《44个文化部：法国文化政策机制》，陈羚芝译，台北，五观艺术事业有限公司，2010，第101页。

对于多元化、离散的社会，马特内森指出艺术的真正目的并不在于创造财富，而是"贡献一个稳定、有自信与创意的社会"。[①] 正是从这一点出发，最初以经济为目标的欧盟区域一体化过程，也逐步意识到通过文化建立"欧洲共识"的重要性。20世纪90年代起，开始加强文化政策措施，展开了文化领域的共同行动，帮助建立欧洲身份认同、建立创造性欧洲。公共管理中的文化治理也是出于类似的考虑：社区参与型的文化项目更易促进能力培养和机构建设，增强公民的归属感。

3. 文化的经济价值及相关内涵

文化的经济价值出现较晚。当商业性交换活动及大批量的、复制性的生产出现在文化艺术领域时，法兰克福学派的代表人物——霍克海默和阿多诺，在其合著的《启蒙的辩证法》（1947）一书中，提出了"文化工业"（culture industry）的概念。该概念反映了文化的经济形态，但并非肯定文化的经济价值，而是带有很强的贬义色彩，认为"文化工业"违背了艺术的反叛精神，妨碍了个人的判断和个性的发展。后来随着文化经济的发展，"文化产业"（culture industries）才逐渐被置换成一个中性概念，被越来越多的人所认可，并纳入文化政策领域中。澳大利亚联邦政府甚至明确指出：文化政策就是经济政策，文化创造财富……文化增加价值，并对于创新、行销与设计具有不可或缺的贡献。除了文化本身是一个有价值的输出，对于其他商品的输出也是有不可或缺的附加价值。可以说，文化对于我们经济的成功具有举足轻重的角色。（DCA，1994：7）[②] 当今社会，文化的经济价值更是获得了极大的彰显。文化（创意）在相关服务业和制造业部门产生直接经济效益，并创造就业机会，促进了经济的转型、贸易增长和创新。同时，文化还帮助边缘或经济衰退中的城市区域恢复活力，促进文化遗产的开发性保护。

4. 文化的生态价值及相关内涵

文化与生态物种具有类似的性质，任何一种文化都离不开它所属的社

---

① 〔法〕Pierre Moulinier 著《44个文化部：法国文化政策机制》，陈羚芝译，台北，五观艺术事业有限公司，2010，第101页。
② 转引自王俐容《文化政策中的经济论述：从精英文化到文化经济？》，台湾，《文化研究》2005年第1期。

会群体。同时，文化也是族群借以相互区别的标志。从根本上来说，生物多样性和文化多样性是相互依存的。文化多样性和生物多样性都是随着时间的推移，在人类和环境相互适应的过程中，逐步发展起来的，并以复杂的方式进行着相互作用和相互影响。① 生态价值是文化的根本属性，对文化生态价值的重新强调是基于对工业文化的非生态性反思。它强调以尊重生命、人与自然的和谐共存、可持续发展等理念来构建人的生存方式，改变人与自然和人与人对立的状况，改变社会发展的单一经济维度，转变价值的单一物质取向等。文化的生态价值在人类的可持续发展中发挥着重要的能动作用。2012年6月在里约热内卢举行联合国可持续发展大会（也被称为"里约+20"峰会）。该会议成果性文件《我们期待的未来》中提及："许多人，尤其是穷人，直接依靠其生态系统维持生计，谋求经济发展、保持社会正常运行和生活安定，并传承其文化遗产"（第30段），以及"所有文化和社会都能促进可持续发展"（第41段）。文件强调"生物多样性的内在价值，以及生物多样性的生态、基因、社会、经济、科学、教育、文化、娱乐及审美方面的价值"（第197段）。②

三　中西方文化观念对文化政策影响的比较研究

世界不同地方文化的种种经历不同，对文化价值、发展模式等也都基于不同的看法。我们要清楚地了解之前所讨论的文化概念大都是西方思想和西方知识传统的产物。有学者认为，作为一个观念来表达的文化对作为一个现实的文化怎样应用和实践有很大的影响。③ 同时，文化观念也决定了我们对于文化的认识、评价与运用。因此，我们不能忽视文化观念的力量。近代以来，中国对于文化体系的认知，受西方思想影响很大；虽然如此，我们还是不能通过全盘吸收西方文化观念来引导我们的实践。批判性对待中西文化观念的差异，有助于我们辨析中西文化观念在不同领域内实践所表现出的特征，取长补短，寻求人类实施善治的基本原则。

---

① 乔瓦尼·伯卡迪等：《文化为什么是可持续发展的关键》，联合国教科文组织杭州大会，2013年5月。
② 联合国：《我们期待的未来》，2012年6月，巴西·里约热内卢。
③ 〔加〕D.保罗·谢弗著《文化引导未来》，朱邦俊译，社会科学文献出版社，2008，第32页。

梁漱溟在《东西文化及其哲学》（1921）一书中指出，一国文化反映的是一个民族生活的种种方面。可以从三方面去观察与理解：

（一）精神生活方面，如宗教、哲学、艺术等是。宗教、文艺是偏于情感的，哲学、科学是偏于理智的。

（二）社会生活方面，我们对于周围的人——家族、朋友、社会、国家、世界——之间的生活方法都属于社会生活一方面，如社会组织、伦理习惯、政治制度及经济关系是。

（三）物质生活方面，如饮食、起居种种享用，人类对于自然界求生存的各种是。①

这一观察与理解角度仍有现实意义。传统中国文化与西方文化存在很大差异。譬如，梁漱溟认为物质生活方面，"中国人安分知足，抱以其与自然融洽游乐的态度，享受物质生活的简单朴素；西方人风驰电掣向前追求，以致精神沦丧苦闷，所得虽多，实在未曾从容享受"。社会及精神生活方面，中国人偏于情感，西方人则偏于理智。② 然而，当今全球市场的发展，使文化需求和文化风格呈现同质化，新自由主义鼓吹市场经济和贸易自由，拒绝文化产品独立于自由贸易原则之外，以自由和民主的名义将美国为首的西方价值观传播到世界各地。商品的交换带来信息的自由流动，新技术的发展加剧了这种流动性。这不但使得民族国家文化主权受到威胁；同时，民族国家赖以生存的伦理和道义基础也被动摇了，进而影响到民族国家个体的思维方式和行为模式，民族文化的精神生活、社会生活及物质生活随之而改变。当前国际交流日益密切，人类发展需要共识，需要对话来求同存异。现代化陷阱让我们深刻认识到西方的道路并不是唯一的选择，我们亟须反思目前的现代化发展模式，表达代表东方的中国思想和知识传统的文化观念，不断丰富人类可持续发展的可选路径。

有学者认为西方文化是一种崇尚科学主义的"工具理性"文化和注

---

① 梁漱溟著《东西文化及其哲学》，商务印书馆，1999，第19页。
② 梁漱溟著《东西文化及其哲学》，商务印书馆，1999，第156页。

重追求自我价值的"智性"文化。中国传统文化则是一种崇尚人文精神、伦理道德、中庸和谐关系的"价值理性"文化和强调集体主义、克己复礼的文化。不同文化模式对生活方式和制度建设都带来了重要影响。① 折射到文化政策领域，西方文化从古希腊严格的理性思辨精神，经过人文主义思潮的浸润，促成了西方文化政策对公共文化领域社会公正平等的浪漫追求；同时科学主义又使得当代西方文化政策的发展在人文关怀与经济、技术至上思想为主导的"非人文主义"之间徘徊、权衡。譬如政策措施对"人人享有文化"——公民文化权利的保障，既是对公民个体自我价值的肯定，也是对文化平等的诉求；同时这也反映了西方文化政策更强调首先要满足人的需求，然后才是"国家建设"（national-building objectives）。文化分权、文化治理强调多元利益相关者在持续互动过程中的合作、协商关系，它推进了文化实践中的民主。循证方法在文化政策制定过程中的运用、文化指标对文化政策执行的检测，以及绩效评估对管理的辅助运用等，则讲求科学工具对文化政策方法论上的指导。整体性文化观照方面，当代西方国家十分注重文化的社会功能和经济功能，视文化为重要的战略工具。

近百年来，中国传统文化受到巨大冲击。五四新文化运动开始，中国逐步走向了现代的文化改造历程。当前，中国正处于社会转型期，公众思想行为模式也在发生转型。公众思想活动的独立性、选择性、差异性明显增强，思想意识呈现多样、多元、多变的特征，对政治文明、公平正义等越来越关注并有所要求。此时，社会对"共识"的需要显得尤为迫切。这就需要我们在制定文化政策时，对中西方文化观念的影响有清醒的辨别认识能力。西方文化观念对文化政策的影响，有许多积极的一面；但从人类可持续发展角度来看，也存在消极因素。譬如潜在的对自然的征服意识，唯工具理性易抹杀人性的存在意义和内涵，导致人文精神的失落，等等。中国传统文化精神也仍有许多值得我们重新认识的地方。西方学者在反思西方道路时认为，东方文化讲求相处应基于与自然的统一，而不是凌

---

① 田晓明：《文化建设的思考与隐忧》，《苏州大学学报》（哲学社会科学版）2012 年第 6 期。

驾于自然之上。人类对自然环境采取更受约束和可持续性的措施。① 中国传统文化中有反对"竭泽而渔"的做法，倡导"天人合一"的理念，即要求人与自然环境的和谐共处。其他东方国家传统文化中也有类似人与自然共生的观点。如今在中国，唯利是图思想引导行为主体过度地追求功利，让人变得浮躁起来；20世纪50年代开始的工业化进程使生态环境问题也越来越突出，严重影响了人们的生活质量。从这一点看，重新反思传统精神十分必要。这不是要求我们回归传统，文化的生长环境已经完全改变，不可能再回去了。这里是强调需要寻求传统精神的当代价值。事实上，文化生态与环境生态有着类似的生存状态，文化生态的和谐共生同样需要警惕功利主义的影响。需要我们清醒认识文化政策不仅仅是产业政策，它有着更为广泛的意义。文化的价值不能也不该被降低为商业利益，否则将会损害文化的精神属性和历史价值。② 在东方文化中，除了需要关切人与自然的关系以外，人与人之间的和谐共存同样十分重要。人类的发展最终要回归到人的发展问题上，人与自身的和谐也是人类精神追求的一种最高境界。因此，文化通常被视为一种"和谐"的力量。与西方国家强调的"批判"精神不同，东方国家更为看中"继承"，其中隐含的内容便是——对现代与传统的调和。这一思想在东方国家文化政策中很明显。

东西方文化观念在引导当代文化政策时，有可以融合发展的一面。如中国传统十分注重"人文化成"的实践作用，即教人以文化修养和为人立身之本。在现代，它与西方传统把文化领域作为社会公共平台培养公民意识和能力的做法，完全是可以结合在一起发挥积极作用的。这不仅可以强化个体伦理道德的自律性，而且还可以增强公民民主与责任意识。

如今全球已步入文化外交时代，民族国家纷纷制定对外文化政策，扩大本国文化影响力，争夺国际市场份额。美国作为先行者已在该领域占据了主动位置，后来者欧洲一些国家，亚洲的日韩，甚至迅速崛起的印度，都在积极谋划一场没有硝烟的文化战役。文化与信息的地缘政治领域正在

---

① 〔加〕D. 保罗·谢弗著《文化引导未来》，朱邦俊译，社会科学文献出版社，2008，第10页。
② 联合国教科文组织、世界文化与发展委员会：《文化多样性与人类全面发展——世界文化与发展委员会报告》，广东人民出版社，2006，第157页。

形成，文明的冲突又有了新的发展。如何发挥文化在和平与和解中的作用，甚至成为国际热点研究论题。中国传统文化精神讲求"和而不同"思想，这是一种待人接物处事方法与原则。和合文化对于人类构建多元世界具有重要的启示意义，也有助于化解国际文化交流中存在的矛盾及冲突。未来国际间文化政策需要东西方互动，通过跨文化的沟通达到彼此的相互理解，并在与他文化并置的过程中认识和反省自身的位置，实现人类的和谐共生。

  反观各民族国家文化政策，无论东方还是西方，发达国家还是发展中国家，都面临着如何处理好文化民主理念同效率法则之间的平衡关系。东西方文化观念对此的影响都既有积极的一面，也有消极的一面。文化发展中平衡关系的获得，在很大程度上要取决于我们是否能够不拘一格、自我创新，容纳古今中外各种有价值的精神文化遗产，构成我们文化生命体的有机组成部分。中国在2012年召开了中国共产党第十八次代表大会，会上报告用24个字，分别从国家、社会、公民三个层面概括了社会主义核心价值观。从国家层面看，是富强、民主、文明、和谐；从社会层面看，是自由、平等、公正、法治；从公民个人层面看，是爱国、敬业、诚信、友善。一个民族价值观的形成是一个历史的过程。24个字的总结不但肯定了中国传统伦理道德，而且也肯定了辛亥革命以来中华民族向西方学习、不断求索的历程。美国文化人类学家克罗伯在1952年发表的《文化：一个概念定义的考评》中指出："文化存在各种内隐和外显的模式之中……文化的基本要素是传统（通过历史衍生和自由选择得到的）思想观念和价值，其中尤其以价值观最为重要。"[1] 我们的公共政策很大程度上也是受社会主义核心价值观所影响，未来中国文化政策的发展也必然受之影响。过去我们的道德建立在"熟人道德"的基础上，而当今进入了陌生人社会，与原有的伦理道德就不相适应了。当今文化政策需要健全法律和制度的规范机制，用法律和制度的刚性约束来支撑道德的软性约束一起发挥作用。文化政策也应正视当今社会对公正的诉求，逐步建立以权利

---

[1] 〔英〕罗伯特·鲍柯克、肯尼思·汤普森著《宗教与意识形态》，龚方震、陈耀廷译，四川人民出版社，1992，第125~126页。

公平、机会公平、规则公平为主要内容的社会公平保障体系，保证民众文化参与平等、发展文化权利平等。

第二节 西方文化政策的价值导向及选择路径

在公共行为的世俗化领域，民族国家在很长一个时期内都扮演着重要角色。文化政策作为政治系统中一种正式的制度安排，是现代社会管理体制的产物，它决定着有形文化资源的配置及无形文化资源的发展。第二次世界大战之后，它在西方国家中首先开始予以运用，其建立的标志是形成了行使这种权力的专门机构，即国家机关和专门人员。国外学术界一般以法国文化部的成立，作为当代文化政策的起始。① 以下内容是以西方国家文化管理发展历程为研究背景，探讨文化政策导向及路径选择背后的无形指挥棒。

一般民族国家的文化政策都具有一定的连续性。虽然文化政策的具体措施随着时代的演变、政治思想的变迁、民众的要求不断发生变化，但其最基本的模式很少有改变，体现了价值取向的稳固性和文化的积淀性。尽管不同国家和区域受民族传统、政治意识、法律传统、国家政体、社会经济状况等诸多因素综合作用影响，所采取的具体文化政策措施各不相同。然而，各国文化政策均受政策主体一定准则及价值选择的影响，无论这种价值取向是显性的还是隐性的，它最终决定公共资源分配的基本原则和公共政策的发展方向。

一 以公平为价值取向的文化政策选择

第二次世界大战以后，国际社会积极倡导人权、民主、自由和平等。在此背景下，西方民族国家对以公平为价值取向的文化政策呼声很高，表现在"文化权利"成为普遍诉求。文化权利的兴起，主要缘于以下三个

---

① 1959年，法兰西第五共和国政府颁布了成立文化部的法令，这标志着政府构建系统的公共文化政策体系的开始。

方面的因素。首先,文化的公共性内容被纳入福利国家的议事日程。欧洲国家依据凯恩斯理论和社会民主主义的社会公正价值观,建立了福利国家;并认为享受社会福利是公民的权利,政府需对公民的社会福利做出承诺。随着福利制度逐步发展,[①] 经济复苏并获得快速增长,国家的需求结构发生了变化。一旦基本需求(食物、住房、交通、医疗)得到满足,更高的支出便会投向更高的需求,如文化休闲、空间流动、个人护理、家政服务等。[②] 20世纪50年代,福利国家机器将文化提升为一项根本权利,以及个人和集体发展的一个基本部分,把文化同教育、医疗和社会保障等权利相提并论。将文化权利作为人权系统的一部分,并将其所有的重点都放在"每一个人"的权利上。这意味着文化权利的概念从"精英"到"人类普遍遗产"的转变。[③] 这一概念的产生,其本身就体现了对公平价值内涵的追求。与此同时,受福利经济学影响,国家政策主导思想认为政府必须介入文化领域。因为市场在公共文化方面有效性不够,文化领域的公共政策可以缓解文化市场消费的不均衡性。政府通过保护和发展文化活动,使公民在文化获取方面人人平等。

其次,第二次世界大战后开始进入后殖民国家建构时代,新独立国家在去殖民化过程中,对文化认同的需求也特别强烈。文化民族主义——把文化视为国家主权和国家认同感的一部分,集中体现民族国家普遍价值观的思想——对文化政策的制定影响很深。各国政府开始加大对文化艺术的扶持力度,这是因为文化艺术绝不仅仅是实现个人自由、教育和启蒙的途径,它还被用来在民众中塑造对国家的归属感,以及一种共同的民族认同。[④] 从民族

[①] 现代福利制度起源于英国的《贝弗里奇报告》(1944),该报告主张的社会福利可以被概括为"3U"思想:普享性原则(Universality),即所有公民不论其职业,都应被覆盖以预防社会风险;统一性原则(Unity),即建立大一统的福利行政管理机构;均一性原则(Uniformity),即每一个受益人根据其需要,而不是收入状况获得资助。

[②] 〔法〕皮埃尔 - 米歇尔·门格著《欧洲的文化政策——从国家视角到城市视角》,欣文译,《国外社会科学》2012年第3期。

[③] 〔荷兰〕塞斯·J.汉弥林克:《"地球村"中的文化权利》,选自〔新加坡〕阿努拉·古纳锡克拉等主编《全球化背景下的文化权利》,张毓强等译,中国传媒大学出版社,2006,第13页。

[④] Peter Duelund, "The Nordic Cultural Model, Summary", pp. 448 - 489. 转引自郭灵凤《变化中瑞典文化政策:地方化与欧洲化》,《欧洲研究》2008年第1期。

国家（或集体发展）层面来看，文化权利也是指所有人类文化传统都能在认知、连贯性以及发展方面获得平等的机遇。① 这一思想在日后经济全球化及信息化迅猛发展的背景下，再次被民族国家文化政策所强化。尤其是20世纪90年代以来，文化传播环境发生了剧变。大众传媒和文化贸易的迅速发展，使得文化碰撞有增无减，文化同质化的威胁随之而来。欧美各国普遍重视通过文化商品的输出，传播本国价值观念和生活方式，提升国家形象和文化影响力。出于对民族国家文化主权的强调，以及对文化霸权的抗衡，引发了国际间"文化例外"② 及后来"文化多样性"③ 的一系列争论。

最后，国际层面也逐步认可并不断丰富基本文化权利的内容。1948年联合国通过的《世界人权宣言》的第27条就已经提出："（一）人人有权自由参加社会的文化生活，享受艺术，并分享科学进步及其产生的福利；（二）人人对于他所创作的任何科学、文学或美术作品而产生的精神和物质的利益，有享受保护文化的权利。"1966年联合国通过的《经济、社会和文化权利国际公约》的第15条第1款，进一步阐释了文化权利的内涵。其中包括三方面的内容：（一）参加文化生活；（二）享受科学进步及其应用所产生的利益；（三）对其本人的任何科学、文学或艺术作品所产生的精神上和物质上的利益，享受被保护之权利。在1970年，联合国教科文组织召开的有关文化政策政府间会议中，提出公民既然有参与社会文化生活的权利，就意味着各国政府有义务采取有效措施促进这种参与。20世纪70年代受西方社会运动影响，文化领域也兴起要求"人人享有文化"（Culture for Everyone）、"文化的公民权利"（Civil Right for Culture）的运动。1976年联合国教科文组织通过的《关于促进人类普遍享有参与文化生活并为此作出贡献的建议》。这一建议意在"将保证人民能够参与文化生活的权利作为人

---

① 〔新加坡〕阿努拉·古纳锡克拉等主编《全球化背景下的文化权利》，张毓强等译，中国传媒大学出版社，2006，第2页。
② "文化例外论"是世贸组织谈判过程中出于贸易保护主义目的而提出来的一个概念，其核心观点是文化产品既是一般商品，又是特殊商品，涉及民族情感和国家文化认同等国家、民族间核心价值观的斗争，因此必须实行比较严格的配额制而不是无条件全面开放市场。法国、加拿大等国家以民族利益和经济利益抵制文化领域的自由贸易，反对文化霸权主义。
③ "文化多样性"是从维护人类文化生态平衡的角度立论的，实质上是对"文化例外"论的延续和发展。

权来进行保护"。建议还提出,联合国教科文组织成员国应"采取有效措施,保证人民能够接触所有民族和世界的文化",并"对妇女能够介入文化以及参与文化生活的完整权利给予特别关注",同时"保护对于文化平等的认同,包括少数民族和外国裔少数民族文化"。① 此后,1982年,世界文化政策会议在通过的《文化政策宣言》中重申了这一认识:必须采取有效措施将人们参加文化生活的权利落到实处。

国际层面的认识对西方各国文化政策措施的选择和执行,产生了或多或少的影响。众所周知,公共性是公共政策的价值基础和目标。公平性作为文化政策价值取向中最为核心的一项标准,在现代政策制定中理应占据十分重要的地位。但从当代西方文化政策演进轨迹来看,受外部社会经济环境影响,这一价值取向还存在不稳定性。对于公平的界定,公共政策领域内的认识多种多样,概括起来主要有机会公平、过程公平、结果公平等。第二次世界大战后,西方国家普遍从注重文化的启蒙作用、促进艺术的平等接触出发,大力扶持传统艺术门类的发展,兴建公共文化设施,启动各类文化活动及文化节庆。伴随文化政策内容的拓展,文化政策从注重文化价值和欣赏品味,发展到注重文化的多样性。公平不再仅仅表现对高雅(或精英)艺术的接触,更体现在公众于文化方面可以选择的机会上,甚至公众需求满意度方面。因此,提供多样化的文化选择、促进公民文化参与,成为重要的文化政策措施。包括20世纪80年代以来,市场化机制的引入,也是在选择多元化的有效性上实践。但种种措施经过政策评估,都很难达到结果公平。譬如基于文化引导的城市更新策略,初衷之一可能希望给当地的边缘人群提供更多的经济机会,通过文化复兴区域活力;但这样的城市空间改造也可能产生公共空间私有化的趋势,导致不平等与不平衡的加剧。简而言之,空间和阶级的两极分化。莎朗·佐京(Sharon Zukin)在《谁的城市,谁的文化》一书中,曾批评这种经济文化活力只是建筑在高档消费空间和消费阶层之上的假象;吸引消费阶层所制定的政策破坏了原有社区的文化基底,不能体现当地文化生活的个性特征,使城市成了"迪斯

---

① 〔荷兰〕塞斯·J.汉弥林克:《"地球村"中的文化权利》,选自阿努拉·古纳锡克拉等主编《全球化背景下的文化权利》,张毓强等译,中国传媒大学出版社,2006,第14页。

尼乐园"。很多时候结果公平更多的是一种政策理想。从历史角度来看，政府的行为结果也往往偏离人们良好的预期。

二 以效率为价值取向的文化政策选择

经济学中的效率概念在公共政策中一直占有较重要的地位。从初期阶段强调非人性化和客观化的"理性效率"，到价值回归后的强调成本－效益的公共资源的"利用效率"。在文化政策领域，效率的衡量标准始终是一个未解的难题，尤其发展到注重效能和服务质量、公众满意度的阶段。最初文化政策分析多为描述性的语言，20世纪60年代初开始，西方国家开始探索使用测量行为或方法，来获取文化领域有用的信息、数据，以辅助文化政策的制定，及对现行政策措施效果的评估分析。譬如，1963年，法国就建立了统计与预期研究局，其任务在于搜集、处理、分类以及传播关于法国文化的社会经济数据。作为公共政策的基石，它的责任主要是传播各种信息并促成各种必要的研究。[①] 60～70年代，西方工业文明国家所兴起的社会指标[②]运动，进一步推动了文化测量方法的研究和使用。一些国家政府开始建立长期的文化统计项目，用于描述文化艺术活动的开展、公民的文化素养及文化需求、文化消费状况等。同时这些数据及其分析对制定新政策，评估已建项目极为关键，文化艺术组织及其下属机构通过这些统计数据改善自身的运作并吸引更多的私人企业、政府及社会公众的支持。

文化领域的测量与统计是公共管理从技术和工具层面上追求效率价值取向的直接体现。对效率的关注是源于这样的事实：政府干预中广泛存在的寻租行为，造成了社会及文化资源的巨大浪费，使文化政策偏离了社会利益最大化的基本准则和公平的价值取向。尤其到了20世纪80年代，西方国家普遍面临经济放缓，各国为应对财政危机和政府的信任赤字、绩效

---

① 保罗·麦克菲：《加拿大国家文化统计项目：二十五年的发展历程》，选自《世界文化报告2000：文化的多样性、冲突与多元共存》，北京大学出版社，2002，第263页。
② "社会指标"（social indicator）一词，最早是由美国社会学家雷蒙德·鲍尔（Raymond Bauer）在其1966年出版的《社会指标》一书中提出的，是指一种用来量度具有普遍社会意义的社会状况的工具。

赤字，均开始了大规模的政府行政改革。

受公共选择理论①影响，英美国家主张以市场机制作为调节资源配置的主要工具，减少国家干预，以此来提高公共管理效率。英国政府开始重新审视对艺术和文化部门的资助和管理，虽然继续保持对其公共部门的资助，但政府希望艺术和文化机构能够寻求新的经济来源以补充收入，如建立了商业赞助激励框架（Business Sponsorship Incentive Scheme，1984）。同期，法国也认识到对文化事业的鼓励、支持应采取间接的方式。在不排斥政府干预行动的基础上，法国在公共文化事业中引入市场机制，希望通过市场经济规律，鼓励私人企业投资文化事业。美国同样认为私有化和市场比政府的效率更高，倡导削减用于社会服务的公共开支，包括文化项目，解除市场管制，允许资本自由流动。除了调整政府与市场及社会的关系外，在各级公共文化管理机构内部，西方各国则大力倡导新公共管理②模式，推行政府工作的绩效管理、行政过程的透明公开、成本效率和顾客导向等。改变传统公共文化服务制度安排，设计并运用替代性制度安排——政府服务、政府出售、政府间协议、合同承包、特许经营、政府补助、凭单制、自由市场、志愿服务和自我服务。③ 这些制度设计进一步强化了对管理效率的追求。这一过程是与文化政策的政治、经济工具化直接联系在一起。

在这一背景下，文化测量与统计，获得理论与实践上的进一步推进。它首先出现在对不同文化机构、场馆的基本设施及服务的普查上。例如机构数量、场馆数量、场馆面积、座位数、活动数量、观众参与情况及出席率，等等。后来文化经济形态的日益发展，使得政策制定者对文化经济重

---

① 公共选择理论的特征是"经济学在政治科学中的应用"（缪勒，1979）。方法上是用经济学来研究政府的管理活动及各个领域公共政策的制定和执行。其核心是通过政府与市场、政府与社会关系的重新界定来解决政府面临的困境，打破政府对公共服务的垄断，全面引入市场机制，在公私之间形成竞争，使公众有自由选择的机会。
② 新公共管理（new public management）是20世纪80年代以来兴起于英、美等西方国家，随后蔓延影响全球的一种新的公共行政理论和管理模式，它以现代经济学为自己的理论基础，主张将私营部门和工商企业的方法用于公共部门，强调市场竞争、政府工作的绩效评估、行政过程的透明取向、成本效率和顾客导向等。
③ 〔美〕E. S. 萨瓦斯著《民营化与公私部门的伙伴关系》，周志忍等译，中国人民大学出版社，2002，第69页。

要性产生兴趣。为了证明政府投入可以带来巨大经济效益和社会效能，相关的文化测量及统计数据被纳入政府管理手段中使用，并在相应统计列表中体现，成为政府财政投入的有效依据。20世纪90年代末，文化测量与统计开始被运用于更为系统的监测管理中。与文化政策发展趋势相一致，文化测量与统计的使用也呈现出偏重文化的经济和社会功能。联合国统计委员会秘书长在对《2009文化统计框架》进行说明时指出：《框架》界定的文化领域代表了传统上视之为"文化的"共同经济活动（如货物和服务的生产）和社会活动（如参与文化活动）的总和。此外，相关领域由可能认定为"部分文化的"或更经常视之为"文娱或休闲"而不是"纯粹文化的"其他经济和社会活动构成。[1] 另一国际组织——经济合作发展组织曾于2006年出版了一份关于文化相关活动测度的项目报告：《文化的经济和社会重要性的国际测量》（*International Measurement of the Economic and Social Importance of Culture*）。该项目主要从"宏观经济和参与指标"及"社会指标"两个类别来探讨的。前者包括：产出和附加值、就业人口、出口与进口、政府支出、私人部门资金、家庭支出、参与和消费。后者仅对重要性作了说明，具体涉及指标却没有详述。类似的倾向在西方各国文化政策中均有明显体现。从某种程度上，追求效率的管理价值理念更多地运用于文化的社会政策及经济政策当中，尤其后者。

从测量的技术方法来看，文化艺术对个体发展所起到的精神转化作用，以及个人的主观感受，是很难量化的；而往往可以量化的则都是一些客观需求和所能支配的资源。因此，为文化政策设立效率目标，并建立引导性的量化监测体系，也就不可避免使文化政策的导向性偏向社会政策和经济政策。欧盟文化统计项目执行者就认为文化是一个特殊领域，其活动不一定符合工业经济逻辑，传统的统计系统很难全面观察文化的发展。他们认为文化领域发展统计指标需要对原有的参照系进行适应性改变。[2] 然

---

[1] 联合国统计委员会第四十一届会议（E/CN.3/2010/21），《联合国教育、科学及文化组织关于新的〈2009教科文组织文化统计框架〉的工作报告》，第18条。新框架中大多数描述文化领域的标准都是以经济角度为基础的。

[2] Cultural statistics in the EU: Eurostat working document 3/2000/E/NO1, European Commission, 2000.

而直到目前为止，由于评估工具匮乏及评估对象本身的复杂性，文化测量的困境在国际上仍未得到实质性的突破。

三 当代文化政策追求民主的发展趋势

"文化民主化"（democratization of culture）是当代西方文化政策最初较为普遍的目标。20世纪五六十年代，人文理念认为更广泛的文化启蒙可以促进民主进程。为此，西欧福利国家开始了一系列的政策举措。包括建立、完善传统文化设施网络，如剧院、艺术馆和博物馆等；大力扶持文学、戏剧等高雅艺术、美学教育；增加公众接触"精英艺术"文化形式的机会，等等。然而这些举措并未获得理想效果，社会和地理上的不平等仍然存在。许多国家相关调查研究均显示，社会中受教育程度较高、享有经济特权、居住在城市的阶层，成为公共资助文化活动的主要受益者。[①]

20世纪70年代，在社会学理论影响下，西方国家文化政策兴起推动公众参与文化活动的"民主的文化"（Cultural Democracy/Animation）策略，意在帮助社会边缘人群，打破人口中不同群体之间的障碍。"民主的文化"作为社会民主过程的一部分，其目的是要深入日常生活中，通过社区艺术使文化艺术尽可能为社会全体成员所接近，同时重点在于为民众提供文化多样选择的机会，而不是单纯提供精英文化。这时期，各地社区文化艺术活动获得广泛重视，活动展开方式即动员社区成员参与文化艺术，通过艺术媒介表现自我，发挥个人创意，并在此过程中形成社区认同感。在此概念中，文化接近（access）和文化参与至为重要，艺术的成果及水准则是次要的。

20世纪80年代开始，伴随着福利国家危机、经济全球化，西方很多国家开始进入从传统欧陆模式——现代国家干预和公共赞助——到市场调控转化的过程，公共文化部门也开展了一系列管理体制改革。首先是中央政府的权力开始分散。国家的文化行政权力（管理权与财政权）在水平方向的"去中心化"（Decentralisation）和垂直方向的"权力下放"

[①] 如瑞士所开展的文化习惯调查表明致力于实现全国各地区平等共享文化资源的"文化民主化"并没有达到"文化服务于全体人民"（culture for all）的目标。转引自郭灵凤《变化中瑞典文化政策：地方化与欧洲化》，《欧洲研究》2008年第1期。

(Devolution)。具体措施包括：在中央政府行政系统之外建立一些文化准行政机构①，作为中央政府文化行政管理的延伸和补充；通过合作伙伴方式，或者是签订文化协定的契约形式，建立中央与地方的文化分权化管理机制。譬如，法国政府在提供文化经费的同时，与相关部门和文化单位签订了各类合同，如国家和大区计划合同、国家合同、与文艺院团签订的契约，等等。政府利用合同形式对政府资助的部门和单位进行管理和监督。随后，文化分权运动又逐步延伸到公共部门与私营机构、非营利性机构等之间的网络关系中。文化合作通过各种形式的合作项目和共同协议来实现。政府的具体文化发展目标通过财政投入的方式来明确，并依靠合同进行管理。文化发展资金来源呈现多样化，独立的非政府资金提供者，如私营公司、基金会、各种协会和其他的非营利性机构对文化发展的捐赠日益增加。② 英国甚至引入了国家彩票制度，用一定比例的资金来资助文化的基础设施建设以及文化项目的发展。

西方国家在向政府市场化导向规制变迁的同时，文化的经济功能也在逐步被放大，并纳入文化政策议程中。文化的产业化、市场化被视为拓展文化民主渠道的一项重要内容。法国文化部研究和开发部门的奥斯汀·基瑞德（Augustin Girard）认为，"市场上的工业产业在文化的民主化与分散化方面所起的作用远远大于官方机构资助的'产品'"。③ 这反映了早期在文化政策中积极推动市场机制的部分动机。到了创意经济时代，市场仍被想象可能实现文化民主的领域。从"文化产业"到"创意产业"概念的变化，其中经历了两种范式的转换。其一，从少数人的"精英文化"转向大多数人的"大众文化"；其二，从群体文化走向了更为强调个体"创造性"的文化，体现了更为尊重每个人的文化创造权利，以及建立在

---

① 英国早在20世纪40年代就开始实行文化政策的"一臂之距"原则，即中央政府委托大不列颠艺术理事会（The Arts Council of Great Britain）负责国家艺术基金分配，这是权力分散的最初表现。
② 联合国教科文组织、世界文化与发展委员会编著《文化多样性与人类全面发展——世界文化与发展委员会报告》，张玉国译，广东人民出版社，2006，第169页。
③ Girard. A. Cultural Industries: A handicap or a new opportunity for cultural development? Cultural Industries: A Challenge for the Future of Culture. Pairs: UNESCO, 1982: 24 - 39. 转引自〔澳〕Terry Flew《"统一化"与"软实力"——全球创新经济大潮下对文化政策的反思》，赵介苇编译，《文化艺术研究》2009年3月第2卷第3期。

个体自由上的经济发展思想。从微观角度来看，市场领域文化民主的思路主要是从文化产品与消费者、创造者之间关系出发的：市场不仅扩大受众群体及其接触文化产品的机会，也针对文化产品的生产过程，使更多的人发挥创造的潜能。① 事实上，文化产业以及基于文化引导的城区规划，逐渐被各国及地区文化政策所重视，更主要的原因是其对地方发展和城市再生的影响作用。政府通过刺激文化消费和文化生产，有力地促进了边缘地区发展活力，为边缘地区提供了新的高速增长的机会。但也有国外学者质疑这种成功不具备普遍性，如科特金对以文化为依托的经济产业就持批判态度。他认为以旅游观光为发展策略的地区实际甚至更加使当地居民边缘化；而对于大部分城市来说其发展还是应以建立适宜居住的社区为目标，任何短期行为对城市的持续、和谐发展都是自杀行为。②

20世纪90年代以来，受公共治理理论影响，文化领域对民主发展的要求更多地体现在对管理模式变革探讨与实践方面——日趋倾向于多中心治理和管理方式、手段的多样化。对文化民主的要求不再仅仅局限于制度上的规制，而是更多地转向对公共文化政策决策过程的动态关注，通过民主参与使各种社会利益在政策制定过程和内容中得到充分体现。1995年联合国世界文化与发展委员会发布了题为《文化多样性与人类全面发展》报告③。该报告在文化政策方面首次将治理概念延伸到文化发展的讨论中。提出在各国政府之间、各种政府机构之间以及市场与公民社会之间建立富有弹性的合作关系。建立公共部门和私营机构共同支持文化发展的有效资金系统。文化领域的决策、管理和服务应更加分权、民主。政府主要扮演的是一种战略经纪人的角色，促进各种不同的行为主体互动合作，相互协商，达成共识。④ 文化治理尤其在欧洲国家获得广泛关注，实施的政

---

① 〔英〕Nicholas Garnham 著《从文化产业到创意产业——解读英国艺术及媒体发展政策中"创意产业"一词的含义》，马绯璠译，《文化艺术研究》2009年第6期。
② 〔美〕乔尔·科特金著《全球城市史》（修订版），王旭译，社会科学文献出版社，2010。
③ Our Creative Diversity, the Report of the World Commission on Culture and Development, Paris: UNESCO Publishing, 1995.
④ 联合国教科文组织、世界文化与发展委员会编著《文化多样性与人类全面发展——世界文化与发展委员会报告》，张玉国译，广东人民出版社，2006，第169、171页。

策措施包括：从行政体制上促进文化政策从政治领域中边缘化的工具角色进入治理中心，建立与文化相关的跨部门的横向合作网络。同时，纵向管理方式上，鼓励在公共行动领域实施地区性或社区文化治理，更多地借助非政府力量建立互动网络治理结构，以此来培育并加强社会团体及民众的民主与责任意识。使民众在参与本地充满活力的文化生活过程中，体认文化价值，活化地区传统，凸显地区特征。

文化治理作为一种新型的、运用于文化领域公共事务的管理机制，其产生是对民主政治的展望。它直接诉求于权力运作的规则、过程及其实践发生改变，反对单纯依靠行政命令或市场机制来进行协调，倡导管理对象参与文化政策过程。与传统管理模式相比，文化治理是以"合作互动"代替了"科层管理"，即公共部门、私营企业、非营利组织、社会团体等各种性质机构以及公民个体在一个持续互动过程中建立一种平等协商与合作关系。理论理想是：公私部门、利益团体及民众的共同参与，可以有效凝聚对于政策发展行动的共识，促进地方资源及力量的整合；冲突或多元利益可以通过相互调适，以多样化的渠道影响公共文化事务的目标及调控手段的选择、实施。但实际的博弈过程可能更为复杂，其中有成功的案例，也有不尽如人意的地方。目前，西方许多国家和地区都在积极尝试，鼓励文化分权、文化自治和文化参与，但不同国家将这种革新思路应用于具体社会历史情境中，所呈现出来的运作特点，面临的新问题是不尽相同的。

21世纪，文化被视为国家和地区的一种发展资源，甚至是衡量全球竞争力的战略资源。文化政策的重要性被充分认识，但同时也导致了文化政策领域的分散化并提出了各式各样的挑战。[1] 其中，仅从文化政策价值取向来说，仍面临着如何处理好文化民主理念同效率法则之间的平衡关系。从历史上看，这两者的主次关系随着社会经济进程的发展而相应变化。文化民主（或其中包含的公平）与效率之间存在一种受客观条件限制的"动态均衡"机制。它受到经济发展、政治诉求和历史文化传统等

---

[1] 〔澳〕Terry Flew：《"统一化"与"软实力"——全球创新经济大潮下对文化政策的反思》，赵介苇编译，《文化艺术研究》2009年第3期。

多种因素影响。文化民主要求缓解文化资源配置的不平等性,促进文化资源在社会层面和空间层面的均衡分布。这也就意味着无论属于什么阶层、收入群体、教育背景、地理位置等,所有人都有权利公平地获取文化资源和源自文化资本的收益流。[1] 为了达到这一政策目标,所需采用的措施将涉及文化资源的分配,文化参与机会的扩大,文化创造力的激发,等等。效率则要求文化管理对资源的有效使用。按经济学的分析,效率是通过产出与投入的比率进行测量的。尽管由于文化公共产品的特殊性,测量具有一定的难度,但文化政策过程仍需要关注公共文化产品及服务的生产效率和配置效率。这里需要涉及更多的可能是管理及运作机制方面的内容。

第三节 中国文化政策发展 20 年

公共政策对整个社会目标群体的思想和行为具有明确的导向功能,这种导向功能在很大程度上体现为对社会文化的引导和规范。[2] 在全球文化殖民主义扩张的背景下,政府通过显性或隐性的文化政策介入公共领域,塑造社会公共秩序,成为各民族国家普遍的做法。当代中国文化政策"去政治意识形态"的转型与重构是从地方开始思考、讨论、实践,然后逐步获得中央层面的认可,并在决策上予以肯定,最后拓展到全国范围。

1986 年,上海在全国率先召开文化发展战略研讨会,首开国内文化发展战略研究和制定的先河。同年,广州召开了"广州文化发展战略第一次大型研讨会",此后又陆续召开了六次文化发展战略研讨会,关于城市文化发展战略的思考得到逐步深化。在此影响下,20 世纪 90 年代中国一些经济发达城市和地区开启了文化立市、文化立省的战略实践。直到 2006 年国家层面才正式出台由国务院颁布的《国家"十一五"时期文化

---

[1] 戴维·思罗斯比著《经济学与文化》,王志标等译,中国人民大学出版社,2011,第 60~61 页。戴维类似的提法是:文化政策的制定要兼顾经济效率问题和代际公平问题;〔法〕皮埃尔-米歇尔·门格著《欧洲的文化政策——从国家视角到城市视角》,欣文译,《国外社会科学》2012 年第 3 期。

[2] 方立峰、任弢:《公共政策导向与文化存亡》,《西北大学学报:哲学社会科学版》2012 年第 4 期。

发展规划纲要》，这是我国第一次专门部署文化建设的中长期规划。2011年十七届六中全会首次从完整意义上制定"社会主义文化强国战略"。有学者认为从各地方开始的"文化发展战略热"，实际上是我国文化领域公共政策的第一次觉醒和起步。在文化发展战略研制过程中，对一系列文化发展战略相关问题的追问——如何确定文化发展战略的制定主体；文化发展的内容、目标；发展文化的主体及受惠者；文化发展的方式，等等，更是引发了人们对文化的"公共性"、公民的"文化权利""文化的本体功能""市场经济条件下政府的文化行政职能"等议题的思考与探索。从这个角度来看，至此我国文化政策开始向公共文化政策全面转型。①

20世纪90年代中后期至今，是我国由计划经济向社会主义市场经济过渡的阶段。本节即探讨中国文化政策20年来发展的历程。文化体制改革不只是对文化行政管理模式的重新设定。而且我们也需要进一步在改革过程中理清当前文化发展的内容及目标。公共文化服务体系的全面建设，是国家对转型期社会公正诉求的回应，从保障人民群众基本文化权利出发，对文化的公共领域展开了系统化管理机制的更新。未来国际竞争形势将日益加剧，软实力的较量也将有增无减。民族的创造力是民族复兴的关键，如何在全球机遇和挑战中谋划应对策略是我国未来文化发展的关键。

一 释放文化生产力的文化体制改革

在我国，国家仍是管理公共文化事务的主体，强调运用公共权力维护并实现公共利益。从现行文化管理体制来看，文化系统的行政管理权分散在文化部门、新闻出版广电部门、信息产业部门、旅游管理部门等多个行政职能部门。国家文化部是国务院的职能部门，在国务院领导下管理全国文化艺术事业。国家根据适合于公共财政的狭义的文化定义，主要着力于文化艺术、文化遗产、公共文化事业、文化产业、对外文化交流领域，制定系统的文化供给政策。理解当代中国文化体制改革，需要把这一文化事

---

① 毛少莹：《公共文化政策的理论与实践》，深圳出版发行集团海天出版社，2008，第113页。

件放置于国际国内社会背景中去观察。

从国际背景来看，世界范围内政府改革浪潮自20世纪70年代末，发端于英国，随后是澳大利亚、新西兰、美国、加拿大及欧洲大陆等国家和地区，逐步波及新兴工业国家、转轨国家和发展中国家。20世纪90年代后，亚洲的日本、韩国、菲律宾等也加入这场政府革新的浪潮之中。改革的基本趋势是减少政府干预，缩减政府职能和规模，使政府集中力量履行好最基本的职能。文化管理领域的表现是摒弃了政府对公共文化服务的直接供给模式，转而吸引民营企业及其他社会团体组织进入生产行列，采取签订购买协议、政府参股和委托生产等多种形式实现间接的市场供给。尽管不同国家改造传统政府管理模式的方式不完全相同，但相互借鉴中形成了一些共同的特点，也同时面临着一些负面的问题。如对市场的过分崇拜忽视了市场的缺陷；向私人部门管理过分的模仿学习导致公私管理的混乱，丧失了政府在公共管理中的正当角色；"顾客"这样的市场化术语并没有全面理解公民在现代民主国家中的角色，由此产生的政府与公民关系的不清晰，经常使政府工作偏离价值的规定，公民参与的热情降低，政府工作缺乏效能。[①] 这些问题都值得我们在改革和创新文化管理过程中去认真思索。

1978年12月十一届三中全会起，中国开始实行"对内改革、对外开放"政策（简称"改革开放"），开启了社会主义现代化建设。从此开始改变"文化从属于政治""文化为政治服务"的发展方向，文化重新回到了社会生活当中。新时期，文化生产力理论成为文化体制改革创新和文化管理转型的理论基础，文化的物的特性与意识形态性被区分为两种不同的属性。文化体制改革最初的根本方向就是要突破旧的体制、机制对文化生产力的严重制约和束缚。从现实情况来看，一方面，随着社会主义市场经济体制的建立，以前学习苏联采用计划经济的手段来管文化和办文化，"政企不分、管办不分"的状况与时代的发展已不再相适应。另一方面，市场力量向传统文化领域渗透，文化的市场化、经济化发展逐步铺开，文化娱乐市场从沿海开放城市广州、深圳开始，迅速蔓延至全国。1998年，

---

① 谭功荣：《西方公共行政学思想与流派》，北京大学出版社，2008，第263页。

国家文化部设立"文化产业司",我国正式把文化产业的发展纳入了中央政府的管理范围和工作体系。2000年底,"发展文化产业"在国家层面文化政策中得到了确认。2002年,十六大提出"文化体制改革"的任务。2003年6月,确定在9个地区和35个文化单位进行文化体制改革试点。2005年,"逐步形成覆盖全社会的比较完备的公共文化服务体系"纳入了国家文化政策体系中①。同年年底,中共中央、国务院下发《关于深化文化体制改革的若干意见》。2006年3月,中央召开全国文化体制改革工作会议,新确定了全国89个地区和170个单位作为文化体制改革试点。此后,《国家"十一五"时期文化发展规划纲要》(2006)、十七大报告(2007)、十八大报告(2012)等规划、文件都不同程度对推动文化体制改革提出新的要求。以下是官方对文化体制改革发展10年的总结。

> 文化体制改革按照区别对待、分类指导、循序渐进、逐步推开的方针,紧紧围绕重塑市场主体、完善市场体系、改善宏观管理、转变政府职能4个关键环节,积极推进体制机制创新,逐步建立和完善社会主义市场经济条件下加快文化发展的体制机制,营造有利于出精品、出人才、出效益的良好环境,主要经历了三个发展阶段:
>
> 一是"开展试点、积极探索"阶段,从2003年6月到2005年12月。中央召开文化体制改革试点工作会议,确定北京等9个文化体制改革综合性试点地区和35个试点单位开展试点工作。
>
> 二是"扩大试点、由点到面"阶段,从2005年12月到2009年8月。明确了深化改革的指导思想、方针原则、总体目标和主要任务,要求北京等综合性试点地区率先将改革全面推开;除新疆、西藏以外的其他省区市,都要确定本地的改革试点地区和单位,并将改革在本省区市逐步推开。
>
> 三是"加快推进、全面展开"阶段,从2009年8月至今。全面

---

① 该表述出现在2005年10月《中共中央关于制定国民经济和社会发展的第十一个五年规划的建议》文书中。2006年9月《国家"十一五"时期文化发展规划纲要》中正式予以确认。

推开出版、发行、电影、文化市场管理等领域改革，2012年以前基本完成中央已确定的文化体制改革各项任务。①

从以上说明可以看出：其一，文化体制改革的基本路径是采用试点先行，从局部到整体的逐步推进策略。其实，包括国家文化政策的制定与执行，文化相关领域政府机构改革也基本上是按照这一思路进行的。譬如，2008年颁布的全国博物馆、纪念馆免费开放政策；2011年颁布的全国美术馆、公共图书馆、文化馆（站）免费开放政策，也是渐进式发展，从地方开始的。1996年福建省首次发布公共文化设施的免费开放；2008年深圳市推出包括图书馆、博物馆、美术馆、群艺馆等市属公益性文化场馆的全面免费开放服务，这一经验随后获得全国推广。改革开放以来，中国进行了七次规模较大的政府机构改革。② 在2013年的政府机构改革中，合并了国家新闻出版总署和国家广播电影电视总局，组建国家新闻出版广播电影电视总局，并加挂国家版权局的牌子。人们期待的"大文化部"还尚待时日③。事实上，大部制改革在地方早已深入开展。据吴纯勇所做的研究报告统计数据显示：截至2013年1月1日，全国共有210多家地级市、自治州、盟、地区、林区、开发区完成了文化局、新闻出版局、广电局等部门的整合，部分地区同时还将体育局、版权局、旅游局进行了整合，整合的新部门多数以"文化广电新闻出版局"对外挂牌。绝大多数经济发达省会城市都已相继完成部门整合。可见，国家层面的文化行政管理领域大部制很有可能在下一轮政府机构改革中实现。

其二，文化体制改革的基本内容是重构与社会主义市场经济体制相适应的文化管理体制机制，以及相关的政策环境。重点加强对文化宏观管理体制、文化生产和服务的微观运行机制、现代文化市场体系、文化创新体

---

① 中央文化体制改革工作领导小组办公室主任、中宣部副部长孙志军在2010年8月19日中央外宣办举办的新闻发布会上的发言。
② 分别在1982、1988、1993、1998、2003、2008及2013年。
③ 根据现代社会管理的需要，对行政性的行业分层管理进行调整，将职能相近或相关的部门合并重组为一个综合性大部门，有效分权，减少职能交叉和部门重叠，降低协调成本。

系四个方面的改革。第一个方面是解决政企不分、政事不分问题。实行政企分离、政事分离、政府与中介组织分离。第二个方面是解决文化事业单位长期以来的双轨制问题。依据现有文化事业单位性质和功能区别管理；转制企业改造成公司制国有文化企业，完善法人治理结构。第三个方面是解决原有的条块分割、地区封锁、城乡分离的市场格局问题，解决文化市场准入不足问题。形成统一、开放、竞争、有序的现代文化市场体系，鼓励和支持非公有资本以多种形式进入政策许可的文化产业领域。第四个方面是解决对外文化贸易长期处于逆差问题。实施"走出去"战略，创新对外文化交流体制和机制，形成以民族文化为主体、吸收外来有益文化，推动中华文化走向世界的文化开放格局。① 尽管文化体制改革的前期任务已基本结束，但当前面临的问题是仍然存在公共文化资源地方化、部门化、行政固化的现象，造成资源分散、重复建设，难以有效整合，发挥整体效益；存在大量行政垄断资源的、受到多种力量干预的规制不清的市场；同时，社会资金资助文化发展的渠道和平台也不通畅。在下一步的文化宏观管理体制改革中，亟须建立统领文化发展的"大部制"，破除现行的部门利益的藩篱，整合归并同质行业管理体制②；可以通过设立"国家艺术基金"，激发社会参与文化发展的热情，实现文化管理部门结构的战略性调整。文化生产和服务的微观运行机制既需要提高效率，又不能丧失公平公正的价值原则。改革开放初期的"效率优先，兼顾公平"，在新时期两者之间需要有新的平衡点，文化改革创新发展之路不能停滞。

其三，文化体制改革的基本目标和方向是逐步从对文化生产的直接干预转为间接干预；通过文化政策措施激发其他行为主体的作用；让社会成员获得自主性，获得自身的创造活力。由于历史原因，中国社会领域独立性低、自组织能力差，从某种程度上抑制了公民文化参与的深入发展。2012年党的十八大报告强调"建设社会主义文化强国，关键是增强全民

---

① 中共中央、国务院颁布的《关于深化文化体制改革的若干意见》（2006）；李河、张晓明：《当代中国文化政策十年》，《中国社会科学院院报》2008年5月8日。
② 范建华：《建立和健全科学有效的文化管理体制》，《中国社会科学报》2011年11月8日；李河、张晓明：《当代中国文化政策十年》，《中国社会科学院院报》2008年5月8日。

族文化创造活力"。而增强全民族文化创造活力的根本途径即是扩大广大人民群众文化参与的渠道,增强公民文化参与的能力。有学者认为中国继先行的经济改革和市场发育之后,应当加强文化建构和社会培育,尤其是公民社会的培育,这样中华文明现代转型才能步入理性推进的轨道。① 公民文化参与是培育公民社会的突破口。公民文化参与有助于推动"公众参与"与"社会协商",建立相互信任、友善的人际关系。西方社会公共参与及其合法性不是单纯通过自上而下的法律促成的,而是社会普遍的民主参与观念、足够的社会的开放性和自下而上社会运动的混合产物。② 文化参与可以在实践中促进公民民主参与,培育公民意识和能力,增强底层社会参与文化治理的主动性,促进政府的善治,并在多元文化中实现共生状态与融合过程的平衡。这里还需要相关保障制度的发育。譬如需要建立"授之于渔"而不是"授之以鱼"型的公共文化服务供给机制,前者更能侧重于能力的培养,是激发民众创造力的根本。

二 维护公民文化权益的公共文化服务体系建设

文化具有公共性特征。在我国,公共文化服务往往是由具有权威性的公共文化部门以非市场化或者严格监管的方式来提供的。从发展群众文化事业到构建公共文化服务体系,是文化体制改革的重要一步。这一过程体现了政策措施背后出发点的转换:从计划性的自上而下文化产品供应到尊重人民群众文化消费的自主性和选择权。这一改变需要结合国内社会发展背景来观察。在改革开放以后的中国社会结构变化过程中,最突出、最核心的变化就是社会利益结构方面的变化。随着社会主义市场经济体制的逐步建立与推进,在中国经济高速腾飞的同时,由于各种社会利益关系出现不同程度的调整和分化,社会问题日趋严重,社会公正问题提上了政府议程。构建公共文化服务体系就是要解决文化领域的公平公正问题。因此,国内也有学者把公共文化服务体系的建设视为狭义的公共文化政策的重要内容。

---

① 金岱:《论社会凝聚与文化逻辑》,《学术研究》2013年第2期。
② 周江评、孙明洁:《城市规划和发展决策中的公众参与——西方有关文献及启示》,《国外城市规划》2005年第4期。

第二章 民族国家文化政策

"构建公共文化服务体系"政策措施是顺应文化体制改革的路径而产生的。2005 年 10 月，中共十六届五中全会《中共中央关于制定国民经济和社会发展的第十一个五年规划的建议》中醒目地出现了"加大政府对文化事业的投入，逐步形成覆盖全社会的比较完备的公共文化服务体系"的内容。2006 年，全国人大十届四次会议上的《政府工作报告》进一步补充提出"深化文化体制改革，发展文化事业和文化产业。加强文化基础设施建设尤其是农村基层文化建设，完善公共文化服务体系"。2006 年 9 月，《国家"十一五"时期文化发展规划纲要》将公共文化服务专辟一章，置于文化产业之前，并对公共文化服务体系的内容进行了解释和指引。2007 年，全国人大十届五次会议《政府工作报告》具体提出："着眼于满足人民群众文化需求，保障人民文化权益，逐步建立覆盖全社会的公共文化服务体系。"当年 6 月中共中央政治局专门召开会议研究公共文化服务体系建设。8 月，中办、国办联合下发了《关于加强公共文化服务体系建设的若干意见》，明确了公共文化服务体系建设的指导思想和目标任务，提出要按照结构合理、发展均衡、网络健全、运行有效、惠及全民的原则，努力建设以公共文化生产供给、设施网络、资金人才、技术保障、组织支撑和运行评估为基本框架的覆盖全社会的公共文化服务体系。[①] 在 2012 年 7 月国务院颁布的《国家基本公共服务体系"十二五"规划》中，对"基本公共文化服务"及"基本公共文化服务体系"作了全面的阐释：

> 基本公共文化服务，指建立在一定社会共识基础上，由政府主导提供的，与经济社会发展水平和阶段相适应，旨在保障全体公民生存和发展基本需求的公共文化服务。享有基本公共文化服务属于公民的权利，提供基本公共文化服务是政府的职责。
>
> 基本公共文化服务体系，则指由基本公共文化服务范围和标准[②]、资源配置、管理运行、供给方式以及绩效评价等所构成的系统

[①] 李少惠、张红娟：《建国以来我国公共文化政策的发展》，《社会主义研究》2010 年第 2 期。

[②] 基本公共文化服务标准，指在一定时期内为实现既定目标而对基本公共文化服务活动所制定的技术和管理等规范。

性、整体性的制度安排。其发展目标即为均等化,指全体公民都能公平可及地获得大致均等的基本公共文化服务,其核心是机会均等,而不是简单的平均化和无差异化。

在这两段政策说明中,虽然没有对基本公共文化服务的内容作界定,但我们可以清晰地看到基本公共文化服务的对象是全体公民,提供基本公共文化服务的责任主体是政府。保障公民基本文化权利是政府应尽的职责。基本公共文化服务体系的运行是我国文化政策从制度安排上及管理技术上,促进民众广泛参与文化生活的重要保证。该制度设计从公共领域予以公民个体文化接近和文化使用的便利;同时,对文化行政管理的效益也提出了要求。机会均等是基本公共文化服务体系建设的最终价值追求,与当代社会对公正的诉求是一致的。

近些年,国家对公共服务体系建设的投入不断增加,2006年是685亿元,到2010年变成了1528亿元,增长了123.1%[①]。考虑到公共政策领域应适当倾斜性地考虑弱势、边缘群体文化的社会资源分配问题,因此,中央财政文化投入结构主要向西部倾斜、向基层农村倾斜[②]。目前国家对公共文化服务体系建设采用了分级投入的新机制。按照健全中央和地方财力与事权相匹配的财政体制的要求,合理界定中央与地方的事权和支出责任,建立了中央地方财政共担的文化经费保障机制。同时,中央财政主要通过转移支付的方式,推进重大文化工程项目,支持各地文化建设。如,村村通广播电视工程(1998)、全国文化信息资源共享工程[③](2002)、"送书下乡"[④]与电影放映工程建设(2005)。2007年6月,国家发展改革委、文化部联合颁布的《"十一五"全国乡镇综合文化站建设

---

① 国家文化部财务司:《近几年我国文化投入情况及对策建议》,2011年8月。
② 事实上,由于农村基层公共文化设施长期匮乏,因此当前缺口还很大。有学者研究指出全国共38240个乡镇,有5800多个乡镇无文化站,23000个两馆需要先建或改建。作为公共产品,合理、均衡的发展离不开政策的引导和支持。农村公共文化服务建设的缺失归根结底是由于国家政策的缺失,尤须在文化政策议程中予以重点发展。李少惠、张红娟:《建国以来我国公共文化政策的发展》,《社会主义研究》2010年第2期。
③ 通过网络为社会公众,尤其我国广大中西部地区的贫困地区提供文化信息资源。
④ 农村地区建立农家书屋旨在解决农民的阅读困难问题。

规划》(2007) 则对地方基层 2007~2010 年之间的综合文化站建设提出了指导意见①，区别地方基层发展状况，划分中央财政予以的补助投资额度。2012 年 5 月，财政部、文化部联合颁布的《国家非物质文化遗产保护专项资金管理办法》特别设置了中央对地方专项转移支付资金一项，用以对各省（区、市）保护补助费。管理办法还规定专项资金用于补助地方的，适当向民族地区、边远地区、贫困地区倾斜。

2010 年文化部为了推动公共文化服务体系建设的科学发展，增强建设工作的前瞻性，启动了全国公共文化服务体系制度设计研究工作。构建公共文化服务体系开展时日不长，如何拓展公共文化服务领域、更新公共文化服务方式、提高公共文化服务效益，如何保证公共文化资源配置的均等化方向，如何避免公平性丧失及服务质量下降，如何利用技术等现代化手段辅助管理，等等，都是目前迫切需要解决的问题。制度设计研究的目标是"决策参考、指导实践、推动立法"。这是专家学者、文化从业人员等参与国家文化政策制定的有益尝试。

随后，2011 年文化部又开启了国家公共文化服务体系示范区（项目）创建工作。两者之间存在着紧密联系，成为文化政策理论建设与实践推动并进的重要体现。公共文化服务体系是建立在原有的文化管理框架之下，依托博物馆、图书馆、文化馆（站）等原有公益性文化事业单位运行的。因此，不可避免容易习惯性落入原来运作机制中，导致低效率、低效益。示范区（项目）申报以地级市为主，是为了鼓励基层文化管理勇于改革创新。其根本目的不仅是为全国提供行之有效的实践示范和制度建设经验，而且也是为了更好地从地方出发，研究解决当前制约公共文化服务体系发展的突出矛盾和问题。国家公共文化服务体系示范区创建过程要求与

---

① 规划规定所确定的新建和改扩建文化站项目建设规模应不低于 300 平方米，并以此作为确定中央补助投资的依据。超出 300 平方米部分中央不再补助投资。国家级贫困县，每个乡镇综合文化站建设项目平均补助 20 万元，约占单个项目总投资的 83%；西部非国贫困县及中部享受西部待遇的县，每个乡镇综合文化站建设项目平均补助 16 万元，约占单个项目总投资的 67%；其他中部地区，每个乡镇综合文化站建设项目平均补助 12 万元，占单个项目总投资的 50%；东部地区，一般项目中央不安排补助投资，由地方自筹资金负责乡镇综合文化站建设（福建省龙岩市、三明市的 10 个苏区县项目，按中部地区标准）；西藏自治区的项目予以全额补助，即每个乡镇综合文化站建设项目平均补助 24 万元，县级两馆建设项目平均每个补助 75 万元。

制度设计研究工作相结合,理论与实践相互促进作用也获得了充分发挥。任何一项改革都是有风险的,我们要在试错纠错中保持改革创新的灵敏度及正确的方向。

三 我国当今及未来文化政策发展面临的挑战与应对策略

从近20多年中国文化政策发展历程来看,国家对文化建设地位作用和发展规律的认识逐步深化。从不断推进文化体制改革,到十七大高度重视文化,把发展软实力作为中国新的战略着眼点;此后,更是明确提出建设"文化强国"的长远战略。当今及未来我国文化政策所处的国内国际环境十分复杂:文化政策措施在目标和功能上日趋多样化,文化政策的内容也与人们的日常生活越来越密切。文化管理的传统组织体制、管理技巧或领导模式都必须提高韧性和适应性,以因应内外部竞争环境的变化。如何破解我们未来发展的瓶颈,应成为我国当代文化政策研究的一个重要课题。

1. 在全球创意经济和技术迅猛发展的背景下,不发展即面临文化主权的危机;我国文化政策应引导文化产业转型发展及文化贸易模式创新,以增强我们的软实力

2001年11月10日,世界贸易组织(WTO)第四届部长级会议在卡塔尔首都多哈以全体协商一致的方式,审议并通过了中国加入世界贸易组织的决定。同年12月11日,中国正式加入世界贸易组织。[①] 中国开始全面加入国际社会,成为全球"最开放的经济体"之一。这个开放的过程,带来了全球化对中国经济、政治、文化的全面影响。虽然WTO服务贸易条款中涉及文化服务贸易的比重并不是很大,但中国从此无法回避文化市场的全球整合趋势,也必然地加入了文化市场的全球竞争之中。承载了经济利益与文化价值观念的文化产品的销售与文化市场的扩张,直接影响到人们日常的基本生活方式、行为方式,造成与传统的对立。所以,几乎可以视为民族国家文化碰撞与贸易冲突的直接导火索。

早在1993年的乌拉圭回合多边贸易谈判中,法国、加拿大以及当时

---

① 按WTO规定,成员被批准加入后30天才成为正式成员。

的欧盟，就对美国要求欧洲开放文化产品市场提出"文化例外"的原则。反对将文化、视听及服务产品等同于一般商品，任其自由流通。"文化例外论"持有者奉行坚定的保护政策，主张国家对电影、电视乃至图书、音像制品在本土的发展政策应有最大限度的指导权。国家和各级地方政府应该能够在他们认为必要的情况下维持现有的资助机制，并使之适应科技进步和经济发展。① 以美国为首的支持全面实行自由贸易的国家则反对这一提法。这一争论至今仍未终止，并在"文化多样性"主题讨论中得以延续——文化产品贸易是支持还是破坏了世界的文化多样性？它对文化创造力产生了什么样的影响？它带来的是高品质的文化和创新，还是具有最小公分母的同质文化？

中国加入世界贸易组织后，中国所承诺的产品贸易协议、与产品贸易相关的知识产权协议、服务贸易协议必然冲击着我国文化市场。如何发展我国的文化产业，增强中国文化在国际文化贸易市场上的竞争力，成为国内必须探讨并亟待解决的重要问题。在内部文化体制改革、外部文化贸易竞争的共同作用下，发展文化产业逐步成为国家文化政策的重要内容之一。

近年来，发达国家和地区在经济转型过程中呈现出新的跨界融合的产业形态，它的增长动力主要来自于技术和创意经济。通信技术的创新带来的数字革命及其发展的经济环境，为新型的跨界融合的文化产业发展创造了条件。经济的创新同时带来了整个社会的创新，不仅反映到文化的物质层面，而且影响到文化的观念层面和制度层面。譬如，一些国家为了适应三网融合发展，从产业的监管政策和管理体制上进行调整②，成立了融合的管制机构，打破长期以来广播电视、电信和互联网分业监管的格局。可见，中国宏观文化管理体制改革仍需顺应时代的发展继续推进。面对技术与创意经济国际发展潮流，如何在尊重文化产业自身发展规律的前提下，通过适当的文化产业政策引导我国文化产业转化产业资源、转型升级③，

---

① 〔法〕贝尔纳·古奈（Bernard Gournay）著《反思文化例外论》，李颖译，社会科学文献出版社，2010，第3~4页。
② 目前，美国的FCC统一监管电信、广电和互联网。英国已经将原来的5个监管机构合而为一，成立综合性的独立监管机构Ofcom。韩国成立了新的广播通信委员会。
③ 即由资源依赖型向技术和创意等高附加值、知识密集和专利品牌依赖型转化。

成为区域创新、经济增长的带动力量,这将是国内发展的一次重要契机。国际上普遍认为这一策略可以有效解决日趋严峻的人口、资源、环境压力,粗放式发展的局限性,经济结构层次较低,以及资源环境矛盾等问题。不过,在国内的适用性还需要进一步在实践中检验。

从国际文化贸易市场来看,当前我国文化内容、文化版权的贸易逆差仍然存在。尽管联合国教科文组织发布的研究报告中,把中国与美国、日本、英国、法国一同列为世界文化贸易五强国,但我们应清醒地认识到统计数据中中国出口的多数属于文化硬件产品或加工工业产品,如DVD播放机、复印机及礼品玩具等,而不是文化产品的内容。即我们的文化产品进入国际市场时,大部分被归入创意产业价值链的低端。文化贸易赤字的发生,除了通常所谓的"文化折扣"[①]因素以外,"文化产品及服务走出去"的营销能力薄弱,运作模式也比较落后,还未能适应国际市场的规制。这与我们传统的文化输出模式有关——侧重于非营利性的文化交流,受众群体仅定位于海外华人。推动中华文化通过商业渠道即市场开拓走出去,是未来扩大中华文化全球影响力的重要发展方向。中国有丰富的文化资源,但从文化资源转化成高附加值的文化生产力,还有很大的距离。需要我们的相关政策在投资和创业技能、技术升级、基础设施、机制和法律框架等方面予以加强。当前中国文化产品的国际传播效果和影响力也是不容乐观的,如何将我们的文化通过易认知、易接受的表达方式来讲好故事,做好产品的传播,亟待我们加强研究。

2. 面对文化市场中的消费主义对创造性的破坏、对社会公平正义的侵蚀和消解,我国文化政策应避免公共政策的价值迷失,通过立法强化政策的执行,依托完备的公共文化服务体系,尤其加强基层文化建设,解决好文化民生问题

公共领域文化政策的执行,需要其他配套公共政策的支持,其"硬约束力"也尚待从国家基本政策法规等多个层面给予加强。[②] 目前一些文

---

① 霍斯金斯(Colin Hoskins)和米卢斯(R. Mirus)提出的概念,也称为"文化贴现"。是指因文化背景差异,国际市场中的文化产品不被其他地区受众认同或理解而导致其价值的降低。
② 毛少莹:《公共文化政策的理论与实践》,深圳出版发行集团海天出版社,2008,第114页。

化政策落实不到位，如"十一五"规划提出的建立公共文化服务专项资金或基金的政策，中央和省级财政每年对文化建设的投入增幅不低于同级财政经常性收入的增幅，从城市住房开发投资中提取1%用于社区公共文化设施建设①，公益性捐赠的税收优惠等政策，都尚未得到普遍落实。还有一些公共领域文化政策是缺失的，如鼓励社会力量参与公共文化服务建设的政策力度不够，实施细则不完善，税收减免的程序和手续过分繁杂等原因，导致社会力量参与公共文化服务体系建设的积极性不高，参与的程度非常有限。② 文化领域过去部分依靠政策调整的管理方式，与国家的治理方式已不相适应。可见，当前文化领域立法的相对滞后成为待解瓶颈。

国外文化政策的实施、文化机构的运营大多是以法令和法规予以保障的。文化立法模式上大体有两种：一种是文化基本法。如美国的《国家艺术及人文事业基金法》（1965）、韩国的《振兴文化艺术基本法》（1972）、俄罗斯的《文化基本法》（1992）、乌克兰的《文化法》（2010）等。这些基本法直接或间接地规定、明确国家政府在发展文化事业方面的基本责任和目标，并确立通过特殊财政税收优惠政策等方式予以扶持③。另一种是制定公共文化机构建设和发展的专门法律。如图书馆法、博物馆法等。通过法律来明确公共文化机构的属性、设置和运行条件、投入机制、公共服务内容，以及其权益与责任，以此保证公共文化机构的规范发展。目前，我国制定的涉及文化政策的法律只有《中华人民共和国著作权法》（1990年制定，2001年第一次修正，2010年第二次修正）、《中华人民共和国档案法》（1996制定）、《中华人民共和国国家通用语言文字法》（2000制定）、《中华人民共和国文物保护法》（2002制定）、《中华人民共和国非物质文化遗产保护法》（2011制定）等为数很少的几部，《电影法》《公共图书馆法》《公共博物馆法》《演出法》《广播电视法》《互联网法》《文化社团组织法》《新闻法》《出版法》等都亟须制定。文化领域的法律规范仅仅依靠行政机关的规章和规范性文件是不够的。一方面，行政

---

① 《中共中央办公厅 国务院办公厅关于进一步加强公共文化服务体系建设的若干意见》（中办发［2007］21号）。
② 国家文化部财务司：《近几年我国文化投入情况及对策建议》，2011年8月。
③ 朱兵：《关于公共文化立法的研究与思考》，中国人大网，2013年7月10日。

法规、行政规章制定程序简略，或带有部门利益色彩，易致使规章之间存在矛盾和冲突。另一方面，不利于行政机关在对文化领域行使行政管理职权时，实行行政自律，也不能从根本上保障行政机关的依法行政，及政府职能向监管和服务转变。

推动文化立法的工作可以先从地方开始。事实上，一些地方立法机关已先行作了探索。2011年9月，广东省人大常委会在全国率先制定了《广东省公共文化服务促进条例》，对公共文化的体系构建、设施建设、管理制度、服务提供以及保障措施作了规定。2012年11月，上海市人大常委会也通过了《上海市社区公共文化服务规定》，为城市社区公共文化设施、服务、保障、管理及运行主体等作了建设性规定。这些都为国家开展公共文化服务制度建设和统一立法提供了地方实践经验。从2001年年初提出启动我国《图书馆法》立法进程，到如今已经十几年了，近期最终将以《公共图书馆法》出台，目前已进入征求意见最后阶段。此类文化立法进程耗时过长，不利于公共文化机构的规范发展。事实上，我国在公共文化机构法制建设上已经明显滞后于发达国家甚至一些发展中国家①，可见其他公共文化机构的法制建设也十分紧迫。国家可以鼓励和支持地方政府根据国家相关法律与本地区的实际情况制定有针对性的法规和条例，为全国性文化立法工作提供有益经验，通过实践不断健全和完善。此外，部分文化立法也可以采用国家与地方立法相结合的方式。譬如日本在文化遗产立法保护方面的经验，就是国家立法保护的对象只是确定由中央政府负责的全国历史文化遗产的最重要的部分，而更广大的地区由地方政府通过地方立法确立保护。《文物保护法》《古都保护法》均是如此。

文化政策作为公共政策的一部分，首要任务即解决好文化民生问题。丰富健康的文化生活是衡量人们生活质量的重要标志。参与文化生活、参与文化创造也是促进人的全面发展的重要因素。因此，文化民生不只关涉政府保证充足的公共文化产品及服务的供给，文化民生还应涉及公民更深层次的精神满足与个体的能力建设。前者主要依靠构建完备的公共文化服

---

① 例如，英国早在1850年就通过了《公共图书馆法案》，1964年又颁布了《公共图书馆和博物馆法案》。

务体系予以基本需求的满足，依靠发展文化产业、丰富文化市场予以可选择性的补充。后者则需要各级政府能够在制度上破除文化近用（access）的障碍，在运作机制上使民众能够平等地、便利地接近并使用公共文化服务，参与文化生活。

当前，文化民生工作的重点应落实在基层。这需要我们创新工作思路，改变以往"送文化"——单纯供给的做法及公众被动文化参与的形式，在实践中充分调动公民主动参与文化治理的积极性。公民个体的文化参与有助于在实践中培育公民意识和能力，建构社会价值认同；民间文化社团组织的文化参与则有助于建立制度化的国家与社会间利益协商的平台和机制。无论是公民个体的文化志愿行动，还是文化社团组织的非营利文化活动，以及企业对文化活动的赞助行为，都应视为文化发展的重要组成部分。现阶段中国大多数地区公共文化服务体系的建设都还是由政府主导，有的甚至完全依靠政府一手操办，缺乏社会力量的参与。当前在文化志愿者及民间社团的孵化和促进机制等环节上仍存在制度空缺。党的十八大报告指出：建设文化强国的关键是增强民族文化创造力。而民族文化创造力激发的最重要途径即是公民的文化参与。从这一点出发，保障并促进公民文化参与将是中国文化政策今后尤需关注的议题。此外，切实维护低收入和特殊群体的基本文化权益，是平衡社会公平与社会进步的重要内容。可以探索采取多种形式——如政府采购、财政补贴、合约委托、税收优惠等——政策措施，拓展公共服务渠道，丰富公共文化产品的供给，满足城市低收入居民、残疾人、老年人和外来务工群体的基本文化生活需求；满足广大农村地区农民的基本文化生活需求，实现"底线公平"。

第三章
全球文化治理

各美其美，美人之美，美美与共，天下大同。

——费孝通

第一节　国际文化政策全球行动

国际上，文化政策的研究及整体推进，是在政府间组织与非政府间组织的双重组织结构层面上得以发展的。前者以联合国（United Nations，UN）及其下属协作机构（如联合国教科文组织 UNESCO、世界知识产权组织 WIPO、联合国贸发会议 UNCTAD 等）、世界贸易组织（WTO）、世界银行（WBG）及区域性联盟组织欧洲联盟（European Union，EU）、东南亚国家联盟（Association of Southeast Asian Nation，ASEAN）等为代表；后者则以艺术理事会和文化机构国际联盟（International Federation of Arts Councils and Cultural Agencies，IFACCA）、国际艺术和文化管理协会（The International Association of Arts and Cultural Management，AIMAC）等为代表。

广义上，国际组织包括政府间组织和非政府间组织；狭义上，则仅指政府间组织。政府间国际组织是国家间多边合作的法律形式，是广泛活跃于国际社会并有着重大影响的非国家行为体。① 第二次世界大战后，伴随信息技术的迅猛发展和全球化（globalization）、区域化（regionalization）趋势的推进，政府间国际组织快速扩张并在国际社会中作用也日渐增强，成为当今左右世界局势和人类社会发展的重要力量。本章节将从宏观及微观两个层面重点介绍并探析政府间国际组织在文化政策、实践领域的全球行动。从核心理念——"文化权利"生发，延伸至文化政策、实践的推广。在此过程中，文化与发展的关系获得重视，文化政策的范畴也不断得到拓展。近年来，对文化与环境可持续性、全球发展及未来人类事务等关系的讨论，成为国际社会关注的焦点。国际组织的全球行动无论是从理论上，还是从实践上来看，都具有非常重要的现实意义。欧盟是把文化政策理念直接付诸于民族国家间行动的区域性国际组织，欧盟文化政策实践经验是该领域案例研究中不可缺少的重要文本，有助于我们初步认识文化政策的国际合作。

一 文化与发展关系的国际共识

第二次世界大战后，随着各国民众对文化民主诉求的高涨，文化权利问题开始被广泛关注，并被提上国际文化政策的议程中。它首先正式出现在1948年联合国《世界人权宣言》（Universal Declaration of Human Rights, UDHR）。除了第26条公民的受教育权利以外，更是在第22、27条中宣示：

第22条：
每一个人，作为社会的一员，有权享受社会保障，并有权享受他的个人尊严和人格的自由发展所必需的经济、社会和文化方面的各种权利，这种权利是通过国家努力和国际合作并依照各国的组织和资源情况来实现的。

第27条：
（一）人人有权自由参加社会的文化生活，享受艺术，并分享科学进步及其产生的福利；

---

① 饶戈平：《论政府间国际组织的法律人格》，《中外法学》2003年第3期。

（二）人人对于他所创作的任何科学、文学或美术作品而产生的精神和物质的利益，有享受保护文化的权利。

20世纪60年代西方社会广泛开展的民权运动加深了各国民众对公民权利的理解。文化权利作为公民权利的一部分逐步被人们所认识，文化权利所包含的内容也不断被丰富。1966年联合国审议通过的《经济、社会和文化权利国际公约》（the International Covenant on Economic, Social and Cultural Rights, ICESCR）对文化权利的内容作了进一步补充，其中第15条规定：

一、本公约缔约各国承认人人有权：
（一）参加文化生活；（二）享受科学进步及其应用所产生的利益；（三）对其本人的任何科学、文学或艺术作品所产生的精神上和物质上的利益，享受被保护之权利。
二、本公约缔约各国为充分实现这一权利而采取的步骤应包括为保存、发展和传播科学和文化所必需的步骤。
三、本公约缔约各国承担尊重进行科学研究和创造性活动所不可缺少的自由。
四、本公约缔约各国认识到鼓励和发展科学与文化方面的国际接触和合作的好处。

除了这两部重要国际公约外，国际社会还先后通过了20多部关于文化权利的宣言及文书。① 但一般认为其中尤为被国际社会所重视，并纳入文化政策中予以强调的是五项权利，分别具体涉及《世界人权宣言》（第26、27条）、《经济、社会和文化权利国际公约》（第13、14、15条）中论述的内容。这五项文化权利分别是：受教育的权利；参与文化生活的权利；享受科学发展及其相关成果的权利；对其本人的任何科学、文学或艺

---

① 〔波兰〕雅努兹·西摩尼迪斯著《文化权利：一种被忽视的人权》，黄觉译，《中国社会科学》1999年第4期。

术作品所产生的精神上和物质上的利益,享受被保护之利;从事科学研究和创意活动的自由。①

强调文化权利(无论是作为公民权还是集体权)的保护是国际社会思考文化政策时最先接触的领域。1946年联合国教科文组织(United Nations Educational, Scientific and Cultural Organization, UNESCO)成立,进一步为文化在国际层级上提供一个正式且体制化的环境。1966年,联合国教科文组织大会通过了《国际文化合作原则宣言》,该宣言为国际层面的文化对话与合作奠定了基础。1970年,在威尼斯召开了第一次有关文化政策政府间会议,提出公民既然有参与社会文化生活的权利,就意味着各国政府有义务采取有效措施促进这种参与。1976年联合国教科文组织通过了《关于促进人类普遍享有参与文化生活并为此作出贡献的倡议书》,意在"将保证人民能够参与文化生活的权利作为人权来进行保护";并从政策角度建议成员国应"采取有效措施,保证人民能够接触所有民族和世界的文化","保护对于文化平等的认同,包括少数民族和外国裔少数民族文化"。② 随着对文化概念的不断挖掘,文化权利的内容也不断获得扩展。文化从狭义的个人文化创造、文化参与,到广义的集体生活方式,从而归纳出一个群体创造的物质和精神活动及产品总和。由此,文化权利也就产生了群体的文化自决权和文化发展权的内容。1992年,《经济、社会和文化权利国际公约》在重修第十五章时,开始定义文化权利的内涵:尊重每个人的文化、真诚与本质;平等的近用权与尊重非歧视原则;参与主流文化与少数文化的创造与享受的机会;不可缺少的创造活动的自由,如:表达自由权、知识产权;保障与发展可参与的文化,包括有关于主流或是少数文化方面的国家与国际的文化交流。③ 对这一概念的理解成为后来众多民族国家制定本国文化政策、开展公共领域文化行动的重要依据。

---

① 教科文组织:《世界报告——着力文化多样性与文化间对话》,2009,中文版,第227~228页。
② 〔荷兰〕塞斯·J.汉弥林克:《"地球村"中的文化权利》,选自〔新加坡〕阿努拉·古纳锡克拉等主编《全球化背景下的文化权利》,张毓强等译,中国传媒大学出版社,2006,第14页。
③ 转引自王俐容《台湾民众文化权与文化参与之调查研究》,2012年四城市文化交流会议台北年会,会议论文。

国际社会对文化与发展关系的认识在不断深化，政府间国际组织督促成员国制定、实施文化政策的内容也在不断扩展。联合国教科文组织从20世纪70年代开始组织了很多旨在促进人们增进对文化、文化发展和文化政策了解的活动和项目。区域范围内政府间会议也积累了很多经验，包括：1972年在赫尔辛基召开的欧洲文化政策会议，1973年在日惹特区召开的亚洲文化政策会议，1975年在阿克拉召开的非洲文化政策会议，1978年在波哥大召开的拉丁美洲和加勒比海的文化政策会议。这些会议的召集巩固了在世界上主要地理地区的各种文化发展和政策的思考。[1]

1982年，结合早期会议和其他文化发展思考，联合国教科文组织在墨西哥举行了第二次世界文化政策会议。会上通过的《文化政策宣言》指出："从最广泛的意义讲，文化现在可以看成是由一个社会或社会集团的精神、物质、理智和感情等方面显著特点所构成的综合的整体，它不仅包括艺术和文学，也包括生活方式、人类的基本权利、价值体系、传统和信仰……"[2] 事实上，"文化"在这里是一个非常宽泛的概念，以便于各个国家达成共识。此后，国际社会对文化政策范畴的拓展都是建立在这一基本认识基础之上。墨西哥世界文化政策会议另一重要成果，即促成联合国教科文组织主持了"世界文化发展十年"（1988~1997）计划，并把国际间的注意力集中在各个国家文化生活上，尤其是发展中国家。计划提出这十年文化发展的主要目标为：在所有的经济发展规划中考虑到文化的层面；文化特性的保护和丰富，包括艺术的改善和国家遗产的保护；拓展文化活动的参与性；培养国际文化合作。[3] 这四项发展目标，既重申了文化政策中尊重文化权利的原则，同时又进一步为国际社会建立文化政策议程提供了新的视野，确认了文化政策的重要性。

文化与发展的关系最终成为文化政策探讨的核心。1992年成立了以联合国前秘书长佩雷斯·德奎利亚尔为主席的世界文化与发展委员会（World Commission On Culture and Development, WCCD）。三年后该委员会

---

[1] 〔加〕D. 保罗·谢弗著《文化引导未来》，社会科学文献出版社，2008，第261页。
[2] Action Plan on Cultural Policies for Development, Intergovernmental Conference on Cultural Policies for Development, Stockholm, Sweden, 30 March – 2 April, 1998.
[3] 〔加〕D. 保罗·谢弗著《文化引导未来》，社会科学文献出版社，2008，第261页。

向联合国教科文组织呈交了一份题为《我们创造多样性》(*Our Creative Diversity*, 1995)的报告,就文化和发展之间的相互作用进行了新的阐述。报告指出,发展不仅包括得到商品和服务,而且还包括过上充实的、满意的、有价值的和值得珍惜的共同生活,使整个人类的生活多姿多彩。因此,文化作为发展的手段尽管很重要,但它最终不能降到只作为经济发展的促进者这样一个次要的地位。发展与经济是一个民族文化的组成部分。发展是一种对个人和集体产生强大的思想和精神影响的现象。所以对发展和现代化问题的认识,说到底都集中在文化价值和社会科学两个方面。报告指出:当文化被理解为发展的基础时,文化政策这一概念本身就必须相应地扩宽。任何针对发展的政策都必须对文化本身保持敏感,并受到文化的激发……①这一认识,至今仍有现实意义,尤其在处理文化与经济发展关系上,值得文化政策制定者反思。此外,该报告最大的贡献在于强调处理文化政策时应建立资源多元整合关系,且需不断更新文化政策的运用形式。

为了使这一新的思维方式能够进入政策制定和决策的主流,联合国教科文组织于1998年在瑞典的斯德哥尔摩召开了政府间文化政策促进发展会议。目的是在国家、地区和国际各个层次上探讨和确定应采取的实际措施,并将这些措施的执行运作在一个跨部门的框架之上,落实文化政策与人类发展的联系。会议通过的《文化政策促进发展行动计划》是对1982年世界文化政策会议之后,一系列国际社会文化政策研究相关的理论与实践的总结。② 该行动计划突出强调了全球化背景下文化在可持续性发展中的作用;同时要求未来文化政策须有可预见性,能应对各种挑战及新的要求;文化政策需要考虑同时在地方、国家、地区和世界各级重新调整,将文化多样性原则与文化多元价值观纳入公共政策、制度与实践中;平衡决定文化生活的所有因素,等等。可见,在这里,文化政策概念获得了延伸,突破了传统艺术与遗产领域的局限,迈向了更为宽广的文化活动实践层面。

---

① 转引自金元浦《当代世界国家战略中的文化的跃升》,文化发展论坛主题发言,2006年1月15日。
② 文中尚未提到的还有哥伦比亚麦德林召开的不结盟运动文化部长会议(1997)、多哥洛美召开的泛非文化政策磋商会议(1998)、突尼斯召开的阿拉伯联盟教育、文化及科学组织的会议(1998)以及欧洲理事会的《内心世界的义化》、希腊塞萨洛尼基《促进文化》宪章(1997)等。

建立在以上共识基础上，会议向会员国建议了五个方面的行动目标框架：使文化政策成为发展战略的主要内容之一；促进创作和参与文化生活；强化维护、发展文化遗产（有形和无形的，可动和不动的）与促进文化产业的政策和实践；在信息社会的范围内并为信息社会促进文化和语言的多样性；为文化发展调拨更多的人力和财力。[1] 联合国教科文组织举办的这一政府间文化政策促进发展会议，对国际层面文化政策研究与实践意义深远，甚至其他国际性组织受其影响，也开始探讨人类发展中的文化因素。

自联合国教科文组织开展"世界文化发展十年"计划以来，开展了一系列有关文化政策准则文件和示范材料，如文化统计数据、详细目录、文化资源的区域与国家规划等活动。世界文化与发展委员会自成立以来，也积极致力于文化政策研究，1998年开始每两年出版一部《世界文化报告》（World Culture Report），对世界各国文化趋势、文化与发展关系、文化政策方面的重要问题进行专题分析。报告具有独立性，虽不代表联合国教科文组织的官方政策，但在国际社会中的影响很大。1998年，联合国教科文组织和世界银行分别出版了《世界文化报告：文化、创造性与市场》和《文化与可持续发展：行动框架》。这两份文件都对文化在经济和社会发展过程中的重要性进行了描述。1999年10月，在意大利的佛罗伦萨会议上，世界银行提出："文化是经济发展的重要组成部分，文化也将是世界经济运作方式与条件的重要因素。"这标志着一种新的经济类型或者经济发展模式的诞生。联合国其他机构组织也开始关注文化经济的发展，相关研究报告包括联合国教科文组织统计机构的《1994~2003文化产品和文化服务的国际流动》（*International Flows of Selected Cultural Goods and Services, 1994 - 2003: Defining and capturing the flows of global cultural trade*）[2]、联合国贸发会议的《创意经济报告》（2008，2010）[3] 等。

---

[1] Action Plan on Cultural Policies for Development, Intergovernmental Conference on Cultural Policies for Development, Stockholm, Sweden, 30 March – 2 April, 1998.

[2] 参与协作机构包括：UNESCO Institute for Statistics (UIS), UNESCO's Arts and Cultural Enterprise Division (ACE), and UNESCO's Cultural Policies and Intercultural Dialogue Division (CPD)。

[3] 《创意经济报告》是联合国五个协作机构共同完成：联合国贸发会议 UNCTAD、联合国开发计划署 UNDP、联合国教科文组织 UNESCO、世界知识产权组织 WIPO、国际贸易中心 ITC。

文化经济（或者创意经济）政策思维视角，也影响了国际社会其他非政府组织对文化与发展关系的看法。国际公共福利基金会2008年发布的研究报告《文化优先：从公共福利视角看文化与发展问题》（Putting culture first: commonwealth perspectives on culture and development）、《文化：发展的缺失——如何整合文化与发展的最新研究》（What is development missing? New research on how to integrate culture and development）从公民社会和公共福利的价值目标角度将文化和发展联系起来，论述了文化对于发展的特殊意义：创意经济有助于可持续发展；文化有助于帮助经济欠发达地区打破区域局限，促进社会凝聚和整合。后一个报告还主张将文化放在发展的第一位，提出了文化和发展的七个关键联系：经济增长、文化政策与文化表达的多样性、以文化为基础的发展、发展进程中的文化表达角色、自我表达与文化认同、为改变而工作的艺术家以及文化与人权等。

尽管联合国教科文组织等国际组织一再强调"可持续发展和文化繁荣是互相依靠的"，但近些年来，经济思维一直占据相当强势的地位，文化本身实质上仍处于边缘位置。2002年联合国在约翰内斯堡召开了"可持续发展问题世界首脑会议"，会议指出经济、生态、社会和文化是可持续发展的四个支柱。然而，四个支柱在公共政策视野中被关注的程度并不均衡。2012年召开的联合国可持续发展大会——"里约+20"峰会就把文化放在了非常不起眼的位置。"里约+20"成果文件《我们期待的未来》承认了文化多样性和文化旅游对发展的贡献，却没有真正利用文化的力量来支持可持续发展。文化被重视的是其经济资源，而不是其本身的价值。即便文化多样性——过去更多从比拟生物多样性及文化的集体权利的角度来探讨的问题，如今的关注点也转变成为一种经济资源。文化与发展之间的关系仍需要国际社会持续而广泛深入的讨论，以达共识。为此，联合国教科文组织在中国的倡议下，于2013年5月15~17日在中国杭州举行了题为"文化：可持续发展的关键"国际文化大会，力图影响"2015年后发展框架"制定者和决策者——全面认识到文化的中心位置以及文化对可持续发展的重要贡献。

二 欧盟文化政策的区域建构

自1952年欧洲煤钢共同体成立，欧洲正式步入区域一体化的整合过程，先后经历了6次扩大，成员国从最初的6国发展到目前的27国。欧盟作为一个超国家的政治实体，从20世纪80年代中期开始，日益认知文化对经济、社会整合的影响①，90年代以后把文化发展作为地区长期重点战略之一。这是因为随着欧盟内部的扩大及外部全球化的挑战，再加上各民族国家间的文化差异及分歧并未能在欧盟架构下获得重视和解决，这种缺乏对不同民族文化之间的相互尊重以及缺乏超越民族间的文化共同情感，导致了欧洲社会整合受到了阻碍。欧盟重新反思区域政策与行动，试图以一种新的文化模式，培育欧盟境内的人民产生一种"欧洲共识"（或共同价值观）。通过构建欧洲认同、国家认同、地方认同共存的多重的、重叠的文化认同模式，使不同层次的认同相容于欧洲多元特质的文化中，从而促进欧盟更深层次的整合。

欧盟是由各个不同政治体制、历史传统的民族国家组成，各个成员国采用各不相同的政策工具实现其政策目标，形成了各具特色的文化政策。成员国对文化整合议题高度敏感，一些国家，如英国、丹麦，不希望内部文化政策或自身的文化、思想价值、道德观念与生活方式等受到干预，或被其他成员国整合，坚持文化差异性和文化主权优越性。所以，建立一套制度化的欧盟统一文化政策来取代民族国家在文化事务上的主导地位是不现实的。② 欧盟在文化领域始终强调"辅助性原则"③，即共同体的活动是

---

① 由希腊前文化部部长梅里纳·迈尔库里夫人（Melina Mercouri）于1983年提议，1985年欧盟正式推出"欧洲文化之城"计划，每年通过各国的提名推荐，最后由欧盟委员会选出若干欧洲城市为欧洲文化之城，后来更名为欧洲文化之都（European Capital of Culture），以推广该城市的文化生活和文化领域的发展与创新，同时吸引欧盟其他成员国进行跨界合作与艺术交流。

② Creative Artists, Market Developments and State Policies, background paper for "conditions for Creative Artist in Europe", EU Presidency Conference in Visby, Sweden 30 March – 1 April 2001, prepared by European Research Institute for Comparative Cultural Policy and the Arts (ERICarts). p. 61.

③ 根据《建立欧洲共同体条约》第5条第2款规定，在欧共体独占职权范围之外，在遵守"辅助原则"前提下，仅在成员国所采取的行动缺乏效率时或者比各成员国单独采取行动更能增进整体价值或利益时，欧共体才有权采取行动。

支持和补充成员国的活动；在法律文书中也未曾出现文化政策用语，而是以"文化计划"（Cultural Program）、"文化活动"（Cultural Activity）、"文化措施"（Cultural Measure）或"文化行动"（Cultural Action）等措辞代替。但实际上欧盟文化政策的内涵在其中还是得以显现并具体落实。依据联合国教科文组织文化政策与措施定义①，欧盟一系列的文化行动的内容均体现了区域文化政策导向。同时，欧盟在文化领域中也设定了阶段性目标和措施，并在机构、人员、资金和法律上予以了保障。所以，从这一点上可以视为欧盟区域文化政策是存在的。

（一）欧盟文化政策的沿革与发展

欧盟文化政策出台不过10多年，在此之前，欧盟各级机构行动范围主要是经济领域，并没有把文化领域纳入职权范围中来贯彻。文化政策在欧盟的政治议程中所占比例与分量相当微小。② 20世纪90年代以来，欧盟各成员国普遍认识到：市场经济促动的文化产业化已成为各国经济增长最为可靠的生力点；文化在特定层面上是整合社会、促成集体认同与维持社会稳定的关键性力量。欧盟也开始将文化视为社会整体和经济发展的重要组成部分，提出文化本身的固有价值可以加强社会联系，创造经济财富。因此，在1992年《欧盟条约》（即《马斯特里赫特条约》）中增列了第128条（即后来《阿姆斯特丹条约》第151条）以及其他文化相关条款，赋予了文化新的法律地位。直至1996年，欧盟委员会（European Commission）与欧洲议会（European Parliament）才依共同决策程序，进行了一系列具体文化行动计划——"万花筒计划"（Kaleidoscope Program, 1996 – 1999）、"阿丽亚娜计划"（Ariane Program, 1997 – 1999）、"拉斐尔计划"（Raphael Program, 1997 – 2000），涉及的领域包括艺术文化活动的创作与交流；文学翻译与图书出版、阅读活动；以及文化遗产的传播与保护。

为了缔造"欧洲文化空间"，欧盟把呈分散状态的系列文化支持项目

---

① 是指地方、国家、区域或国际层面上针对文化本身或为了对个人、群体或社会的文化表现形式产生直接影响的各项政策和措施，包括与创作、生产、传播、销售和享有文化活动、产品与服务相关的政策和措施。见第三章第四条，《保护和促进文化表现形式多样性公约》，联合国教科文组织，巴黎，2005年10月20日。

② 张生祥著《欧盟的文化政策：多样性与同一性的地区统一》，中国社会科学出版社，2008，第5页。

或计划进行了整合,专门制订文化大纲——"文化 2000 计划"(Culture 2000 programme,2000 - 2006)——以取代既有的"万花筒计划"、"阿丽亚娜计划"和"拉斐尔计划",制订了一个单一的欧盟文化行动计划。在项目的财政资助额度上也明显增幅①,提升至 1.67 亿欧元。此后,欧盟文化建设速度明显提升,与之配套的组织机构、发展政策、具体措施与资助额度也大幅提高。欧盟继而推出的"文化 2007 计划"(2007 ~ 2013)预算为 4 亿欧元,是"文化 2000 计划"的三倍。② 新文化计划倡导一个欧洲人民共同文化区域,树立"欧洲公民"意识,同时希望欧盟人民的文化认同与文化生活水平可以逐渐相应于蓬勃发展的欧盟单一内部市场。三个具体目标是:促进文化领域人员的跨国流动,鼓励文化艺术作品和产品的跨国流通,鼓励不同文化之间的对话。③ 该计划特别强调文化政策的整体性与延续性,使欧盟的文化政策目标与架构更为明确,为欧盟各成员国在文化领域的参与,构建出一套共同的行动模式。

其他与文化密切相关的项目计划也在积极推进,包括:"媒体计划"(MEDIA)、"终身学习计划"(Intergrated Action Programme in Lifelong Learning,2008 - 2013)、"年轻人在行动计划"(Youth in Action programme,2007 - 2013)、"数字内容计划"(eContentplus,2005 - 2008)、"数字服务网计划"(eTEN)等,它们从欧盟地区的视听产业,艺术专业教育与职业教育,年轻人文化与语言多样性教育,数字图书馆、教育资料及地理信息数字化建设,泛欧电信网络建设等特定方面,间接地推动欧洲文化的发展和文化多样性。④

欧盟在文化领域的法规中隐含了一个重要思想——文化的跨界整合思维,即提出将文化目标平行融入各个政策行动的整体架构中。这样文化政

---

① 1994 ~ 1997 年,欧盟共资助了 1400 个文化相关计划,但总共资助金额仅 11.85 万欧元。
② 刘俊裕:《欧洲联盟文化政策与文化公民权之建构:一种跨国性的整合式思维与实践》,台湾中央研究院欧盟研究所主办"第三届欧洲联盟人权保障:欧盟人权政策"学术研讨会论文,2007 年 10 月 19 ~ 20 日。
③ Ibid., art. 3. 转引自窦琴《多元维持与共识建构:欧盟文化政策研究》,中国政法大学出版社,2012,第 143 ~ 144 页。
④ 王清:《欧洲出版商最新欧盟出版政策诉求述评》,《出版发行研究》2009 年第 10 期。

策就从狭义的文学、艺术、古迹保存、文化活动等领域,向外延伸到其他经济与社会领域、内部市场的运作,乃至法规制定等各方面行动的规划中,并与社会融入、就业、竞争、税收、版权、信息社会和国际贸易等政策层面进行整合性思考与实践(joined up thinking and practices),以详尽的文化图谱(Cultural Mapping)达成全面的文化价值理想与政策目标。①关于文化和发展的欧洲报告《从边缘到中心》(In from the Margins, 1997)中,也提出将文化政策从治理的边缘引入中心,政府将从推进与文化相关的跨部门合作网络当中获益。另一份《文化治理:整体性文化规划和政策取向》(The Govemance of Culture: Approaches to Integrated Cultural Planning and Policies, 1999)报告中指出:除非采用全局性、整体观念的治理模式以及实际的操作方式,跨越各自为政的行政设置,实现横向跨部门合作,否则文化政策不能完全落实。②近年来,欧盟依据这一思路,为欧洲文化发展提供了多样化的资源网络,从某种程度上也拓宽了文化事务筹集资金的渠道。

在对外关系方面,欧盟在加强自身"多样性中的同一性"(Unity in Diversity)的同时,也努力推动国际层面文化多样性原则,提倡尊重民族与地区文化的多元性,推动各国文化的百花齐放。2007年,欧盟委员会通过了《全球化中的欧洲文化议程》战略报告,确立了欧洲文化战略发展的三个重要目标:促进欧洲文化的多样性和不同文化之间的对话;加强文化对提高创造力、发展和就业所发挥的促进作用;促进文化成为欧盟国际关系中的重要组成部分。它试图透过欧盟及其成员国的对外关系与外交政策的机制,强化欧洲文化在世界舞台上多样、丰富且独特的影响力与竞争力。

欧盟文化政策的沿革和发展显现:欧盟在文化领域的行动已从初期缺乏法律依据、整体目标,并且架构松散的政府间合作形式,逐渐法制化、

---

① 该思想早些年在联合国教科文组织政府间文化政策促进发展会议中有体现。Colin Mercer, *Towards Cultural Citizenship: Tools for Cultural Policy and Development*, Stockholm, The Bank of Sweden Tercentenary Foundation, 2002, pp. xx – xxi, 7, 14;郭灵凤:《欧盟文化政策与文化治理》,《欧洲研究》2007年第2期。

② 郭灵凤:《欧盟文化政策与文化治理》,《欧洲研究》2007年第2期。

制度化，进而迈向一个具有中长期规划，且文化主题目标结构较为稳定、清晰的准共同体文化政策架构。① 这一过程也体现了文化政策在欧盟政策领域逐步从边缘到核心的转变。

(二) 欧盟文化政策的法律依据、执行机构与运作机制

欧盟文化政策在最初的罗马条约中并未涉及，目前文化政策的法律依据主要来源于《马斯特里赫特条约》(1992) 第 128 条或《阿姆斯特丹条约》(1999) 第 151 条。条约规定：

1. 共同体在尊重成员国民族及区域差异的前提下，应致力于提倡各成员国的文化，同时发扬其共同文化遗产。

2. 共同体的行动应以鼓励成员国间合作为目标，并在必要时支持及协助成员国于下列领域行动：

——增进欧洲人民对彼此文化历史的认知与传播；

——保存并维护对欧洲具重大意义的文化遗产；

——非商业性质的文化交流；

——鼓励艺术与文学创作，也包括视听领域。

3. 共同体及成员国应促成与第三国及具有文化权限的国际组织间的合作，特别是欧洲理事会。

4. 共同体在本条约其他条款采取的行动中，应将文化方面的问题考虑进去，特别是有助于尊重或促进其文化的多样性的内容。

5. 为致力达成本条文规定的目标，理事会：

——在遵守第 251 条程序规定和咨询各专业委员会意见的前提下，可以采纳有关激励性的措施，但不包括任何统一各成员国法律和法规的措施；

——在一致同意情况下采纳欧盟委员会的有关建议。②

---

① 刘俊裕：《欧洲联盟文化政策与文化公民权之建构：一种跨国性的整合式思维与实践》，台湾中央研究院欧盟研究所主办"第三届欧洲联盟人权保障：欧盟人权政策"学术研讨会论文，2007 年 10 月 19~20 日。

② Treaty Establishing the European Community, Article 151.

以上条约第 1 项及第 2 项规定了共同体的基本目标与行动范围，第 3 项提供共同体对外文化行动依据，第 4 项以"文化层面"（Cultural Aspects）行动的概念推动文化事务，使欧洲传统文化政策的概念得以拓展，赋予欧盟文化参与更大的弹性与空间，第 5 项规范文化行动的决策程序。就法律层面而言，条约所赋予欧盟的权限，并非制定一个单一的超国家文化政策，而仅仅是在必要时采取鼓励措施与文化行动，辅助成员国之间的文化事务交流。

目前欧盟负责文化事务的主要部门有：欧洲部长理事会（文化事务主要决策机关，下设"教育、青年与文化理事会"）、欧盟委员会（文化事务主要的策划和执行部门，下设"教育文化总司"），欧洲议会（参与监督与共同决策，文化领域主要部门为"文化与教育委员会"）。欧盟对于文化事务的治理结构是多重复合型的。在显性的文化政策领域，欧盟通过理事会、欧盟委员会和欧洲议会的程序进行决策、执行和监督。欧盟与成员国在文化政策方面主要是通过部长理事会相互沟通。[①] 因为欧盟在发展其他领域的政策及行动时需将文化因素考虑进去，所以，一些文化领域相关计划也在其他领域执行。而事实上，欧盟文化行动的资金大部分来自于不同领域下与文化相关的计划，单纯文化项目所获得的资金相比反而较少。[②] 这样一来，间接参与管理文化项目的部门也不少。

依据《建立欧洲共同体条约》第 5 条第 2 款及《阿姆斯特丹条约》第 151 条第 2 款、第 5 款，欧盟在文化领域主要是通过相互协商、协调立场、互相合作的方式来推动文化政策实施的。其中也对欧洲理事会在文化领域的行动作了权限，如"一票否决"制。但该运作机制使得文化领域经常出现议而不决的局面。为了促进欧盟文化政策与措施的实施效率，欧盟于 2007 年开始对文化领域运作机制作了进一步改进。

其一，在《世界全球化中的欧洲文化议程》战略报告中，提出实行开放式的合作方式，以期在文化领域主体间建立一种牢固的伙伴关系。具

---

① 宿琴：《多元维持与共识建构：欧盟文化政策研究》，中国政法大学出版社，2012，第 166 页。
② 譬如，共同体的结构基金：欧洲区域发展基金、欧洲社会基金与欧洲农业引导与保障基金等，均能为区域发展相关的文化项目提供资助。

体做法是：加强文化领域的艺术家们、各专业组织、具有不同独立性的文化机构、非政府组织、欧盟组织和非欧盟组织、基金会、文化企业等主体之间，以及与欧盟委员会之间的对话；定期组织利益攸关者举行"文化论坛"，进行对话和交流经验；增加政府间文化政策和活动的透明度，欧盟委员会和成员国每两年共同回顾总结工作进度。

其二，该战略报告还建议引入"无法律义务的协调方法"（open method of coordination）。该方法是欧盟各成员国之间交流政策与统一行动的一种不具法律约束力的政府间机制，一般由各成员国首先确定共同的目标，并由各成员国定期相互监督实施情况。实施不佳的成员国并不因此承担任何法律责任。① 欧盟借此以一种变通的方式介入各成员国文化政策与措施，不仅在目标设定方面可以予以指导，而且还对各成员国实施情况发布报告，督促其提高实施效率。

其三，2007年底，成员国为了改变欧盟机构运转不畅，决策效率低，行动能力差的状况，于里斯本签署了《欧洲联盟运作条约》（The Treaty on the Functioning of the European Union）。欧盟在文化领域里的行动在此条约第6条中，仍被归为协助（Supporting）、协调（Coordinating）与辅助（Complementing）的权限。不过，将文化领域共同决策程序更改为依据一般立法程序（Ordinary Legislative Procedure）多数同意通过方式进行决策②，使欧盟议会在文化领域的决策权得以扩大。此外，欧盟运作条约尽管仍强调欧盟文化行动不能涉及任何成员国的法律规章，但欧盟委员会以超越成员国个别利益的立场，以及为欧盟跨国利益所做的提案，经一般立法程序通过的计划和鼓励措施，不需要通过成员国的国内立法程序转化，即可对成员国相关文化机构与艺术文化工作者直接适用。这大大提高了欧盟决策效率，显示出某种程度的超国家特质。2009年12月1日《里斯本条约》完成了批准程序，正式生效，这标志着欧盟运作机制将获得革新，欧盟在文化领域内的决策效率也将会有所提高。

当年"欧盟之父"让·莫奈回顾欧洲一体化历史时曾说，"如果有机

---

① 王清：《欧洲出版商最新欧盟出版政策诉求述评》，《出版发行研究》2009年第10期。
② 采用双重多数表决机制，即一项决议只要有55%的成员国支持，这些国家能代表欧盟总人口的65%，就可在理事会内获得通过。

会重新来过,我会从文化入手。"① 这可视为对早期欧洲一体化发展仅定位在于政治、经济功能的反思。20世纪90年代之后,欧盟才正式开始关注文化领域的公共政策,文化政策逐步以辅助功能的角色进入共同体政策领域。当欧盟在政治、经济和社会领域产生危机时,文化无论从地区、民族还是欧盟层面都发挥了某种程度的团结凝聚作用,也促进了各个民族国家社会内部及社会之间的相互对话与理解。然后,随着全球化扩张、民族力减弱、经济发展停滞、福利国家危机、社会老龄化、移民潮等一系列问题,欧盟多元维持难度进一步加深。虽然文化因素已被融入一体化社会发展计划中,但文化并不是可以解决所有危机的一剂良药,再加上共同体内文化本身的复杂性,欧洲文化一体化的发展仍是非常艰难的历程。进行多层级文化政策权限的划分,推动文化的跨界整合与文化资源共享,发展跨文化对话等,将是未来欧盟文化政策尤需考量的重点。

第二节 全球治理与公共文化领域实践

"治理"(governance)已成为当今全球十分热门的新理念。许多学者都提出了自己的观点,但始终没有一个具有共识性或操作化的定义。法国学者让-皮埃尔·戈丹(Jean-Pierre Gaudin)认为,治理是政治与经济新型关系合法化的一种工具。② 美国学者詹姆斯·罗西瑙(James N. Rosenau)把治理定义为一系列活动领域里的管理机制,它是一种由共同目标支持的活动,管理活动主体未必是政府,无须依靠国家强制力量实现。③加拿大学者普伦特里(Tim Plumptre)等认为,治理是引导社会与组

---

① Cris Shore, Inventing the 'People's Europe': Critical Approaches to European Community Cultural Policy, Man 1993, pp. 779 – 799. 转引自宿琴《多元维持与共识建构:欧盟文化政策研究》,中国政法大学出版社,2012,第146~147页。
② [法]让-皮埃尔·戈丹(Jean-Pierre Gaudin)著《何谓治理》,钟震宇译,社会科学文献出版社,2010,第5页。
③ 俞可平主编《治理与善治》,社会科学文献出版社,2000,第2页。

织的艺术，是一种具有责任性与回应力的权力运作。① "治理"一词早已有之，英文"governance"源于拉丁文和古希腊文，早期内涵是与"统治、控制""引导、指引"等意思联系在一起的。它通常与"政府"（government）一起视为同义词，经常被交叉使用，用于与"国家公务"相关的宪法或法律的执行活动。② 治理的现代内涵则出现于包括经济、公共管理、社会学以及政治学的诸多领域中。最为突出的体现在两个领域：一是企业经济学，尤其是自从零库存和普遍外包的做法出现后；二是政治决策分析，首先在联邦国家或者地方分权比较深入的国家产生，在这些国家中，行政职权和立法创议权都已分散。③ 治理作为一个与"统治"相对的概念，它是在权力分散背景下产生的，其优势是能改善社会对话，增进地方分权过程中的整体社会活力等。

文化领域引入"治理"概念，以"文化治理"理论与实践的形式出现，实质是在"治理"理论的经济理性中加入了文化价值的诉求，进一步扩充了理论内涵及意义。文化治理在认可多元主体协商合作关系的同时，更为强调公民个体的文化参与及个人、群体发展能力的培育。在不同政治、经济、社会、传统文化背景下的文化治理表现形式是不同的，尽管全球化的发展使管理风格日趋同质化，但是我们仍期待文化治理是一个在实践中因地制宜、不断丰富的理论概念。

一 治理概念的发展

"治理"实质是一种多方合作的理念，探讨的是公共行为的众多行为体（个体或集体）之间权力与其支配资源的相互关系。"治理"不是某个专门学科的理念，而是一种集体产物，或多或少带有协商和混杂的特征。治理领域研究的推展是基于心理学领域的"网络分析"方法，即从确定一个社会群体内个体之间的关系及关系的结构特征，扩展到涉及围绕所有

---

① Tim Plumptre and John Graham, "Governance and Good Governance: International and Aboriginal Perspectives", *Institute on Governance*, 1999. 转引自谭功荣《西方公共行政学思想与流派》，北京大学出版社，2008，第278页。
② 谭功荣：《西方公共行政学思想与流派》，北京大学出版社，2008，第274、277页。
③ 〔法〕让-皮埃尔·戈丹（Jean-Pierre Gaudin）著《何谓治理》，钟震宇译，社会科学文献出版社，2010，第4、19页。

的规范化或非规范化的决策，或集体行动进程所展开的合作、竞争与交流。① 国际层面，联合国下属的全球治理委员会（Commission on Global Governance）对"治理"的解释具有一定的代表性和权威性。1995 年，该委员会出版了题为《我们的全球邻居》(Our Global Neighborhood) 的研究报告，其中对"治理"作了如下的定义：

> 治理是众多公共或私人的个体或机构处理共同事务的各种方式的总和。它是使相互冲突或不同的利益得以调和并采取联合行动的持续过程。它包括有权迫使人们服从的正式制度和规则，也包括各种非政治的制度安排。②

此外，该委员会还指出治理所具有的四个特征：①治理不是一套规则，或一种活动，而是一个过程；②治理过程的基础不是控制，而是协调；③治理的范围既涉及公共部门，也包括私人部门；④治理不是一种正式的制度，而是持续的互动。③

从历史发展来看，任何一种观点都有其产生的基础，治理理论的产生也是时代的产物。第二次世界大战后，经过 30 年的经济繁荣期，西方经济开始遭遇停滞和危机，先是石油危机，然后是货币汇兑放开带来的深重影响。基于财政危机，20 世纪 80 年代以来，西方各国均不同程度地遵循新公共管理原则，进行了经济紧缩和行政改革，包括加强了市场机制的引入。同时，伴随着全球政治进程中的一体化（全球化）和分散化（区域化）发展趋势，并在地区经济集体、地方分权和地方化运动的支持下，"治理"概念获得理论界和实践界普遍重视。许多国家，包括整个欧洲为了维持就业水平和创造替代性活动，经过多年精心和谨慎的努力区分开商

---

① 〔法〕让-皮埃尔·戈丹（Jean-Pierre Gaudin）著《何谓治理》，钟震宇译，社会科学文献出版社，2010，第 19、24 页。

② *Commission on Global Governance*, *Our Global Neighborhood: The Report of the Commission on Global Governance*. Oxford: Oxford University Press, 1995, p. 2.

③ Marie Claude Smouts, "The Proper Use of Governance in International Relations", International Social Science Journal 50 (1), 1998, p. 81. 转引自谭功荣《西方公共行政学思想与流派》，北京大学出版社，2008，第 278 页。

业行为和非营利行为，个体利益和整体利益，现在也必须迅速相互联系起来或者开展合作：首先建立包含竞争关系的非正式合作关系，其次建立或多或少的契约式伙伴关系。成为合作伙伴并不意味着必然成为朋友，而是共同采取或者参加相关行动。20余年来，一个整体变动趋势在逐步形成：公共部门和私人部门之间制度界限变少了。[1] 当旧规则被打破后，新规则的建立显得尤为重要。目前尚未有定论，各国仍在实践中探索新的机制以维护治理的高效运作。

虽然"治理"理论是20世纪90年代初期提出并逐渐完善的，但"治理"理念的发展是一个逐步演进的过程。英国在第二次世界大战后文化政策建制确立的早期，就已经开始将一些非国家行为体介入公共行为的管理之中。如非政府公共执行机构和非政府公共咨询机构。政府通过财政拨款的方式对这些非政府公共文化机构在政策上加以协调，奉行与政府保持"一臂之距"的原则，独立运行。非政府公共执行机构具有执行、管理、制度规章和从事商业活动的职能，其组织方式各不相同、独立运作的程度也各异。非政府公共咨询机构则由政府主管部长根据工作需要而设立的艺术委员会，吸纳专业人员参与，负责就某些专门事项向部长和主管部门提供咨询意见。非政府公共文化机构除了从政府拨款取得经费资金外，大多数还通过收费或从事其他商业活动获得收入来源。[2] 可见，英国对非政府公共文化机构的建立充分体现了分权的原则。后来在城市整治项目中，利益相关者通过"公共政策共同体"集体协商，可以说是谈判治理的雏形。

治理所体现的现代管理风格是伴随着对国家干预的质疑而产生的，福利国家的危机和地方化与地方分权的推进，改变了公共行为的条件，急需新的办法来处理各种关系——中央与地方、公共部门与私人部门等。"治理"理论从英美的新自由主义思潮中汲取了以企业逻辑为特点的公私合作的发展观、市场导向的管理准则、在公共服务领域引入竞争等众多主张。治理被视为对破除陈规有用。然而，新自由主义所倡导的经济理性形塑了一切受其影响的政策范式，从而导致对其他价值及目标关注的缺失。

---

[1] 〔法〕让-皮埃尔·戈丹（Jean-Pierre Gaudin）著《何谓治理》，钟震宇译，社会科学文献出版社，2010，第6~7页。
[2] 范中汇著《英国文化》，文化艺术出版社，2003，第52页。

经济只是人类社会可持续发展中的一个元素,我们还需综合考虑其他因素,譬如环境、文化等。事实上,当前对 GDP 增长的衡量已显现出这个发展指标的局促,这迫使人们开始重新反思国家干预的作用,是否合适的干预可以对增长模式作预警式指导,可以对民众利益进行保护。显而易见,这不是回到传统的国家干预(需要从直接干预向间接干预转换),而是思考新的治理结构的功能及作用。这需要"治理"理论既要跳出经济理性的局限性,又要吸纳新的思维养分,在实践中不断完善。

世界银行在 20 世纪 90 年代中期掌控了治理的主题,并以其为中心与其他国际机构、政府、协会及大学研究网络一起予以全球推广。世界银行强大的影响力得益于其财力资源,及其为了促进援助发展可以拿出的条件。世界银行与国际货币基金组织联系起来,在对新兴国家援助的同时,也对遭遇短暂经济困难的国家进行援助,这些援助是与遵守一定数量的自由贸易主义经济、财政规则和扩大国际贸易的意愿相挂钩的。联合国的一些专门机构,如联合国贸发会议、联合国教科文组织,以及经合组织、泛美开发银行、世界贸易组织等也从 1995 年开始逐渐接受治理理念,并将其作为对开发援助政策进行评估和判断时的参考。[①] 至此,治理理念已在全球产生反响。1996 年世界银行开始从鼓励治理的理念,向善治(good governance)的理念转变。尽管没有明确的纲领性文件予以明确,但在其出资组织的研讨会及出版书籍中都有涉及。戈丹归纳为三个基本特征:公共行为不断增长的可视性,即公共政策更容易被所有公民接触到;通过技术和财政评估保证的可说明性(可计量性);在援助计划执行过程中对管理能力的切实动员。世界银行对善治的方针强调了公共服务私有化之重要性,强调公私合作伙伴关系。[②] 在世界银行的极力倡导下,这一理念延伸至公共管理的各个部门,包括文化领域。2013 年 5 月在中国杭州举行的文化与可持续发展国际大会,目标之一:即提升对公共部门与私人部门在文化领域合作关系的认识。

---

① 〔法〕让-皮埃尔·戈丹(Jean-Pierre Gaudin)著《何谓治理》,钟震宇译,社会科学文献出版社,2010,第 43~44、50 页。
② 〔法〕让-皮埃尔·戈丹(Jean-Pierre Gaudin)著《何谓治理》,钟震宇译,社会科学文献出版社,2010,第 48 页。

二　公共文化领域的可治理性

文化政策研究学者对治理问题的阐释是从福柯的"治理性"(governmentality)观念演绎而来的。"治理性"观念来源于政治经济学，它的提出本来是要求政府以公民管理和经济生产力为号召，为求效率和权威，以形成正确的行为；后转变为一种描述社会领域的方式，在自我和社会之间所采取的一种复杂活动。① 福柯使用"治理性"观念解析了现代国家的兴起及其社会调控权力，并对西方国家在教育和文化领域内的做法和主张作了进一步的说明。福柯认为"治理性"体现了生产、符号、权力和自我四种技术之间联系运用的形式和手段，强调一种支配他人和支配自我的技术接触。他从历史的角度分析现代政权如何运用"治理性"技术，把原来"统治者积累自身权力"演变成"把权力有技巧的散布到人民身上"，从而达到对全体人民统治的有效性。

本尼特进一步发展了福柯的"治理性"观念，提出把"政策"理论地、实践地、制度地引入"文化研究"。他将政策、制度与管理的背景和手段看作文化的重要领域和成分，进而将文化研究视为特殊的文化治理区域，在问题框架内重新审视文化，强调文化既是治理的对象，同时也是治理的工具。② 以上可以看出，"治理性"是他者导向的，也是工具式的。③ 早期的"治理性"文化政策实践活动主要聚焦于民族国家内部社会行为的调控，以及公民身份的形成机制。近10多年来，国际政治格局发生了新的变化，出现了全球化文化市场、不同文明体系的价值冲突和认同危机；此期间伴随着公司集中化和技术整合化越来越加剧等新时代问题，这些均对传统的民族国家文化管理体制提出了严峻挑战。"治理性"观念在文化领域获得了新的发展，针对传统文化政策遭遇的困境，文化治理是文

---

① 〔美〕Toby Miller/George Yudice 著《文化政策》，蒋淑贞、冯建三译，台北，巨流图书公司印发，2007，第5~6页。
② 段吉方：《理论与经验：托尼·本尼特与20世纪英国文化研究》，载王杰主编《马克思主义美学研究》第12卷第2期，中央编译出版社，2009。
③ 〔美〕Toby Miller/George Yudice 著《文化政策》，蒋淑贞、冯建三译，台北，巨流图书公司印发，2007，第7页；Jim McGuigan 著《重新思考文化政策》，何道宽译，中国人民大学出版社，2010，第19页。

化管理体制机制变革的直接产物。

"文化治理"实践的是一种新型的文化管理机制。新概念的产生必然用以描述或展望一种新的政治现象。[①] "文化治理"也不例外,它诉求于权力运作的规则、过程及其实践发生改变。"治理"是相对于"统治"而提出的,文化治理是指运用于文化领域公共事务的发展模式,与传统管理模式相比,更强调全局性、整体观念,并以"合作"代替"管理",即公共部门、私营企业、非营利组织、社会团体等各种性质机构以及公民个体在一个持续互动过程中建立一种合作关系。冲突或多元利益通过相互调适,以多样化的渠道影响公共文化事务的目标及调控手段的选择、实施。参与治理过程的不同机构组织在相互依存中逐步培育出一种新的公民社会关系,在开放、参与、责任、高效和团结原则框架下,共同推动社会文化的发展。

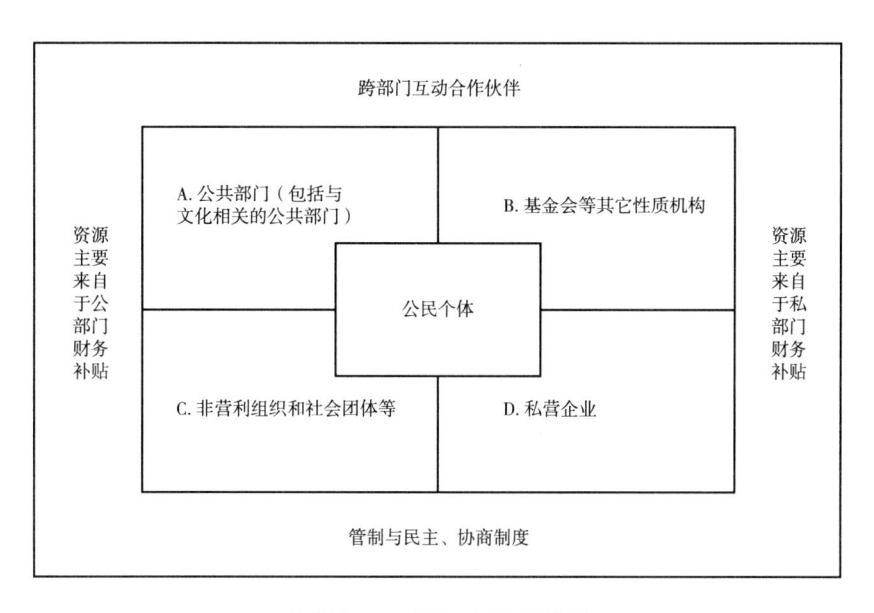

	跨部门互动合作伙伴	
A. 公共部门(包括与文化相关的公共部门)		B. 基金会等其它性质机构
	公民个体	
C. 非营利组织和社会团体等		D. 私营企业
	管制与民主、协商制度	

资源主要来自于公部门财务补贴 / 资源主要来自于私部门财务补贴

文化治理互动治理结构网络图

文化领域对治理的政策探讨,最先出现于 1995 年联合国世界文化与发展委员会发布的题为《文化多样性与人类全面发展》[②] 报告中。该报告

[①] 郭凤灵:《欧盟文化政策与文化治理》,《欧洲研究》2007 年第 2 期。
[②] Our Creative Diversity, the Report of the World Commission on Culture and Development, Paris: UNESCO Publishing, 1995.

充分阐述了文化多样性、文化与发展的关系,发展不是单线进化论,或遵循西方模式的同质化运动;也不是单纯经济意义上的进步,而是人的全面发展,拥有丰富文化遗产的人类应有更多的发展选择。在此立论背景下,该报告在文化政策方面首次将治理概念延伸到文化发展的讨论中。提出在各国政府之间、各种政府机构之间以及市场与公民社会之间建立富有弹性的合作关系;建立公共部门和私营机构共同支持文化发展的有效资金系统。文化领域的决策、管理和服务应更加分权、民主,而政府主要扮演的是一种战略经纪人的角色,促进各种不同的行为主体互动合作,相互协商,达成共识。①

欧盟在区域文化政策中进一步发展了这一概念,1997年在有关文化与发展的欧洲报告《从边缘到中心》中指出,建立与文化相关的跨部门合作网络有助于促进有关艺术创造性的公共政策发展。该报告的目的是将文化政策从政治领域中边缘化的工具引入治理中心。2002年发布的《创造性的欧洲》报告为文化治理提供了一个明确、全面的定义,即为文化发展确定方向的公共部门、私营机构和自愿/非营利性机构组成的复杂网络。其中包括来自公共部门、私营企业、非营利团体等各种性质的机构和个人,涵盖文化、经济、社会等各个政策领域,涉及跨国、民族国家、地区、地方等不同地理和行政运作层面。治理也指公民不仅作为投票者和利益集团成员,而且作为消费者、专业工作者、文化工人、企业家、志愿者以及非营利组织的成员,拥有了更多多样化的渠道影响文化的发展。②

可见,文化治理在保留治理概念中多元参与主体之间合作关系的同时,又增加了赋予并培育公民文化参与的内容。从某种程度上说,这是对公民文化参与权利的更深层次的体现。文化政策中文化治理的运用,使文化政策的社会价值维度获得了彰显。这与欧盟期望整合社会、促成集体认同与维持社会稳定的政策目标是相一致的。因此,可以看到众多形式的伙

---

① 联合国教科文组织、世界文化与发展委员会编著《文化多样性与人类全面发展——世界文化与发展委员会报告》,张玉国译,广东人民出版社,2006,第169、171页。
② "Creative Europe: On Governance and Management of Artistic Creativity In Europe", An ERICarts Report to the NEF, 2002, p.21. 转引自郭灵凤《欧盟文化政策与文化治理》,《欧洲研究》2007年第2期。

伴行动在文化相关领域中展开：融入社会计划、地方开发计划、工业转型行动、地区文化政策、旅游开发等。(Gaudin，2002) 不仅欧美国家，许多国家和地区都在积极尝试这种新型的管理机制，鼓励文化分权、文化自治和文化参与。在社会型国家或干预型国家的传统文化管理模式中，政府扮演着主导者角色，实行自上而下的政策倡导，以推动文化发展政策及规划行动。该模式若缺乏良好的沟通互动，就会导致反馈信息贫乏。文化治理强调的是公私部门、利益团体及民众的共同参与，理论上该模式可以更有效地凝聚对于政策发展行动的共识，促进地方资源及力量的整合，但实际操作也存在各方力量的博弈及效率低下等问题。不同地区及不同国家将这一革新思路应用于具体社会历史情境中时，所呈现出来的运作特点，面临的新问题是不尽相同的，影响因素是多方面的。需要更多国家或地区对文化治理运作模式开展经验性研究，在实践中摸索因地制宜的运作机制和发展道路。

近些年，国际组织尤其在如何构建双赢、创新、合理、可持续的公私合作模式（PPP，Public-Private Partnership），作了大量的经验总结，并对其在制度与运营方面的挑战作了深入的探讨。譬如，公私合作模式对文化遗产的保护和推广，及促进地区发展等方面发挥的作用；相应的政策法律框架的建设也是必需的。联合国教科文组织把文化领域的公私合作模式主要界定为三方面内容：其一，公私合营企业；其二，慈善事业；其三，企业的社会及环境责任。在这一模式中，公共部门将负责监督管理、行政支持及投资框架的建立；私营机构将负责项目管理、协调各利益相关者，并建立特定机制，以期通过捐助机构或以贷款形式获得第三方资本。[①] 尽管该模式在众多领域已实践了美好的期望，但公私合作模式在文化领域的建构仍面临着巨大的挑战，还需要法规、行政、技术等方面的支持。

三 欧洲文化治理的政策实践

文化治理是西方文化管理体制改革的产物。任何一项改革都有着广阔

---

① Luis Monreal & Nada Al Hassan 主持的"文化领域内的公私合作伙伴关系"平行论坛，联合国教科文组织杭州大会，2013 年 5 月。

的社会历史背景，任何一种发展模式都依托于所处的社会经济发展阶段。第二次世界大战后的欧洲民族国家，除了面临政治体制的选择与构建任务之外，还必须考虑政府的政策选择问题，以更好地维持本国政治、经济、社会秩序的稳定与发展。以此为开端，对文化发展相关的社会公私行为做出有选择性的约束和指引，成为各国普遍关注的政策议程。20世纪五六十年代，文化平等、文化民主化概念特别兴盛，受福利国家学说影响，欧洲各国政府普遍开始加大对文化艺术的扶持力度，增加传统文化机构数量，例如剧院、艺术馆和博物馆等。然而"文化民主化"措施并未获得理想效果，社会阶层和城乡地理上的不平等仍存在，有些地方甚至造成社会阶层分化的加剧。70年代，欧洲各国文化政策开始关注边缘人群，强调民众接触文化的机会与文化活动的参与程度。但文化资源分配的公平与效率问题仍未得到很好的解决。20世纪80年代开始，随着制造业发展的减速，文化开始作为经济发展的工具，政府通过刺激文化消费和文化生产，促进边缘地区发展活力。平衡经济和社会发展亦日益成为文化发展的政策导向。此后，随着福利国家的危机，经济全球化、欧洲一体化的进展，欧洲各国文化政策正经历着从传统欧陆模式的现代国家干预和公共赞助到市场调控转化的潮流。不同国家和区域受国家政体、管理体制、社会发展程度和文化传统等因素影响，所采取的具体文化政策措施也不一样，文化治理是这些国家普遍采用的变革途径。

  文化治理是从文化分权运动开始的。前面已经提到过英国在文化领域分权的做法，现在以法国为例来说明。从16世纪起，法国就已形成王室扶持资助艺术家和艺术创作的传统。1959年法兰西第五共和国政府颁布了成立文化部的法令，这标志着政府从单一、零散的资助扶持转向构建系统的公共文化政策体系，中央政府是文化事业的主要投资者。20世纪80年代中期，受地方分权运动的影响，法国文化资助体系也趋于中央政府与地方政府以结成合作伙伴的方式为主导。政府对文化的投入主要依靠合同进行管理。法国政府通过签订文化协定的契约形式确保实现政府的管理目标，而政府的具体文化发展目标则通过财政投入的方式来明确。这种中央与地方的合作伙伴方式逐步延伸到公共部门与私营机构、非营利性机构等之间的网络关系中，文化合作通过各种形式的合作项目和共同协议来实现。同时，文化发展资金来源也多样化了，独立的非政府资金提供者，如私营公司、基金会、各种协会和其他的非营利性机构对文化发展的捐赠日益增加。其他欧洲国家也呈现出不同形式的文化分权趋势，为了应对财政危机和政府的信任赤字、绩效赤字，许多国家开始了大规模的政府改革。整个欧洲，从民族国家到泛欧洲国家（欧盟）都开始积极探索通过文化治理改进管理机制，以解决文化资源分配的公平与效率问题；全球化浪潮中的文化传播与（区域）民族文化身份问题等。

文化治理致力于文化公共领域结构转型。它倡导公民社会中各界通过理性的平台或渠道参与公共文化事务和议题，体现了公民对文化参与权利要求的进一步深化。事实上，公民文化参与的发展也是一个循序渐进的过程。第二次世界大战后，自由参加社会文化生活的权利，作为公民文化权利的重要体现被广泛认可，它被视为是公民发展交流、创造能力、塑造自我以及成就自我的基本条件。如何扩大民众文化参与是当代文化政策重要议题。回顾历史，20世纪60年代末至70年代中，社会运动的兴起带动文化民主的呼声高涨。文化政策中所强调的公民参与不仅限于对音乐、戏曲、绘画等高雅艺术的参与，而且更为关注下层民众日常生活中文化活动的实践层面，强调社区文化活动的参与和组织。70年代中期开始，文化参与开始与城市更新主题相呼应。到90年代早期，文化参与则成为城市文化规划的积极组成部分。90年代中期至今的文化治理更是把公民文化参与纳入现代社会公共管理中。政策实践表明：文化对于人的发展以及社会进步的根本价值，不但体现在完成的文化结果中，而且体现在人的主动参与过程中。因此，公民文化参与不仅是文化的可及性问题，它更深的含义是"赋权"、"自治"、"民主"等思想。它之所以在公共领域内被强调是因为公民有序参与，实现有效的政治和社会治理，需要具备一定的认知能力、参与能力和公共精神，也需要制度环境和文化氛围促进制度化参与机制的形成。

联合国教科文组织总干事伊琳娜·博科娃认为，文化具有表达、参与及动员集体的价值。[①] 公民对公共文化事务积极而深入的主动介入，有助

---

① 〔保加利亚〕伊琳娜·博科娃：《文化为发展开辟道路》，中国杭州，中国文化与可持续发展国际大会，2013年5月。

于整合民众离散化的文化利益表达与诉求；同时，它也是公民自我教育的重要方式和参与能力提高的重要手段。公民进入文化参与实践，尤其是社区治理，可以解放个人的潜能，建构有效能的公民，可以增进一个人的思想、情感及行动的力量，然后再逐渐将这一经验与知识扩大到其他议题与公共事务治理中。制度支持是保证，但西方社会公共参与及其合法性不是单纯通过自上而下的法律促成的，而是社会普遍的民主参与观念、足够的社会的开放性和自下而上社会运动的混合产物。① 这间接反映了实践文化治理所需用的社会条件。

文化治理在欧洲政策实践中的主要做法是：鼓励在公共行动领域实施地区性或社区文化治理，更多地借助非政府力量建立互动网络治理结构，以此来培育并加强社会团体及民众的民主与责任意识，在文化生活中体认文化价值，并予以身份认同感。通过促进更多民众参与到本地充满活力的文化生活中，活化地区传统，凸显地区特征；同时也为民众提供了更多的社会化和接触文化的机会，鼓励不同群体之间的交流与理解，减少人们之间的疏离感并增强社会凝聚力。

以下是法国里昂市的案例。从内容上看，当地文化政策中的文化不再局限于高雅艺术及遗产，而是被视为是一种生活方式。与之对应，文化政策的内容也突破了传统范围，泛化到许多活动领域；并在广阔的发展视野中，联合了不同行动主体，通过公共行动，使传统公共文化部门趋于消解了。这展示了文化治理的典型特征：强调共同目标，强调多元主体合作。

> 法国里昂市曾试图通过签署一项文化合作宪章，向区域范围开放其所拥有的机构和文化活动。这项宪章通过利益相关者之间的新的合作形式，力图将文化政策与社会及城市发展政策联系起来。为此，里昂成立了一个负责文化合作的委员会，作为市级行政机构的组成部分，并受到文化和区域发展代表团的监督。该委员会旨在促进文化机构、城市政策的行动者、重大活动、独立公司、非政府组织，以及大

---

① 周江评、孙明洁：《城市规划和发展决策中的公众参与——西方有关文献及启示》，《国外城市规划》2005 年第 4 期。

众教育、卫生、城市复兴和新经济等方面的网络之间的合作。它通过确保不同领域之间的信息传递而扮演着联络者（Net Worker）或设计者的角色。①

在文化治理理想状态下，每一位公民都将获得平等的机会及享受服务的渠道；通过参与文化活动完善民主机制，使社会各界在互动中建立共同体意识；促进多元文化交流，培养包容及创新意识。文化治理所倡导的参与理念，相对于传统政府所提供的公共文化产品及服务，则更为强调"授之以渔"，即注重培养民众文化参与的能力，不仅包括文化艺术作品欣赏的能力，而且也包含介入文化政策议程的能力。与"授之以鱼"式的传统公共文化产品供给方式相比，前者才是激发民众创造力的根本。从这点出发，文化治理对中国进一步完善公共文化服务体系具有重要的启发意义。在中国，建立公共文化服务体系的政策措施，是以公平、公正为价值立足点的，以保障全民基本文化权利为政策目标的。随着全国性文化体制改革的推进，政府在提供文化产品和服务方面的主体地位也在逐步发生变化。政府仅主导市场失灵的公共领域，甚至一些较为发达地区在非市场领域也开始尝试多元合作机制。由于中国国内各地区发展很不均衡，因此，公民文化参与的广度和深度也存在极大差异。在发达地区首先开展社区实践有助于经验总结与推广，文化部开展的公共文化服务示范区建设，即对新的制度机制创新有试验的总结要求。近年来，一些城市文化志愿者队伍的建立和民间文化组织的发展也是文化管理创新的一种积极探索。

第三节　城市规划中的地方性文化治理

第二次世界大战以后，西方国家许多城市为了消除战争破坏的影响，并解决住宅匮乏问题，都曾经开展了以大规模改造为主的"城市更新"

---

① 〔法〕查尔斯·安布罗西诺、〔法〕文森特·吉隆：《法国视角下的创意城市》，贾丽齐、刘海龙译，《国际城市规划》2012年第7期。

运动。这一运动实质上与商业利益团体对城市中心区土地的需求相关。许多学者对这样破坏性的大规模改造提出了尖锐的批评，认为改造所采用的统一形体规划否定了城市文化价值，并将城市功能彼此分离，忽略和摧毁了城市历史环境中存在的诸多价值。在类似的批评与反思影响下，西方国家从20世纪70年代开始，内容与形式单一、以开发商为主导的大规模改造计划逐步退出历史舞台，取而代之的是多样化的人居环境建设和对"住区可持续发展"的追求。① 地方性（place-based）文化治理即是对这种追求的表现。它是借由文化资源纳入城市规划建设，促成公共价值创造的规范性地方管理策略。

城市规划中的地方性文化治理自20世纪70年代发展至今，大致产生了三种发展模式。虽然这三种模式都表现了城市规划过程对文化资源的利用，但目标不同因而有所区分。最初源于文化策略引导下的城市更新，是以城市经济复兴和城市吸引力提升为目标的，具有明显的经济指向性特征。社区和公民理论支持下的社区营造运动，注重传统文化与当代文化经济相结合；市民自治能力的成长，是以社区文化复兴和共同体构建为目标的，具有显著的社会指向性特征。文化整体观视野下的"文化规划"（Cultural Planning）强调资源的整合利用、创新发展，是以城市和人类社会的可持续性发展为目标的，相比前两种模式，它吸纳了多元发展策略，具有更加综合性、整体性的指向特征。

城市规划中，利用文化资源②推进城市治理，经历了40多年的发展实践。它对于城市的文化产业、基础设施、旅游观光、文化遗产、传统手工艺等方面，以及营造创意氛围（creative milieu），反对青年暴力、仇恨犯罪，缓解贫困问题，保护文化价值和身份，促进艺术教育和交流创新，支持批判性和创造性思维，加强与社会包容性、平等及社会公正之间的内在联系，等等，发挥了积极的促进作用。不同国家的城市和地区所利用的

---

① 国务院发展研究中心课题组：《旧城的保护与更新：经验借鉴与启示》，《中国发展观察》2009年第2期。
② 文化资源包括：历史及习俗、传统知识及现代知识、文化艺术遗产、手工艺、公共生活、节庆仪式、地方故事典故、语言、美食及烹饪、休闲活动、服饰及装饰，甚至现代文化创意产业，等等。

文化资源及采用的治理策略是各不相同的，其中既有成功的经验，也有值得反思的做法。

5000年前的城市只不过是少数人聚集之所，是"神灵的家园"；当今时代，城市已成为大多数人生活的地方：在欧洲，生活在城市中的人口已超过75%，在发展中国家，人口数量也达半数。城市成为"人类改造自身的场所"。"文化规划"被视为未来城市发展的核心，这与全球文化观念的发展是相吻合的。在最近联合国的会议讨论中，文化成为发展的关键词。诸多专家及负责外交及教育事务的政府部长们提议在2015年以后全球发展议程中给予文化优先发展的地位。① 其中，教科文组织总干事伊琳娜·博科娃强调：在制定新的全球议程时，需要充分承认文化的力量；没有文化，任何一个社会都不能繁荣，也不会实现可持续发展。联合国秘书长潘基文认为，有太多精心设计的发展计划最终都归于失败，就是因为没有把文化环境考虑在内；未来发展必须确立新的参与模式，文化应在发展议程中处于最高地位。②

一 文化策略引导下的城市更新

第二次世界大战后，国家重建和经济复苏使得全球城市进入快速发展和扩张阶段。20世纪70年代中期开始，文化策略开始被视作城市更新的机制之一，始于美国。80年代波及欧洲、北美、澳大利亚等地，90年代开始对亚洲城市的发展产生影响。城市化的快速发展使得城区用地紧张局面逐步凸现，传统制造业和相关供应服务的衰退，使城市郊区化和空心化日趋严重，老城复兴成为城市发展普遍关心的问题。城市工业化、现代化的发展使人们休闲时间逐步增加，文化消费持续增长，文化领域开始显现出巨大的经济潜力。在这样的背景下，西方城市政府开始加大对文化领域的投资，强调文化对于城市经济再生和环境重建的潜在作用。文化导向的

---

① 联合国教科文组织2013年5月17日在杭州大会中提出文化对推动联合国千年发展目标的实现具有核心作用。联大第67届会议主席耶雷米奇（Vuk Jeremić）2013年6月12日在纽约联合国总部发起文化作为发展的中心支柱的辩论。
② 联合国教科文组织新闻：《联合国辩论结果：文化是国际发展议程的核心》，2013年6月13日。

城市更新便成为西方国家许多城市采用的发展策略措施，以期解决城市用地紧张、城市中心区衰败、城市中心区失业等问题。①

文化策略主导下城市更新最常采用的措施包括：通过文化设施建设，改善城市文化硬件环境，吸引文化旅游；通过举办大型文化活动，提高城市知名度与影响力，吸引投资与人才；通过发展文化产业，促进地区经济多样化发展，吸引文化资源聚集，以推进劳动力就业和刺激文化消费。这一发展策略最为显著的成果：一是对城市物质环境、视觉环境的改善。文化设施、公共艺术以及城市文化集聚区的建设使得城市面貌得以改观。同时，大量文化活动的举行有效减少了公共区域城市犯罪的发生，促进了城市活力的增长。二是对城市文化经济的促进。首先是推动了城市旅游观光经济的发展，其次是经济形态的多样化缓解了工业衰退后越发严峻的经济社会危机。

然而，这一发展策略并非没有问题，它被视作一种"不可持续的文化投资模式"而招致诸多批评。② 批评之一，造成城市"中心-边缘"地区的紧张（Center-Periphery Tension），造成公共空间使用的不民主、不平等。从而，加剧了区域间不同群体相互交流的障碍，甚至加剧了社会区分。因为城市更新项目往往集中于城市中心区的公共领域，更新改造增加了居住的适宜性；相比之下，城市周边地区的公共设施和文化设施却得不到同等的发展机会。祖金（Sharon Zukin）认为文化是控制城市的一种有力手段，象征着"谁属于"特定的区域，"（90年代）文化已更为明显地成为社会差别与城市恐惧引起冲突的场所"。③ 此外，文化艺术元素引入城市中心区更新项目中，推动了房地产经济，原本的公共空间被置换成私人拥有的商业中心，公民个人的决定权和选择权是被排除在外的。

批评之二，旗舰项目耗费昂贵，需要大量公共部门资金支持，消耗了基于社区的文化投资。大型文化空间场所的营销很难回应当地居民的文化

---

① 刘合林著《城市文化空间解读与利用：构建文化城市的新路径》，东南大学出版社，2010，第120~121页。
② 以下对文化政策主导下的城市更新的批评总结借鉴了黄鹤著《文化规划：基于文化资源的城市整体发展策略》，中国建筑工业出版社，2010，第63~67页。
③ 〔美〕Sharon Zukin著《城市文化》，张廷佺等译，上海教育出版社，2006，第1页。

需求，与文化传统缺乏有机联系。芒福德在《城市文化》一书中比较了旗舰型文化设施与社区型娱乐社教中心的功能，更倾向于支持后者。在他看来，公共文化设施的规划"要想获得有效的关系，单元必须保持真正有效的容量规模，需要的是复制而不是增大，只有通过有秩序地将彼此分离的单元整合起来才可能获得统一增长的效果"。然而社区型文化机构则是有效传承文化的重要方式。① 20 世纪 90 年代后，发达城市在进行新的文化设施布局时开始反思这一现象。如新加坡通过一些旗舰项目，如海湾剧场、亚洲文明博物馆二期工程、新加坡历史博物馆的改造等，聚集形成文化区，而针对居民日常文化需求的基层设施则采用星系状的布局概念（constellation concept），方便居民使用。

批评之三，侧重刺激文化消费、推动旅游发展为导向的经济政策，只能使部分城市得到发展壮大，不具普遍性。② 旅游业等消费服务部门的就业机会往往是兼职、待遇低，职业流动性小以及满意度低的工作。这种经济形态加剧了城市经济的两极分化。有学者认为，只有将文化消费与文化生产均衡地混合，让当地居民参与到文化生产链的建立中，才能为当地居民提供更高的技能、知识、创造力和就业机会，否则当地居民就可能会被边缘化。③

案例：西班牙毕尔巴鄂城市复兴

毕尔巴鄂始建于 1300 年，在西班牙成为海上霸主的时期凭借优越的港口条件成为西班牙北部重要的海港城市。17 世纪开始衰落，19 世纪铁矿石出口运输的大规模需求，使其又获振兴，20 世纪中叶产业转型使城市发展举步维艰。1983 年毕尔巴鄂遭遇洪水，城市陷入泥沼。为了城市复兴，城市当局决心发展旅游业，但由于其并没有良好的旅游资源而使得问题难以解决。通过多方咨询，城市当局决定新建具有创造力与艺术感染

---

① 〔美〕刘易斯·芒福德著《城市文化》，宋俊岭、李翔宁、周鸣浩译，郑时龄校，中国建筑工业出版社，2009，第 287、335 页。
② 〔美〕乔尔·科特金著《全球城市史》（修订版），王旭译，社会科学文献出版社，2010 年 11 月。
③ 〔丹麦〕Darrin Bayliss 文《丹麦的创新潜力：文化在丹麦城市发展战略中的作用》，刘建蓉编译，《文化艺术研究》2009 年第 4 期。

力的博物馆以吸引欧洲众多艺术爱好者的入境旅游，从而带动城市经济发展。

后来毕尔巴鄂与古根海姆基金会达成合作协议。为了缔造该建筑的国际影响力，毕尔巴鄂邀请了世界著名建筑设计师亲自设计。该设计在世界范围内产生了巨大反响，盛誉甚至超过了其纽约总部。该博物馆不仅改变了毕尔巴鄂的原有形象，使其一时间闻名全球，还极大拉动了城市经济，扩张了国际入境旅游，并增加了大量就业岗位。据统计，2006年其为西班牙的巴斯克地区增加经济收益超过21100万欧元，增加财政收入2900万欧元，保证了4232个就业岗位。毕尔巴鄂的成功刺激了许多欧洲和美洲的诸多城市纷纷效仿。如在苏格兰，格拉斯哥由于拥有丰富的工业革命的历史遗迹以及面临产业转型的挑战，投资建造了一座现代全新的交通博物馆，并于2009年对外开放，虽然没有毕尔巴鄂如此之大的影响力，但其与城市文化导向的更新政策配合，实现了城市品位提升与经济复苏。①

通过文化旅游开发、文化设施建设等项目将城市营造成一个强调艺术体验的文化消费天堂，毕尔巴鄂的经验并不具有很强的可复制性，也不是每个效仿的城市都可以获得经济上的成功的。也有人批评古根海姆博物馆虽然为毕尔巴鄂带来了世界知名度，但是它所带来的环境及经济的改善，只是局部的；而且其所体现的文化与当地文化是隔阂的，不能体现当地文化生活的个性特征，因此不能与在地文化有很好的互动，甚至破坏了原有社区文化的基底。对于这类城市复兴的做法，佐京认为，针对游客群体和精英阶层设计的文化活动及设施场所难逃模式化的厄运。渐渐所有城市的滨水地带都有了渔人码头、连锁咖啡馆以及各种名号的啤酒节、电影节、艺术展等，城市或地区间的竞争异常激烈，也就是从相对意义上说每个城市或地区的竞争力都在下降。②

---

① 刘合林著《城市文化空间解读与利用：构建文化城市的新路径》，东南大学出版社，2010，第131~133页。
② 转引自李祎、吴义士、王红扬《从"文化政策"到"文化规划"——西方文化规划进展与编制方法研究》，《国际城市规划》2007年第5期。

二 公民社会中的社区营造运动

伴随着工业革命和城市化进程,城市社区的规模不断扩大、数量迅速增长。社区种种问题的积累往往成为严重的社会问题,无论是西方社会还是东方社会都开始重视社区的发展。在联合国的推动下,社区管理愈来愈关注居民及其他社区成员的"社区参与"。联合国于1955年发表的《通过社区发展促进社会进步》(Social Progress Through Community)报告指出,社区发展的目的是动员和教育社区内居民积极参与社区和国家建设,充分发挥创造性,与政府一起大力改变贫穷落后状况,以促进经济的增长和社会的全面进步。[1] 20世纪70年代开始,西方城市和东方城市在不同的社会背景下展开了不同模式的社区营造(community planning)。

西方城市治理实践是建立在社区和公民社会理论(communities and civil society)基础上的。社区是集中在固定地域内的家庭及群体相互作用所形成的社会网络。英文一词源于拉丁文,意思是共同的东西和亲密的伙伴关系。我国学者费孝通先生在翻译德国社会学家滕尼斯的《社区与社会》(Community and Society, 1887)时,引入这一概念。社区建立的基础是关怀、信任和协作,是通过有效的沟通和冲突解决系统而结合在一起的,完全可以充当个人与社会之间的有益中介。[2] 这种理论在西方公共文化管理中有明显的反应,表现在加强对社会资本的储备,解决公共问题时,注重调动社会资本的力量。

欧洲的实践是在福利国家体制中进行的,福利国家强调对公民文化权利的保护,从社区文化治理层面来说,则强调公民文化责任的履行,及"社区共同体"意识的建立。其经验是借助非政府力量建立互动治理结构网络,培育并加强社会团体及民众的民主与责任意识,在文化生活中体认文化价值,并予以身份认同感。通过促进更多民众参与到本地充满活力的文化生活中,活化地区传统,凸显地区特征;同时也为民众提供了更多的社会化和接触文化的机会,鼓励不同群体之间的交流与理解,减少人们之

---

[1] 转引自徐永祥《社区发展论》,华东理工大学出版社,2001,第3页。
[2] 谭功荣:《西方公共行政学思想与流派》,北京大学出版社,2008,第264页。

间的疏离感并增强社会凝聚力。在这里,"社区参与"是建立在开放多元系统中的,强调参与能力、合作精神及责任意识。其中包含的积极内涵,有学者认为主要体现在:参与文化艺术活动可以重新进行外部定位和内部身份定位;可以促进社区自主能力;规划这些活动可以抵消当地居民被排斥在决策进程之外的影响,同时加强社区机构和志愿团体,发展他们所需的资金、管理、行政和组织技能。[1]

日本的社区营造名为"造町运动",是20世纪50~70年代日本经济飞速发展时期的产物。日本现代化进程中,大量地方人口向大城市移居,出现了地方人口稀少、中小城镇和农村日渐衰退的局面。城市现代化建设中,大量历史建筑、历史街区也濒临被拆毁的危机。在由建筑和景观改变所引发的社区营造运动中,社区居民开始重新思考生活方式,他们所关心的不再是经济的开发与高速增长,而是生活质量的提高。社区的市民团体由当地有责任心的居民组成,针对市政规划,积极提出建议,亲自参与到社区改造和建设中。社区营造之所以能扩展成为诸多社区的诉求,是因为再生或设计的着眼点都在于如何使生活更好和环境更好,这引起了大家的共鸣。居民因为热爱家园而请愿制定《景观条例》,这种由下而上,因应各地特色而来的条例,是真正的居民与政府之"双赢"。[2] 社区营造运动使得历史文化传统风貌得以保存,传统街区重新唤回地区民众对居住区域的荣耀感。

日本社区营造的经验对中国台湾影响较大,所不同的是:台湾"社区总体营造"的出发点不仅是历史文化传统的保护,更是要从社区非物质文化遗产的产业化过程中,重新唤起社区邻里守望、帮扶、互助的人际关系。台湾的实践是从20世纪80年代开始的,当地政府主导的文化建设开始转向开放性文化参与,也即参与的主体呈现出多元化的趋势,注重从传统、乡村型的初级产业(如农产加工、传统手工艺、地方特产等)中开发新的经济形态,即以社区原有的文史、技术、自然等资源为

---

[1] 〔丹麦〕Darrin Bayliss:《丹麦的创新潜力:文化在丹麦城市发展战略中的作用》,刘建蓉编译,《文化艺术研究》2009年第4期。
[2] 〔日〕西村幸夫著《再造魅力故乡:日本传统街区重生故事》,王惠君译,清华大学出版社,2007,第15页。

基础，经由资源的发现、确认、活用而发展出来，以提供社区生活生产、生态与生命的社区文化分享、体验、参与学习的产业。① 以"社区总体营造"为发端，推动地方文化的产业化引导和开发，成为台湾地区地方性文化治理的重要发展策略。台湾的经验是以地方本身作为思考主体，是基于地方特色、条件、人才和福祉来发展的；它充分发动了地方民众自己去构思整合社区资源，在追求发展的同时也考虑到生活环境的保育和维护。②

案例：日本须坂市的社区营造

街屋就像是街道的脸孔一样，反映出地方居民的精神风格。须坂市有很多雄伟的土藏式商家建筑，往昔的居民们在那里面以惊人的意志发展出了制丝业，我们依稀可以看到创造出这种繁荣的平民大众所燃烧焕发出的能量。

如今须坂所缺少的就是市民精神的焕发与凝聚，以及立足传统而能展望 21 世纪的对策。我们从须坂的街屋中发现了先人们的心思和创造力。我们要一面学一面营造出具有特色的、光荣的须坂文化城市；更要通过丰富的社区营造工作，建立起适合居住，充满吸引力的生活环境，更希望因此而能带动产业的振兴。（"信州须坂町街屋协会"旨趣书，1986 年 10 月 25 日）

"街屋协会"开展了多彩多姿的活动，他们除了拥有定期出刊的《街屋乡土版》《街屋通讯》杂志之外，还出版《散步地图》《街屋观察》等手册，并举办散步会及各种演讲等。协会制作了市内建筑、工地临时建筑、广告物等相关的街景设计手册。开展"街屋导游培育讲座"、"街屋导览处"、"街屋建筑顾问会"、"街屋设计学校"以及手工草木染的须坂丝线的制作销售等，活动的方式极其丰富。

1989 年开始的社区庆典，是由"街屋协会"主办，于 5 月下旬周末两天的时间里，在市中心约 40 户的主要历史性住宅，举办名为"客厅参观""庭院开放"等宅邸对外开放的免费活动。配合这项活动还举办俳句

---

① 陈其南：《"文化·产业"研讨会暨社区总体营造中日交流展论文集》，台北，1995。
② 王俐容：《文化政策中的经济论述：从精英文化到文化经济？》，台湾，《文化研究》2005 年第 1 期。

展、美术展、茶会、音乐会、座谈会、徒步旅行、街屋建筑顾问会、旧货市场和商店会拍卖等，各式各样活动的加入使庆典更为热闹。第一次举办有两万人参加，此后，每年有三万以上的人参加。①

事实上，各地社区营造的发展为20世纪90年代城市整体性的"文化规划"奠定了基础。在实践中，发达国家城市及乡村通过公民参与、集体商议和促进正义培育了社区的公共精神，社区个体不仅主动关心共同利益和社区整体的福利，而且意识到保护公众和为之服务的责任。这是公民个体政治参与能力建设的前提。社区营造运动是政府自上而下引导和社区民众自下而上谈判两种途径相结合的道路。它强调基层赋权、自治管理，注重社会网络的建立。强调物质环境、产业环境与当地文化氛围、文化传统相互融合的发展策略，不仅塑造了社区自身特色，而且还激发了社区的活力。现代体制导致了人对环境的严重破坏，迫使人们重新开始重视脆弱的生态系统。改善人与人、人与自然环境之间的和谐关系，社区是一种重要的试验场。这里培育出来的"可持续发展""地方特色维护""经济形态创新"等理念对城市的发展同样十分重要。

三 文化规划与城市的创新转型

早期文化策略主导下的城市更新由于更多关注经济与物质环境的发展，没有同城市整体的发展联系起来，引发了城市中心地区与边缘地区的不平衡、当地居民需求同发展目标之间脱节等诸多问题。基于对上述发展模式的反思和广泛讨论，20世纪90年代开始，对文化资源进行战略性及整体性运用为目标的"文化规划"，在北美、欧洲及澳大利亚等西方国家兴起。

"文化规划"的正式提法最早见于经济学家和城市规划者哈维（Harvey Perloff）所著《用艺术提升城市生活》（1979）一文中，它是作为一种方法推荐给社区建设，以达到社区文化认同和社区文化资源运用的

---

① 〔日〕西村幸夫著《再造魅力故乡：日本传统街区重生故事》，王惠君译，清华大学出版社，2007，第85~88页。

双重社会目的。① 美国学者德瑞森（Craig Dreeszen）也是从社区管理视角探讨文化规划内容，即结构性的、社区层面上基于调查研究和集体意识建构的过程；确定文化资源、社区需求和发展机会；规划行动和保护相应的资源以对上述需求和机会做出回应。文化规划通过动员人力、财力和其他资源来解决社区的发展问题。② 文化规划最初在社区治理中获得理论与实践的启发，并逐步从社区层面走向城区。英国学者兰德利（Charles Landry）在《创意城市：如何打造都市创意生活圈》（*The Creative City：A Toolkit for Urban Innovators*，2000）一书中认为，文化规划是以文化资源为基础，确认方案，拟订计划，并巧妙运用执行策略的流程。其意不在"规划文化"，而在于成为任何公共政策的文化策略。③ 英国学者默瑟（Colin Mercer）也认为，"文化规划"不是对文化的规划，而是必须确保文化因素在每一个阶段的规划和开发过程中都予以考虑的规划行为。因此，规划不应只是关注"硬件基础设施"，还应包括软实力和创造性的基础设施。④ 英国学者伊文斯，在其《文化规划：城市的文艺复兴？》（*Cultural Planning：An Urban Renaissance*，2001）一书中指出：文化规划一方面是城市规划设计的艺术，是城市文化艺术表达的整体性；另一方面也是城市和社区发展中对文化资源战略性以及整体性的运用。⑤ 不过，文化规划在西方国家的实践并未能完全像其理论阐释的那样，仍存在许多缺憾。如有学者批评在实践中文化还是处于被边缘化（Marginalised）的地

---

① Perloff, Harvey S. Using the Arts to Improve life in the City. Journal of Cultural Economics, 1979, 3 (December)：1-21. 转引自黄鹤著《文化规划：基于文化资源的城市整体发展策略》，中国建筑工业出版社，2010，第5页。
② Craig Dreeszen. Reimagining Community：Community Arts and Cultural Planning in America. Doctoral Dissertation. Department of Landscape Architecture and Regional Planning, the University of Massachusetts. 1994：2. 转引自黄鹤著《文化规划：基于文化资源的城市整体发展策略》，中国建筑工业出版社，2010，第6页。
③ 〔英〕查尔斯·兰德利著《创意城市：如何打造都市创意生活圈》，杨幼兰译，清华大学出版社，2009，第246页。
④ Colin Mercer, From Data to Wisdom：building the knowledge base for cultural policy, CultureWatchEurope 2012 Conference：Cultural Access and Participation-from Indicators to Policies for Democracy, Helsinki, Finland, 30 June 2012.
⑤ Graeme Evans. Cultural Planning：An Urban Renaissance. Rutledge：London and New York, 2001：7. 转引自黄鹤著《文化规划：基于文化资源的城市整体发展策略》，中国建筑工业出版社，2010，第6页。

位，表现在文化规划是作为城市规划的附加物，而不是从文化的整体观考虑。文化规划更像是对文化的规划行为，或者至少是对艺术资源的管理。这种倾向于治理的社会和经济目标的行为，未能发挥文化艺术在精神层面的价值，更奢谈引导人们去思考生活的意义。①

我国学者黄鹤总结西方城市实践，指出文化规划对人文复兴和社会效益的强调使城市在运用文化资源获得经济收益的同时，更加注重和强调社会公正和与文化发展相关的各方广泛参与，通过协商沟通促进社会的协调发展。② 屠启宇、林兰也是从整体观的视角，归纳文化规划的内涵：其一，以文化的思维对城市的各种功能加以认识考察，发现城市的创新空间和转型方向；其二，将文化资源置于创新实施的中心，来整合城市的各种资源，达成城市的和谐发展，保持文化的地方特色；其三，从文化的角度考虑和制定各类公共政策、在文化资源和公共政策之间建立一种相互影响、相互协同的关系，开展城市创新决策；其四，开放性、跨领域、交叉式的思考能力、组织管理能力等。③

西方城市"文化规划"最为典型的实践，体现在20世纪90年代开始的各类"创意城市"的建构与规划过程中。与传统规划强调土地使用等物质资源不同，创意城市所采用的文化规划，将城市视为有机体，更侧重于"人"的资源，鼓励人们利用想象力、创意才华和地方文化资源，整体性解决城市面临的新问题——即以城市社会动能为重心，使城市更人性化、更宜居、更生机勃勃。"文化规划"与文化的整体性观念④及"永续城市"（sustainable city）概念⑤密切相关，在新思维引导下的城市发展方针，有助于形成依据地方资源而建立的独特的文化、经济、社会发展轨迹与模式。兰德利（Charles Landry）对此的结论是：未来城市的发展需要在知识、文化、科技、组织等所有层面保持创意与创新；创意与创新是一种全盘性、整合性的流程；创意与

---

① Deborah Mills, Cultural Planning-Policy Task, not Tool, Artwork Magazine, issue 55, May 2003.
② 黄鹤著《文化规划：基于文化资源的城市整体发展策略》，中国建筑工业出版社，2010，第48页。
③ 屠启宇、林兰：《文化规划：城市规划思维的新辨识》，《社会科学》2012年第11期。
④ 文化的整体性观念来源于人类学对文化的阐释。
⑤ "永续城市"的提出回应了罗马俱乐部所提出的"成长极限"（The Limits to Growth）。

创新的目的是巩固城市包容、开放的环境,解决社会凝聚、社会分裂及跨文化了解等问题;城市的发展目标应该是宜居型的高质量生活,不是每个城市都要成为区域的核心驱动城市(如旧金山、洛杉矶、悉尼等)。①

城市共同体文化治理模式在"文化规划"的组织层面上也起着关键作用。传统城市规划,政府主导城市建设,制订计划,执行规划。城市共同体文化治理模式下,公共财政与民间多元资本共同投资于地方性治理项目,参与管理者也扩展为公共部门、私营企业、非营利性团体等各种性质的机构和市民个体。他们之间的关系既包括公共部门内的合作,也包括公共部门与外部的合作、互动。安东尼·埃维瑞特(Anthony Everitt)在《文化治理:整体性文化规划和政策取向》报告中指出,在传统文化政策中,管理艺术、媒体和文化遗产等文化政策的部门与其他政府部门之间互不关联、各自为政,而扶持文化事务的公共资金往往因经济不景气而缩减,导致文化政策不能完全落实。他强调,"除非采用全局性、整体观念的治理模式以及实际的操作方式,跨越各自为政的行政设置,实现'横向'跨部门合作,否则文化政策不能完全落实。"② 这虽然说的是文化政策,但在文化规划过程中同样也如此。在城市共同体文化治理模式中,多元利益相关者、冲突者在一个相互依存、相互调适过程中培育出一种新型的公民社会关系,在开放、参与、责任、高效和团结原则框架下,以多样化的渠道影响公共事务的目标及调控手段的选择、实施。管理主体的多元化及协商机制的建立,展现了城市管理的民主化发展趋势。

如果说文化规划主要侧重于治理功能,那么"文化图谱"(cultural mapping)③ 则更多地利用定量、定性指标实现文化资源的评估和审计功能。两者之间存在一种潜在的"良性循环"关系。"文化图谱"不只是一种方法

---

① 〔英〕查尔斯·兰德利著《创意城市:如何打造都市创意生活圈》,杨幼兰译,清华大学出版社,2009,第207~208页。
② Anthony Everitt, The Governance of Culture: Approaches to Integrated Cultural Planning and Policies, Cultural Policies Research and Development Unit, Policy Note No. 5, Belgium: Council of Europe Publishing, 1999, pp. 8, 13, 17.
③ "文化图谱"国内也有人翻译为"文化映射",它也可以说是文化与其他事物、类别之间关系的梳理,图谱法(mapping)作为一种研究方法,需要对研究对象作简单的脉络分析(contextual analysis),包括地理、历史、社会、经济、环境等,以建立一个全面性评估分析架构。

的运用。当前全球文化和创意经济急需一种新的、能够把若干事物整体性关联在一起的整合性力量。文化本身即是"接合物"(joined-up),它把个人、社区、地区和国家身份整合在一起,并放置于全球化背景下与他者产生联系。"文化图谱"的运用是对这种需求的回应。它需要我们拓宽视野,把地区性文化资源纳入这一宏大语境中,认识并加强"地方"与"全球"的关系。①

> "文化图谱是指为了社会、经济和文化的发展,去标识和记录一个地区的本土文化资源。通过文化测绘、社区及他们所组成的兴趣小组,可以记录他们的文化实践和文化资源,以及其他的无形资产,如地区认同感和社会价值。主观经验,多元社会价值观和多样的阅读和解读都可以被放置于文化图谱中,成为功利性的'文化宝库'。一个地方和文化被广泛认可的价值可以作为文化旅游规划和生态旅游策略、主题建筑规划和文化产业发展的基础。"
> ——Council for Aboriginal Reconciliation(Australia),1994:19-20

案例:

法国里尔市城市政策中对文化资源的调动,没有引发市政管理体制发生变化,而是通过一些全市性的项目及管理模式的转变而实现的。大里尔委员会(the Grand Lille Committee)是一个将经济、政治、文化、高等教育和研究等领域的城市群精英们汇集起来的联盟组织,它发起了里尔竞选欧洲文化之都的活动。其提案是由里尔大都市区城市文化组织(Agence d'Urbanisme de Lille Metropole)推动的,该组织发挥着联系不同利益相关者的桥梁角色。《里尔2004,欧洲文化之都》计划的提出,高度动员了包括公共、私人和非政府部门在内的当地各方利益相关者,并成为众多城市复兴和经济及社会发展项目的催化剂。②

---

① Colin Mercer, From Data to Wisdom: building the knowledge base for cultural policy, CultureWatchEurope 2012 Conference: Cultural Access and Participation-from Indicators to Policies for Democracy, Helsinki, Finland, 30 June 2012.
② 〔法〕查尔斯·安布罗西诺、〔法〕文森特·吉隆:《法国视角下的创意城市》,贾丽齐、刘海龙译,《国际城市规划》2012年第7期。

文化发展和政策不仅仅要考虑公民个体权利，它也是集体开展的，因此每个公民都有文化责任要履行。公民的文化责任是由技术、能力、知识以及在文化中起有效作用并且对文化生活有建设性贡献的经验和专长；作为一个公民、消费者、探险者、创造者和观众成员参加社区文化生活；尊重他人的权利、自由、价值和信仰；尊重自然环境和脆弱的当地、区域、国家和国际的生态体系；尊重其他物种和后代的需要及利益。[①] 无论是文化还是城市建设，都不是公民个体事务，体现的是集体的发展，因此"文化规划"的关键还是要能够建立一个互动治理结构网络，可以联合不同行动领域，通过公共行动推动文化资源不同功能的混合发展，从而达到人类生存的和谐。

---

① 〔加〕D. 保罗·谢弗著《文化引导未来》，社会科学文献出版社，2008，第264页。

第四章
文化测度：寻求文化发展的标识

> 调查工具和问题选择就已或多或少地引导着你的研究方式，界定着调查领域，并且使得研究结论模式化。
>
> ——〔法〕让－皮埃尔·戈丹（Jean-Pierre Gaudin）

第一节　文化指标研究：理论与实践

文化测度（Measure）即以一个确定的测量行为或方法，来获取文化领域某种有用的信息、数据。文化指标（Cultural Indicators），则是用于测度文化对象的定性或定量的标识。和一般指标一样，文化指标是通过抽象、命名若干对文化具有标识意义的、相互有机结合、可定性或定量的维度、标尺，以标示文化变迁状况的一套系统。随着各个国家和地区对文化政策与措施重视程度日益增强，如何通过科学的管理方法促进社会文化的发展成为一项重要的研究课题。发达国家和地区及很多国际组织都在努力尝试用定量的方法建立监测文化发展、文化活动、文化成果和价值等文化环境的统计信息系统。与此同时，不仅仅借助文化指标观察文化现象及趋势，而且利用文化指标评估衡量文化政策和方案的效果，也成为文化指标的重要用途。文化指标研究的兴起，事实上与两个社会背景有密切联系。

一是社会指标运动。20世纪六七十年代，在世界范围内形成了一个研究社会指标的热潮，学者及政府部门都加入了研究行列。美国社会学家鲍尔等人认为，社会指标是一种用来量度具有普遍社会意义的社会状况的工具。也有学者指出社会指标是社会发展的指示器，以统计数字和数列定量地探测和预测社会的变化，便于人们对社会主要方面的状况做出简明的、综合的和公平的判断。社会指标能够使我们在价值和目标方面判别出"我们现在处于何处"，"我们正往何处去"，以及评价某项专门计划及其后果。文化指标本质上属于社会指标范畴之内，用于描述文化艺术活动的开展、公民的文化素养及文化需求状况，无疑对文化政策、文化产业的发展也可以起到观察、监测、评估的作用，不同文化指标的综合运用为国家文化政策的长期实施、为特定政策的制定提供了判定的标尺。文化测度研究对社会发展的促进意义已被大多数国家所认可，现已成为文化政策研究领域的有机组成部分。

二是新公共管理思潮。新公共管理（new public management，NPM）是20世纪80年代以来兴起于英国、美国等西方国家，随后蔓延影响全球的一种新的公共行政管理理论和管理模式。新公共管理是近年来行政改革的主导思想之一，它以现代经济学为理论基础，主张将私营部门和工商企业的方法用于公共部门，强调市场竞争、政府工作的绩效评估、行政过程的透明取向、成本效率和顾客导向等。受该思潮影响，公共文化行政部门需要开发合理的监测手段来达到其经济、效率和效益的价值目标。在这样的背景下，文化指标及文化测度研究被提上日程。

对文化指标的理论研究及实践运用最早源于20世纪70年代的法国。[1] 自那时以来，文化指标的发展一直是文化政策研究的一个活跃的分支，结果是文化指标的理论和模型很发达，而与其在文化政策领域的实际应用水平却不平衡。[2] 一些国家和地区的学者及政府部门对文化指标开展

---

[1] Gouiedo认为文化指标研究至少可以追溯到20世纪70年代早期。此后，在许多国家和地区，如加拿大、澳大利亚、比利时、英国、法国、美国、哥伦比亚、新西兰、西班牙、墨西哥、欧盟以及中国香港地区、台湾地区等，呈现出方兴未艾之势。Gouiedo, L. H., 1993, Porposal for a Set of Cultural Indicators, Statistical Journal of the United Nations, ECE 10: pp. 227–289.

[2] 〔澳〕Christopher Madden：《艺术和文化政策指标：一种全球视角》，刘建蓉编译，《文化艺术研究》2010年第2期。

了大量研究，探讨可靠并便于比较的文化统计指标，以及相关数据如何选取、收集。期望借此能对文化发展状况做出简明的、综合的和公正的评价，同时也借此来描述、贯彻和评价所执行的文化政策，以便修正政策措施，达到既定政策目标。如新加坡的运用策略是：借助"标杆分析法"，衡量新加坡和国际著名文化中心城市的差距并提出努力目标，制定文化发展战略。英国 BOP 咨询公司联手大伦敦政府经济研究部、伦敦政治经济学院等机构共同开展的"伦敦城市文化竞争力报告"——《伦敦：文化审计报告》（2008）项目，也是依此路径进行的；后来发展成为《世界城市文化报告》（2012）跨国中心城市的比较项目[1]。综合来看，文化指标的国际研究主要是从三个层面开展的：国际层面，文化领域统计数据的比较，以监测各民族国家文化政策的发展；民族国家层面，区域内各地区文化发展水平的度量及比较；地区层面，文化发展水平的度量及对地区文化政策执行的监测。

一 文化指标国际层面研究概况

联合国教科文组织及其统计机构（UNESCO Institute for Statistics）[2]、欧盟统计局（Eurostat）[3] 为国际间文化统计指标的比较作了大量的研究和实践工作；其他国际性专业组织，如国际艺术理事会和文化机构联盟（IFACCA）等，也在该领域进行了积极的探索，以证明文化艺术对人类

---

[1] 从2008年最初的伦敦、纽约、巴黎、东京和上海五个世界级城市的比较，发展到2012年对全球12大知名城市60多项相关指标进行比较分析。参与该项目的城市为：柏林、伊斯坦布尔、约翰内斯堡、伦敦、孟买、纽约、巴黎、圣保罗、上海、新加坡、悉尼、东京。
[2] 该机构1999年成立，以帮助推动教科文领域的统计项目的发展。
[3] 为了服务欧盟不断扩张和发展的现实需求，同时也为了满足欧洲工业社会对统计资料的需求，欧盟统计局于1953年创立。其主要任务是负责欧盟各国统计调查方法和标准的制定；提供欧盟各成员国政府、企业家、教育界、媒体及一般民众高质量的统计信息服务。早在1973年，欧盟委员会就启动了"欧洲晴雨表"（Eurobarometer）欧洲指标调查项目，在所有成员国范围内，每年春季和秋季进行两次大规模调查，对象为成员国15岁以上的居民，其问卷覆盖十分广泛的议题，通过了解成员国公众舆论趋势，帮助各国政府进行政策的起草、制定和评估。迄今为止，该项目已经成为欧洲研究中使用率最高、最重要的研究数据库。此外，欧洲社会调查（European Social Survey）、欧洲价值调查（European Value Survey）等社会调查项目以及众多的欧洲选举调查都积累了大量有价值的研究数据库。

社会的贡献。1986年,联合国教科文组织(UNESCO)发布了第一个"文化统计框架"①(UNESCO,1986),建议文化统计应包括文化产品、文化服务和文化活动的核心指标和外围指标等②,并在2005年开始启动修订工作,2007年正式完成"文化统计框架2009年修订草案"。2009年的新框架立足于当前所有有关的国际统计分类体系和标准,把整个文化活动划分为关键领域和扩展领域。关键领域包括六个:①文化与遗产;②艺术表演与节日;③可视艺术;④手工艺与设计;⑤书籍出版;⑥视听与数码媒体。扩展领域包括两个:①体育与休闲;②旅游。新框架中每个文化活动领域纵向按产业链(供给到需求)来设计,内容包含反映创作和生产、传播和发布、接受和消费以及各项活动规模和参与为内容的文化统计指标,横向按教育和培训、传统知识与非物质文化遗产、档案与维护等方面,纵横交叉形成文化统计框架。框架衡量指标主要包括就业和教育、价值量和实物量指标等。③ 新框架实际上是一项分类工具,以期最大限度地实现数据的可比性,挖掘利用现行调查结果来衡量文化的潜力。与文化的社会层面的测度相比,文化的经济层面的衡量方法在新框架中获得了发展,而文化参与④和非物质文化遗产等方面的测量还有待加强、完善。

　　欧盟对文化统计工作重要性的认识,来源于文化表现出对经济和社会发展的巨大促进作用。1995年及之后的多个欧洲论坛(巴黎,1995年6月;马德里,1995年10月;乌尔比诺,1996年5月)都意识到欧洲层面缺乏文化统计,建议共同体机构首先从成员国开始文化统计工作。作为

---

① 作为政策辅助工具的统计是随着国家现代化的进程而发展的,建立世界统计体系的努力已有60多年历史。但最初文化领域并未纳入统计范畴中,1949年出版的《联合国统计年鉴》没有专门的文化分类指标,直到1963年出版的《联合国教科文组织统计年鉴》才包含教育、科学和文化数据。
② 中国现代化战略研究课题组、中国科学院中国现代化研究中心:《中国现代化报告2009——文化现代化》,北京大学出版社,2009,第14页。
③ 刘巍、宫少军、殷国俊:黑龙江省统计局《文化产业统计考察团赴加拿大考察报告》,2007年12月;《2009年教科文组织文化统计框架》,统计委员会第四十一届会议,2010年2月23~26日。
④ 为了加强对文化参与的测量,联合国教科文组织统计机构于2012年出版了新的有关研究报告《测量文化参与》(measuring cultural participation)。

联合国教科文组织 2009 文化统计框架图

文化领域						相关领域	
A. 文化和自然遗产	B. 表演和庆祝活动	C. 视觉艺术和手工艺	D. 书籍和报刊	E. 音像和交互媒体	F. 设计和创意服务	G. 旅游业	H. 体育和娱乐
—博物馆（包括虚拟博物馆） —考古和历史遗迹 —文化景观 —自然遗产	—表演艺术 —节日、盛会、庙会	—工艺 —美术 —摄影 —手工艺	—书籍 —报纸和杂志 —其他印刷品 —图书馆（包括虚拟图书馆） —图书博览会	—电影和视频 —电视和收音机（包括互联网直播） —互联网在线播放 —电子游戏（包括网络游戏）	—时装设计 —平面造型设计 —室内设计 —园林设计 —建筑服务 —广告服务	—包机或包车旅行和旅游服务 —食宿招待和住宿	—体育 —身体锻炼和健身 —游乐园和主题公园 —博彩

无形文化遗产
（口头传统和表现形式、仪式、语言、社会实践）

教育和培训

存档和保存

装备和辅助材料

资料来源：www.uis.unesco.org。

后续行动，欧洲理事会在 1995 年 11 月 20 日出台了一份关于促进文化和经济增长的统计决议，它号召欧盟委员会与各成员国开展密切合作，充分利用好欧洲层面已有的统计数据资源，推动文化统计编制顺利进行。在成员国意大利和法国的积极倡导下，文化统计领导小组（LEG-Culture）由统计计划委员会（Statistical Programme Committee）于 1997 年 3 月成立，该机构被赋予了一个三年期的试验项目，其任务即是构建和完善一个可以连续性描述和比较欧洲国家文化环境的统计信息系统。通过这个信息系统可以有助于理解文化与社会经济发展之间的关系。意大利是这个项目的领导者。[①] 该机构于 2000 年递交了一份《文化统计在欧洲》最终报告。

文化统计领导小组把文化领域限定为横跨文化艺术领域的 8 个文化部门：艺术和古迹遗产、档案、图书馆、图书及出版、视觉艺术、建筑艺术、表演艺术、视听及多媒体艺术。采用了文化生产链模型（或文化周期模型），从文化功能角度——创作、生产、传播、贸易、保存和培训——选取统计指标。借鉴欧洲已有统一标准的、较为成熟的国家调查系统，如欧盟内部经济活动统计分类（NACE）、职业统计分类（ISCO）、工业消耗用途统计分类（COICOP）、国际教育标准分类（ISCED）、欧洲内外部贸易比较统计数据库（ComExt）以及欧洲时间利用调查（Hetus coding list）、劳动力调查、家庭预算调查等，从中选取了 60 多项文化指标，涉及文化领域的内容有：文化就业、文化经费/支出、文化参与情况。文化统计领导小组主导的是一个基础性的统计分析工作，它需要对各类调查中已收集到的文化数据进行盘点和评介；构建一组指标及变量，用以欧盟各国家文化环境的比较与评估，考察维度是根据文化统计项目运作需要而进行划定的，这项基础性研究为以后更深入的文化指标研究建立了根基。2002 年，法国文化及通信部的研究与未来发展趋势部门委托 Planistat France 机构针对"文化统计在欧洲"（2000）项目作了进一步深化研究。该研究以文化就业（cultural employment）、家庭文化消费（cultural expenditure of households）、量化家庭参与（Quantified household

---

① European Commission, Cultural statistics in the EU, Final report of the LEG, 2000.

participation）三个方面构建指标框架。①

其他的统计项目还包括欧洲理事会的欧洲文化观察（CultureWatchEurope，CWE）。该项目主要是针对欧洲领域内的文化、遗产及媒体发展状况进行监测。它通过数据信息的收集，基础知识、比较及趋势分析、专家意见及建议、个案研究等依据，评论地区政府和社会的政策标准。同时，该项目也与欧洲理事会其他信息平台——文化政策纲要与趋势在欧洲、欧洲视听观察组织和欧洲遗产网等联系在一起。②

实质上，国际间政府组织文化统计指标建立的最终目的是服务于文化政策，而不是仅仅局限于理论研究。欧洲文化与发展工作小组直接将文化指标按功能区分为"具体的评价或政策规划指标"及"监测特定政策领域持续使用的指标体系"两类。③ 欧洲理事会认为欧盟文化统计项目不仅用于分析比较，更重要的是能够进入国家层面及欧洲层面政策制定的操作框架中。④ 因此，我们可以看到不同的文化统计指标框架设计及指标内容，都紧密联系着国际组织所倡导的文化政策目标及各项实施计划。例如，当文化的经济作用被政策所强调时，文化就业、出口和进口、产出和附加值等数值就被广泛关注；而当文化的社会作用被强调时，文化教育、文化消费和文化参与等表现就会被纳入统计项目。欧盟以量化的指标体系搭建起文化标准化统计工程，是希望能在多种社会制度之间，用不同的方式自下而上地规范欧盟范围内的文化政策行动。用相对统一的指标规范各成员国共同接受和向往的政策标准，而这种标准化过程实质上是起到了在缺乏硬性机制的情况下发挥软性机制约束的作用。⑤ 统计结果的比较对某

---

① European Commission, Cultural statistics in the EU, Final report of the LEG, 2000; Planistat France: Cultural statistics in Europe: Final report of the study, population and social conditions 3/2002/E/NO18.

② Jukka Liedes, Policy development through user-oriented indicators and the challenges and pitfalls of evidence-based policy making, CultureWatchEurope 2012 Conference: Cultural Access and Participation-from Indicators to Policies for Democracy, Helsinki, Finland, 30 June 2012.

③ European Taskforce on Culture and Development, In from the margins: A contribution to the debate on culture and development in Europe [R], Strasbourg: Council of Europe publishing, 1997.

④ Cultural statistics in the EU: Eurostat working document 3/2000/E/NO1, European Commission, 2000.

⑤ 张来成等：《特奥德拉述说欧盟统计》，《数据》2009年第1期。

些国家的文化政策将产生一定的舆论压力，促进其检讨文化政策，改进文化措施。这在较为松散关系的联合国组织体系中同样起着类似的作用。

如果说联合国教科文组织和欧盟更多地从对文化政策的辅助管理角度，开展文化统计指标实践研究的话，那么，国际艺术理事会和文化机构联盟，则更多地从专业角度开展相关理论研究。在 2005 年专项研究报告《艺术政策的统计指标》[①] 中曾指出，当前文化指标研究中有四个重要内容阻碍了文化指标在政策管理中的发展。其一，文化指标规划设计不良，不知如何使用。这既有文化概念难以准确界定的客观原因，同时也有指标设定过程中鲜有探究指标理论，或明确指标（标识）与资料库、统计数据之间关系，以及指标与政策评估、文化分析间联系的客观原因。其二，缺乏有品质的资料数据。指标的品质是建立在数据基础之上，促进更多文化数据的收集有利于文化政策分析。但也有学者指出问题的关键不在于缺乏数据，而是缺乏合理的使用现有数据。其三，指标框架过于庞杂。现有的许多文化指标框架出于不切实际的美好期望，包含数量众多、涵盖范围广泛的建议指标。大量的基础性指标整合了不同的文化政策焦点、统计变量、文化价值链上的不同层面，使得庞杂的指标框架难以运用于单一政策分析目标，大量偏离的指标也阻碍了实际操作层面上的运用。因此，有学者认为缩小指标范围可能比一个详细的清单更为有用。如何发展限定数量的关键性指标显得尤为重要。其四，政策目标模糊。文化政策的目标通常是抽象的，甚至是些术语的模糊表达。有些分析观点认为文化政策具有较弱的理论基础，但也有人认为这种抽象是文化政策所必然呈现的状态。总之，文化政策的抽象和模糊多少都会影响政策指标的清晰明了。

各国获取指标采用的方法各异，缺乏国际间的交流与协调，这也造成了文化指标发展缓慢。方法和架构上的差异与各国（地区）文化政策差异（存在不同的侧重点）有关，但如果有更多的合作与分享工作，将可以促进解决一些文化发展中普遍存在的问题，也有利于发展一套以尊重文化多样性为前提的国际标准化的核心文化指标。目前，各国（地区）的统计口径不一，导

[①] International Federation of the Arts Councils and Culture Agencies (IFACCA), D'Art report number 18 Statistical Indicators for Arts Policy, June 2005.

致城市间的客观比较存在较大难度,有些统计数据只能作为参考,不能作为科学衡量的依据。联合国教科文组织建议在国家层面、地区层面和国际层面确立明确的指标并能获取可操作性的信息数据。这些指标和数据的确立需要依赖不断扩增的信息库、统计数据以及从学术研究和实践活动中总结出来的方法。① 可见,和其他社会指标一样,文化指标仍处于不断发展完善过程中,尤其在运用于评估文化环境、监督文化政策及具体文化项目的执行上。

尽管国际间的文化数据收集难度较大,但国际艺术理事会和文化机构联盟还是在2011年启动了文化政策国际数据库项目WorldCP②。这是一个以网络为基础的项目,项目模型使用了"文化政策纲要及趋势在欧洲"项目数据库框架来开展的,预期将不断更新各个国家文化政策概况信息。监测范围涉及80多项文化政策内容,纵向主题部分包括:当前社区参与概况、文化历史发展方面的数据、文化政策决策过程、主要目标、法律框架、文化机构与文化参与、资金的供给及其对创意和参与的资助情况,人口趋势、文化参与、文化市场与贸易、文化就业、文化公共资助等各国统计数据的比较。横向主题部分则覆盖文化多样性、国际文化对话、艺术家的地位、国际文化合作与流动问题、文化权利和道德。③

二 民族国家层面文化测度经验分析

文化统计是文化测量工作的基础,它是对文化现象等数据资料的搜集、整理、分析和研究;文化指标则是对反映总体文化现象数量特征的概念、具体数值在一段时间内变化的考察。统计数据与指标是两个密切相关又容易混淆的概念。统计数据说明的是一种现象,更多的体现描述功能,只有通过价值输入才能转化成为政策的路线图,即文化规划(Cultural Planning)。而指标具有质的规定性、具体性、数量性和综合性的特征。坚实的理论基础赋予了指标特定的价值意义。无论从纯理论角度,还是实

---

① 乔瓦尼·伯卡迪等:《2015年后可持续发展议程中的文化:文化为什么是可持续发展的关键》,联合国教科文组织杭州大会,2013年5月17日。
② 原型数据库可参见 http://www.worldcp.org。
③ Council of Europ/ERICarts, Compendium of Cultural Policies and Trends in Europe, 13th edition, 2012.

际运用角度，指标都是需要不断更新发展的。指标所呈现的框架，即为文化图谱（Cultural Mapping）。① 在具体使用方面，文化指标所呈现出来的数据不只是文化政策制定时必要的参考依据，也是政策检讨时重要的评价标准。这正是指标不同于一般统计的主要地方。不同民族国家文化测度发展水平程度不一，有的国家采用紧密联系文化政策的文化指标体系予以监测，有的国家则倾向在一定的统计框架内进行数据的搜集和研究。从发展趋势来看，文化测量工作的完善有待于文化统计数据国际标准化的推进、文化统计方法的改进。当然，提高文化指标的准确性还意味着对文化艺术活动实质的更好理解，考虑统计与政策之间复杂的关系。②

国外相关研究对理想文化指标的条件及基础做过大量讨论。从下列表格中，我们可以发现：尽管学者观点各异，但从要点引用次数来看，在一些基础条件上还是达成了基本的共识。如指标需建立在一定理论基础之上；与实际要有关联性；与政策执行要紧密相关；可跨时间、跨地域比较；要有量化指标且清晰易于理解，等等。

方法上一般来说，首先，要明确文化指标的理论基础。包括文化指标的功能、发展目标及评估目的；概念框架及制度范畴的构想（如何体现抽象的文化价值、政策的行政流程及实际使用状况）；文化指标使用的解释及其社会影响等。其次，要探讨文化指标的理想选择。包括文化指标选择的原则；指标维度关键层的区分；可以长期监测的有效数据的遴选；文化政策衡量重点的选取；指标隐含的价值及象征意义；指标测量方法的使用等。再次，要明晰文化指标的诠释说明。包括指标的名称、包含的内容及其赋予的意义；统计变量的定义说明及反映的结果分析；文献资料、操作定义及技术方法的支持；指标的结构分析；外来因素的影响及指标测量结果的受限分析等。这三点属于文化指标的生产阶段。此后就是指标数据资料的收集及对指标持续定时的评估监测，这是文化指标的运用阶段。

---

① Colin Mercer, From Data to Wisdom: building the knowledge base for cultural policy, CultureWatchEurope 2012 Conference: Cultural Access and Participation-from Indicators to Policies for Democracy, Helsinki, Finland, 30 June 2012.
② 〔澳〕Christopher Madden：《艺术和文化政策指标：一种全球视角》，刘建蓉编译，《文化艺术研究》2010年第2期。

国外学者对具备理想文化指标条件的概括表

主要条件要点	引用次数	主要条件要点	引用次数
立论依据清晰,具备理论基础	9	普遍性	2
与实际或价值评估有关联性	6	可基准化	2
以政策执行为基础或与政策执行相关	5	可脉络化(能提供其他的脉络信息)	2
跨区域比较	5	可修正	2
跨时间比较	5	正确的研究方法	2
可量化衡量	4	可靠性	1
易于理解	4	多元文化的敏锐度	1
明确清晰	4	可操作性	1
能以人口分组做离散分析	4	掌握议题核心	1
与目标一致	4	通过咨询而规划设计	1
长时间测量度	3	可信度	1
即时性	3		

资料来源：Belgian Government（2001），Brown and Corbett（1997），Chapman（2000；1），Cobb and Rixford（1998），Duxbury（2003；8-9），Fukuda-Parr（2001；2-3），Innes and Booher（2000），Lievesley（2001；377），Mercer（2004），Morton（1996；120），Pfenniger（2004；4），Pignataro（2003），Sawicki（2002；25），Schuster（2001；15），Sharpe（1999；44），UNRISD and UNESCO（1997；8）。IFACCA 整理，见"Statistical Indicators for Arts Policy"。

英国主要是通过地方和地区文化统计工具的使用来获得地方、地区及国家统计数据的。这一重要政府辅助工具名为"地区文化数据框架"（Regional Cultural Data Framework），现在改称为文化、媒体及体育部政策依据工具包（DCMS① Evidence Toolkit）。该项目于 2004~2005 年，第一次把文化领域界定为七个主要和次要的部门，包括：视觉艺术、表演艺术、视听、书籍出版、文化遗产、体育及旅游，并把它们放置于价值产业链或"文化循环"分析法引导下的数据矩阵中。② 它对于地方、地区及国家文化政策的监测与实施发挥了重要的作用。该项目的理论（知识）基础汲取了欧洲文化统计领导小组的研究成果，同时也对联合国教科文组织文化统计框架的重新修订起到积极的作用。

---

① DCMS 即 Department for Culture, Media and Sport。
② Colin Mercer, From Data to Wisdom: building the knowledge base for cultural policy, CultureWatchEurope 2012 Conference: Cultural Access and Participation-from Indicators to Policies for Democracy, Helsinki, Finland, 30 June 2012.

澳大利亚统计局的《澳大利亚文化指标》① 是以"生命体征"（Vital Signs）来比喻文化指标体系，以此作为测量澳大利亚文化艺术贡献的工具。指标体系是从三个领域来衡量文化艺术的价值：经济发展（Economic Development）、文化价值（Cultural Value）、参与和社会影响（Engagement and Social Impact），这反映了澳大利亚文化政策的最终目标指向。其一，在经济发展领域中，指标体系设置了七个指标用以测量文化艺术对城市经济发展的催化作用。其二，在文化价值领域，指标体系设定了五个指标，其选取标准实质上仍侧重于文化的经济和社会价值，文化的美学价值未予以考虑。其三，参与和社会影响领域的四个指标，主要是用以评估文化艺术参与行为的社会影响作用。艺术参与看似是个人行为，有助于个人修养和身心发展；而且有助于提高社区福祉、生活质量，促进社会参与和社会凝聚力。②

澳大利亚文化指标体系表

测量领域	指　　标
经济发展	文化就业人口；居民文化消费支出；游客文化消费支出；政府文化投入；私人部门文化投入；文化艺术领域的志愿工作；文化产业经济贡献
文化价值	文化资产；创意阶层（人力资本）；文化身份；创新企业；全球辐射力
参与和社会影响	文化参观（cultural attendance）；文化参与（cultural participation）；文化的接近和使用（cultural Access）；文化艺术教育

中国未针对国家文化政策制定专门的文化指标体系，但文化领域的统计工作则长期在开展③。当前文化统计工作的组织模式是国家文化部财务司组织管理协调，相关业务司局具体负责。2012年7月11日，文化部以部令的形式发布了《文化统计管理办法》（以下简称《办法》），并于

---

① Australian Bureau of Statistics (2010). Vital Signs. Cultural Indicators for Australia. Canberra, ACT: Cultural Ministers Council.
② 澳大利亚文化指标体系研究主要借鉴了新西兰相关研究（Cultural Indicators For New Zealand），新西兰从国家文化发展主要目标出发，提出了包括参与（Engagement）、文化认同（Cultural Identity）、文化多样性（Diversity）、社会凝聚力（Social cohesion）、经济发展（Economic development）五大测量主题，下设数十个指标。
③ 1978年文化部计财司恢复了中断12年之久的全国文化统计工作。

2012年9月1日起正式施行。该制度的实施将进一步规范我国文化统计工作，提高文化统计数据质量。《办法》对文化统计作了界定："文化统计是指各级文化行政部门为满足文化行业管理工作需要对文化统计调查对象组织实施的各项统计活动。"可见，文化统计范围是与文化行政管理内容相一致的，横向覆盖了公共文化（服务）、文化产业、文化市场、文化遗产保护、文化交流等各个领域；纵向贯穿各级文化行政部门和文化企事业单位。由于统计边界受文化行政管理体制限制，必然文化行政管理之外的文化领域统计数据很少被纳入统计框架中；同时，文化行政领域的条块分割①也影响了文化领域整体统计数据的获得。

中国文化领域统计数据、信息主要来源

——中华人民共和国文化部财务司文化统计项目。
——文化部财务司编著的《中国文化文物统计年鉴》，由国家图书馆出版社每年出版，全面反映前一年度我国文化文物年度发展概况。发布包括文化艺术、公共图书馆、群众文化、文化市场、艺术教育、艺术科研、文物业、对外文化交流等方面的统计数据。
——文化部组织编印的《2011文化发展统计分析报告》，由文化艺术出版社2011年出版，这是文化部首次出版的统计分析报告，内容包括从不同角度对全国文化发展情况所进行的宏观分析；及立足于各地区自身文化发展特点所开展的分析研究。
——各省、市级文化厅（局）计财处统计报表。
——各地方统计年鉴、国民经济和社会发展统计公报等，如城乡住户调查中文化消费数据。
——社科研究机构及大学相关研究基地出版的文化发展年度报告，涉及文化行业整体状况或地方文化发展信息分析等内容，如文化类蓝皮书系列丛书、《中国文化产业发展指数报告》，等等。

---

① 中华人民共和国文化部与中华人民共和国新闻出版总署、国家广播电影电视总局等均属于文化领域内的行政机构。

三 文化指标在地区发展中的运用

加拿大学者对英语国家一些地区性文化指标项目作了总结分析[①]，认为该研究领域主要关注六个方面的主题内容：其一，有关环境改善及地区再生的文化指标；其二，有关个体福祉和个人发展的文化指标；其三，有关社会资本与社区构建的文化指标；其四，有关经济发展的文化指标；其五，有关社区文化活力的指标；其六，考核文化部门健康及可持续发展的指标。许多文化指标项目都涉及多个主题内容的指标设定，指标的选取范围一般取决于项目的政策目标。许多研究都认识到文化指标研究最大的困难就是操作性的转化。每个指标的发展都是建立在一定理论假设基础上的。许多指标试图获取量化数据，然而文化艺术活动边界不清晰往往导致很难确定统计范围。如果网撒得过大，就会导致数据收集毫无意义；但如果测量范围定得过窄，又易忽视文化艺术对地区发展的关键性因素和作用。审视各国不同的文化指标项目，不难发现经济维度的指标最易获得，主要得益于更易获得的经济数据以及现行的许多国际分类体系。在测量框架建构过程中，经济学家往往倾向于运用他们所掌握的统计方法去计算可以产生预期效果的数据，对于文化中大量存在的很难用预期效果数据衡量的层面，经常是忽略不计的。[②]

当文化被视为地区竞争力的关键因素时，文化的经济价值也最易成为测量的焦点。考察的重点集中到文化创意经济的外部文化环境，包括文化生产的制度环境要求；文化创造的人力资源要求及价值观念要求；传承文化遗产的积累要求；以及传播国际影响的效果要求等。[③] 2005年香港民政事务局委托研究机构所开展的《香港创意指数研究》，其目的即用于评估及监测香港在知识经济时代的竞争力，并期望能够用这套指标比较香港与

[①] Derek Simons and Steven F. Dang, International Perspectives on Cultural Indicators: A review and compilation of cultural indicators used in selected projects, November 2006.
[②] 〔斯洛文尼亚〕Vesna Copic 著《论文化政策研究中实证研究的缺失》，马绯璠编校，《文化艺术研究》2012 年第 1 期。
[③] 花建：《文化竞争力的多元视角和评估指标》，《中国文化报》2005 年 7 月 26 日第 4 版。

对地区层面（包括社区）文化测度指标的归纳

测量领域	文化指标内容	
	量化指标	定性指标
环境改善及地区再生	地方文化活动及机构数量；文化园区或文化集群的经济贡献；被列入名录的文化遗产建筑数量等	文化遗产是否被纳入实体规划中；邻里关系对移居来的创意工作者的吸引力；居民对自然环境、公共艺术或文化遗产资产的美学评价等
个体福祉及个人发展	作为观众参与艺术的人数；作为艺术家或志愿者参与艺术的人数；业余艺术生产价值；专业艺术生产价值；志愿者工作时间；付费艺术工作时间；付费专业艺术生产；公益性专业艺术生产等（艺术参与方面还可以细分艺术媒介或人口统计因素，如年龄、收入、多元化族裔背景等）	文化艺术所带来的个人利益；观众及使用者满意度；认为文化艺术可以带来个人发展及精神转变的人占社区人口比例等
社会资本及社区构建	多样性文化背景学生在艺术培训中的人数；残疾人文化参与人数；通过参与艺术活动所降低的青少年犯罪及冒险行为的比例；来源于少数族裔社区的文化活动数；捐献少数民族文化艺术团体的资金比例；多样性文化活动的参与情况等	艺术组织是否有推广政策和战略措施；社区对多元化文化项目是否有回应；是否可以在文化参与中感知所获取的新技能、感知态度或行为的改变等
经济发展	艺术和文化产品的出口价值；要求艺术培训的工作岗位数量；新专利数量等	对文化旅游的社区认知；对创意工作者的社区吸引力；对参与艺术活动可以提升商业的感知等
社区文化活力	人均数量的艺术设施、公共空间面积或艺术场馆的座位数；当地居民参观或参与的人数和频率；艺术家或艺术组织为社区创造的新工作数量；艺术/文化课程在学校教育中的比例等	地区环境对文化工作者的灵感激发或支持；社区对地区文化艺术活动的认知；多样化社区对艺术接近及使用的认知等
文化部门健康及可持续发展	生产的经济价值；文化部门的新企业数量；地方影视产品可获得的基金数额；地区艺术培训机构座位数；文化部门工作岗位数量等	把文化部门纳入经济发展战略的综合性规划；地方艺术组织和培训机构的感知能力；社区对移居来的创意工作者的吸引力及文化部门对青年人的吸引力；社区对文化部门重要性的认知等

资料来源：〔加拿大〕德里克·西蒙和史蒂芬·R.党：《从国际视角看文化指标：对特定项目中用到的文化指标的整理与回顾》（2006）。

邻近地区及亚洲城市的创造活力。这套指标除了要度量城市的创意成果、结构/制度资本、人力资本和社会资本外，特别强调了文化资本这一指数。

其实前四个评估维度中均有涉及一定的文化指标，譬如，"创意成果"中有包含文化生产情况；"结构/制度资本"中有包含文化基础设施及文化制度情况；"人力资本"中有包含市民的资历情况；"社会资本"更是含有大量的文化价值观念及传统等情况。这套指标中文化资本主要强调的是文化艺术的文化价值与实践对提升创意经济的价值，其理论假设为：参与文化活动能产生新思维和表达，从而增加整体的创意。因此，"文化资本"建立的是市民关于艺术和文化活动参与习惯及价值的指数，用于评估社会环境和政府在文化及创意方面的引导作用。具体指标包括：政府对文化艺术发展的投入、家庭在文化产品和服务方面的支出、文化标准和价值、文化事务的参与和消费等。[①]

文化指标在地区综合发展中的考核点主要集中在文化硬件设施、文化经济价值和文化参与及消费等方面。其中的硬件设施指标，指地区内拥有的文化设施如剧院、音乐厅、电影院、博物馆、图书馆等的人均占有量及其政府投资数额。文化经济价值指标，包括对国内生产总值的贡献、附加值、增长率、直接或间接与文化部门相关的职位所占的比例、贸易数量、文化创意中小型企业的特征及其竞争力（生产率和利润率）、文化消费占家庭消费中的比例，等等。[②] 它直接体现文化产业在地方经济发展中所起到的作用。文化参与及消费指标，许多国家开展定期的文化参与状况调查，收集本地区家庭用于文化、娱乐、体育支出占家庭预算额的比例，每千人购买杂志数，文化演出参与情况，人均每日观看电视的时间以及资讯获取的便捷情况等。总之，力图通过数据变化掌握文化产业规模、文化设施运作状况及民众文化需求的变化等。

近年来，发达地区发展不再以单一的经济思维作为指导政策的重心，而是更为强调可持续发展思路，文化指标成为居民幸福和福祉的重要评价标准。非物质财富的测量既成为热点，同时也是难点。北欧福利国家通常将社会福利理解为满足客观需求，即个人拥有对资源的支配

[①] 香港大学文化政策研究中心、香港民政事务局：《创意指数研究报告》2005年11月。
[②] 〔法〕皮埃尔-米歇尔·门格著《欧洲的文化政策——从国家视角到城市视角》，欣文译，《国外社会科学》2012年第3期。

权,能够控制资源并且有意识的将其直接用于提高生活水平。制定政策,主要依据客观的定量分析。美国对此理解不同,更倾向于根据个人所体验到的需求满意程度来定义社会福利,认为社会发展的最终目标不是生活质量的客观方面,而是用满意度、幸福感等来测量的个人主观感受。[①] 由于对主观感受测量难度较大,在现有的地区性文化指标体系中这一测量方法及维度的运用所占比例较少。学者们普遍认识到在测量文化福利时,仍缺乏合适的数据正确反映关键目标及产出。这是因为文化艺术最有意义的功能就是对个体能力的转换作用,但是个体和精神的转化是难以进行定量测量的。因此,在指标框架设计中,虽然文化项目的某些维度易于测量,如设施的使用率;参与人数等数据也相对容易收集,但对于大型社区的艺术参与,或文化项目的实际效果却很难度量。更不用说从宏观来看的更为复杂的问题,如文化参与、文化需求,具体文化活动外的文化艺术项目的作用,文化资源的公平公正分配,等等。受国家政体、管理体制、社会发展程度和文化传统等因素影响,各国或地区对可持续发展的理解及采取的政策措施不尽相同。对文化在其中作用及影响的理解也在不断变化,文化测量指标所涉及的领域和内容随之不断发展完善。

联合国在最近讨论文化在可持续发展中的作用时,也突出强调要从质和量两方面衡量文化的益处。指出过去在实现可持续发展的核心目标和方法中之所以没有提到过文化因素,原因之一就是人们很难衡量文化对发展的具体贡献。当前在评估发展进步方面更注重幸福和快乐,不同社会开始努力评估和衡量自己的生活质量。不丹推崇的"国民幸福指数"和意大利制定的"公平、可持续幸福指数",使人们探讨发展问题时的视野更为广阔,这两个指数开始考量人类和社会发展的多方面,而不仅仅是经济维度。[②] 然而,不同社会之间的可比性指标的建立仍是重要的突破点,需要

---

① 周长城等著《全面小康:生活质量与测量——国际视野下的生活质量指标》,社会科学文献出版社,2003,第7~8页。
② 教科文组织:《世界报告——着力文化多样性与文化间对话》,2009,中文版,第211页;乔瓦尼·伯卡迪等:《2015年后可持续发展议程中的文化:文化为什么是可持续发展的关键》,联合国教科文组织杭州大会,2013年5月17日。

类似于联合国开发计划署（UNDP）提出的"人类发展指数"（Human Development Index）概念①的建立。

第二节 公共文化服务绩效测度

西方国家文化行政体系是在第二次世界大战以后逐渐形成的，20世纪70年代以来，西方国家公共部门管理改革进程中出现了"新公共管理"潮流，使公共文化部门在管理体制改革过程中呈现出一系列新的取向：追求公共文化资源配置的公平合理，以及公共文化部门经营的经济、效率和效益等。通过持续改善政府组织结构和运作机制，改进绩效的措施，制定绩效评估指标（Performance Evaluation Indicators）和测量方法，以及开展公众的满意度调查等方式，来提高文化机构运作的有效性。绩效测量与评估的目的，从本质上来说是一种以结果为本的控制。20世纪80年代西方政府绩效测评重点是政府行政的效率和效果，追求投入产出比值的最大化。90年代以后，随着社会关注的焦点逐渐转向了行政效益和"顾客满意"，西方政府绩效测评的主要内容也从行政效率转向了行政效能，更为注重政府与社会、政府与民众之间的关系。因此，绩效测评的重点转向了公共服务的质量和效益，强调以公众为中心、以公众的需求为导向。从组织机制上来看，国家文化行政部门的绩效测评由政府审计部门考核并直接向立法机构负责，内容涉及内部管理、行政行为、财政状况、公共资金使用效率、文化服务质量和效益等。国家文化行政部门也肩负着评估下属文化机构服务绩效的工作，通过发布指导性文件，提出文化机构绩效管理的理念和方法，绩效测评框架等。我国公共服务的绩效评估尚处在初级阶段，还存在对公共服务绩效测评理论和实践研究不足，规范化程度

---

① "人类发展指数"又被译为"人文发展指数"，它采用三个指标作为最终人类发展指数的计算因子，即预期寿命指数、教育指数及GDP指数。这些指标并非越高越好，按照"满足欠缺"而不是"一味获取"的理念，HDI规定了各指标的最高与最低阀值，各指标具有同等的权重。HDI是《人类发展报告》的核心评价指标，目前已涉及173个国家与地区发展状况的评定。

不足等问题，公共文化服务领域同样也如此。本章节将重点探讨发达国家公共文化部门绩效测量经验及发展趋势；对我国城市公共文化服务发展水平测量指标进行理论设想，提出监测的六个维度29个指标的测评框架。

一 国际公共文化服务绩效测量发展基本状况

许多发达国家制定了相关法律和制度，使对公共文化服务的绩效测量成为公共文化行政机构的法定要求，而绩效测量则往往与绩效评估紧密联系在一起，反映公共文化服务提供的质量情况。英国1983年的《国家审计法》授予国家审计署①检查各部门，包括公共文化行政管理使用资源的经济性、效率及效果的权力；1997年颁布的新《地方政府法》中进一步规定，地方政府必须实行最佳绩效评估制度，各部门包括地方政府管辖的公共文化服务机构每年都要进行绩效评估工作，要有专门的机构和人员及固定的程序。② 1999年，在《地方政府最佳服务效果法案》（the Best Value provision of the Local Government Act 1999）中，对地方政府提出了文化方面具体的绩效指标和要求。③ 英国审计委员会公布的"2007～2008年版审计委员会最佳价值绩效指标指南"显示，整个"最佳价值绩效指标体系"（Best Value Performance Indicator）共有100多个指标，分为两部分：一部分是一般性指标，另一部分针对各级地方政府和公共机构所提供服务的分类服务指标（Service Delivery Indicators），涉及教育、住宅、垃圾处理、环境、交通、文化以及社区安全等主要职能。其中"文化及相关服务"指标几经整合，如今共有5个，其中3个与博物馆/美术馆有关，1个与公共图书馆的服务有关。"全面绩效评估"（Comprehensive Performance Assessment）体系是2002年在"最佳价值绩效指标体系"基础上作的进一步改进，其框架主要包括三部分：一是资源利用评价；二是服务评价；三是市政当局评价。前两部分进行年度考核，后一部分每三年考核一次。其

---

① 英国国家审计署于1997年发布《绩效审计手册》（Performance Audit Manual），总结了英国绩效审计工作的经验和方法，介绍了开展绩效审计工作必然要涉及到的共性内容和通用技术。
② 徐剑梅：《英国审计署担当独特角色》，《瞭望》2004年第29期。
③ 参见 Comprehensive, Efficient and Modern Public Libraries-Standards and Assessment。

中划归在"服务评价"下的"文化服务"指标多达 17 个,此外还有多个二级指标,分别涉及公共文化服务的近用、参与、质量、投资效益四个方面。①

2001 年起,英国中央政府与地方政府之间开始通过协商谈判,建立以绩效管理为目标的法律文件——《地方公共服务协议》(Local Public Service Agreements)。其主要目标是改善地方公共服务,加强公共服务部门的责任。随后两年内,政府为签署公共服务协议的地方当局提供了 3 亿英镑的资金。中央政府在地方成立了全面性绩效评鉴团队,作为改善地方政府施政与成效的主力,每年由审计委员会组团,依据绩效指针、审核和督察报告等信息评断地方政府各领域的绩效情况,次年再进行复评,并运用"平衡记分卡"(Balanced Scoreboard)去记录、计算,按五个等级进行打分:优秀、优良、普通、不佳、很差。优秀和优良的政府可以免去检查;不佳和很差的政府则可能受到中央政府的干预。根据 1999 年提出的一项新倡议,业绩最优秀的地方当局被授予"模范地方"荣誉,还因此获得奖金以及地方政府杰出中心的称号。2002~2003 年,共授予了 54 项这类奖项。②

美国国会 1993 年 7 月通过了《政府绩效和结果法案》,要求联邦政府所有部门都要在试点的基础上建立和实施绩效管理系统,将政府绩效评估制度法定化,使其不因行政首长更迭而发生变化。根据这个法律联邦各文化机构绩效管理的内容包括三大项:绩效战略规划、年度绩效计划和年度绩效报告。绩效战略规划不仅需要对机构的功能、总体目标及实现途径作陈述,而且还需明确实现总目标的评估方法;战略规划以五年为限,至少每三年更新或重订一次。年度绩效计划涉及内容更为具体,包括:建立绩效目标,使每一项工作明确要达到的绩效水平;以一种客观的、量化的、可测量的形式表示绩效目标;为达到绩效目标而使用的操作程序、技能与技术、人力、资金、信息等资源;建立测量或评定每一项行动的产出、服务水平和结果的绩效评估指标体系;绩效目标和任务完成结果之间

---

① 周玉红:《英国中央政府如何考核地方政府的公共文化服务》,资料来源:上海情报服务平台。
② 曹现强著《当代英国公共服务改革研究》,山东人民出版社,2009,第 107~109 页。

进行比较的框架；用以核实、确认测定值的方法，等等。年度绩效报告则是对绩效目标实现情况的综述。[①] 美国政府在推行绩效管理过程中，充分估计到工作的难度，强调试点先行，逐步推进，逐年增加绩效评估的试点机构，每年安排一些新的改革措施。

其他发达国家也利用法律和制度上的刚性制约建立评估机制。荷兰新市政管理法要求对地方当局的工作绩效进行评估，以提高效率和服务质量，绩效示标和绩效评估在公共文化和娱乐设施的管理等领域得到广泛应用。澳大利亚等其他国家还以管理规范的形式，把组织绩效评估视为公共文化部门的管理改革措施的重要组成部分，融入财务管理改进、项目管理和预算改革等计划之中。设立绩效示标和制订绩效评估方案成为公共文化部门工作计划的一个部分，并列入各部门的年度预算文件公开发布。

近些年来，发达国家对文化机构的绩效测量的内容正变得更加深入细致。传统绩效测评的侧重点主要集中在经济和效率上，由于对效率的偏重，方法上多使用理性设计的模式确定硬性的评估指标，如用精确的数学、经济学方法反复计算测量政府投入和产出的比率等，主要以福利水平为标准，忽视社会效益原则及公民满意原则。从20世纪80年代中后期开始，西方国家地方政府对公共服务质量和客观社会效果给予了应有的重视，引入了一系列软性指标，以反映公共机构真实的执政能力、服务质量和内外形象等情况，测评的内容也开始转移到经济、效率、效果并重。譬如，英国中央政府对地方政府实施的"全面绩效评估"（Comprehensive Performance Assessment）体系，就比原先的"最佳价值绩效指标"体系所考核的公共服务内容更为细致，"文化及相关服务"绩效指标具体内容见下表：

公共文化服务绩效测量的结果是绩效评估的重要体现，西方国家许多公共文化机构的绩效评估都是与其财政拨款密切相关，绩效测量与评估的结果对各部门与财政部门预算谈判中的地位将发生重要的影响。比如，美国博物馆测评工作是由美国博物馆协会负责，全国各级博物馆的人力使用、

---

① 高小平等：《美国政府绩效管理的实践与启示》，《中国行政管理》2008年第9期。

2007年英国全面绩效评估指标体系中"文化及相关服务"绩效指标表

指标代码	指标说明	低标准	高标准
近用（Access）			
C2	公共图书馆服务标准中"近用"标准		
C2a	固定图书馆一定距离内能覆盖的家庭比例		
C2b	平均每千人享有的图书馆固定累计开放时间		
C2c	平均每千人访问图书馆次数		
C3	公共图书馆服务标准中"网络资源"标准		
C3a	提供电子网络信息资源的固定图书馆所占比例		
C3b	每万人拥有的供读者使用的电子阅览室数量		
参与（Participation）			
C4	积极借阅者/借用者在人口中的比例		
C18	每周至少在体育和娱乐场所志愿服务一小时的人口比例	5.0%	6.5%
质量（Quality）			
C5	居民对体育/文化休闲设施的满意度	49%	60%
C6	居民对图书馆的满意度	63%	72%
C7	居民对博物馆/美术馆的满意度	31%	50%
C8	居民对剧院/音乐厅的满意度	36%	56%
C9	居民对公园/其他公共空间的满意度	66%	77%
C11	公共图书馆服务标准中"馆藏"标准		
C11a	预约所需时间	7日、15日、30日内不同比例	
C11b	平均每千人每年新增馆藏		
C11c	外借馆藏翻新所需时间		
C14	公共图书馆服务标准中"满意度"标准		
C14a	16岁以上读者对图书馆服务的评价		
C15	博物馆资质水平		
投资效益（Value for Money）			
C13	图书馆每人次的平均访问成本	3.46英镑	2.53英镑

资料来源：上海情报服务平台 www.istis.sh.cn。

设施安全、服务品质、营运状况、工作计划、资助支持、展示活动及未来发展等都定期得到评估，并向政府有关单位提出书面报告，作为博物馆改进业绩与政府经费补助的重要依据。① 这有利于推动博物馆在运作过程中不仅关注静态资源的拥有，而且更重视博物馆的战略规划以及各个博物馆为公众所提供的服务质量。德国2004年修订的《德国之声法》中，也增加了德国之声实行自我管理机制的规定，以四年为一期制定工作规划，据此衡量德国之声的业绩和决定联邦政府对德国之声的下一轮拨款经费额度，从而以法律形式明确了德国之声必须采取新的绩效管理和目标管理机制，注重成本投入、工作效率与传播实效。②

绩效测量与评估的目的是推动公共部门承担责任，而公民导向则要求绩效测评以公民为中心，以公民满意为服务绩效的终极标准。这一理念源于企业管理中的"顾客满意"（Customer Satisfactory），20世纪90年代以来，有关质量和顾客满意度指标在评估指标体系中大幅度增长，坚持公民导向已成为西方公共文化部门绩效测量与评估实践中的重要发展趋势。加拿大等国家还进行大范围的政府顾客满意度调查，将提升顾客的满意度作为政府绩效的目标。在这种理念的指导下，评价公共文化部门绩效优劣主要不是看它投入了多少资源，做了多少工作，而是要考察公共文化服务满意度，其内涵就是社会公众对公共文化服务的感知绩效与自身对该服务的期望值相比较后形成的愉悦或失望的感觉状态，是实际得到的公共文化服务与期望得到的服务之间的匹配程度。

如何以服务对象的满意度来测评公共文化服务的绩效？运作程序具体表现在：首先，在绩效目标中明确公共文化的具体服务对象。其次，针对服务对象的文化需求结构，进行分析、综合、归类，据此绩效示标设计上体现出更多的外向特征和多样化的满意度调查。如一些公共文化机构的绩效评估指标中有公共文化可得性测定，即监测公共文化部门服务的量和类型是否反映了目标群体多样化的特点和多样化的需求；公众知晓度测定，即监测公众对公共文化服务内容的知晓程度和获得有关信息的便利程度，以及目标群体中知道特点服务内容的对象所占的比例；公共文化服务便利程度测定，即通过公共文化服务网点的集中或分散程度和服务半径，以及

---

① 徐纯：《博物馆与行政法人化》，《博物馆行政法人化研讨会论文集》，台北，"国立"台湾史前文化博物馆筹备处，2003年11月。
② 温飚：《浅谈国际广播实效的评估机制》，《市场观察·媒介》2005年第6期。

公共文化部门工作程序的简化和合理程度来监测公众获取和享受公共文化服务的方便程度。最后，绩效管理过程中建立与公众之间的长期互动关系。针对公众的文化需要，设计、提供理想的文化产品或服务，加强与公众的直接互动，通过各种渠道了解公众的期望，并将此信息作为改进工作和管理的方向。鼓励公众参与到公共文化事务管理的过程中来，在参与过程中积极表达观点、看法和意愿。在这种互动过程中，公共文化部门了解到其服务对象的真实需要，便于公共文化部门更好地为公众提供服务，便于公共文化部门准确地把握公众的受益程度。同时，也有利于公众对公共文化部门运作的监督。

当然这种以公民为导向的公共管理发展趋势，不仅体现在服务的绩效测量与评估上，实际也贯穿整个公共机构的运作过程中。西方发达国家许多著名的博物馆虽然也获得政府的大力支持，但很多是采用市场化模式来运作的。博物馆每年都会对参观者进行充分的市场调查，评估参观者的人口组成，测试他们的参观动机和对展览的满意程度；针对参观者的兴趣，确定博物馆的展览主题和展出形式，根据参观者的层次，设立不同模式的互动，如参观者与讲解员、演员进行互动式提问等；另外，每年还开展多种公共项目，如节日音乐会、舞蹈演出、演讲、示范表演和与学校交流等，通过活动接触不同的观众，增加博物馆的吸引力，也以此来加强、改善博物馆的管理，提高服务水准。

发达国家公共文化部门绩效测评过程中十分重视专业理论的科学指导，不断改进测量方法和技术。以日本为例，所建立的政策评价制度，其科学性主要体现在两个方面：一方面，政策评价充分发挥专家与学者的作用。2002年开始实施的《关于行政机关进行政策评价的法律（评价法）》中多处明文规定要"有效运用具有学识经验者的智慧"，这是因为绩效测评是一项专业性很强的工作，要提高政策评价的质量和水平，必须发挥相关政策专家和学者的作用，法律规定无论是行政机关还是总务省在进行政策评价时都必须在计划中公布引入专家学者的情况。另一方面，政策评价倡导运用科学的手法，并不断加以改进。第20条规定："关于政策效果的准确了解手法及其他政策评价等方面的方法，政府必须推进调查、研究和开发。"政府支持对政策评价相关理论技术的研究，重视理论技术在评价过程中的作用。有利于实现政策评价的科学化，提高其准确性。① 该法律附则第 2 条还规定："政府应在法律实行 3 年后对实施状况进行检查，根据结果采取必要的措施。"日本政府据此又于 2005 年修改了《政策评价基本方针》和《关于政策评价的标准指针》》。② 可见，科学性不仅体现在重视理论技术的指导作用，更体现在注重操作层面上的实践对政策的修正。

信息技术、量化技术在公共文化部门绩效测评过程中广泛获得采用，除了注重对服务对象意见的调查以外，很多地方会针对不同部门实行不同的测量方式和指标体系，深入探讨评价指标与数据库的建立等技术问题，为实现不同的评估提供有效的信息系统。如公众意见调查和数据分析方面，2008 年，美国国家艺术基金会的调查报告显示：通过调查 2008 年出席诸如音乐会、戏剧和舞蹈表演等艺术活动，以及公众参观艺术博物馆和阅读文学的人数和百分比，描述了美国公众的艺术参与情况，以了解当前艺术服务供求现状，为提供切合实际的艺术服务提供参考依据。在 2010 年，该基金会又通过电子媒体调查公众参与艺术的情况，通过互联网调查审查了艺术参与的大类别，并在报告中调查了影响一些美国人参与艺术的可能性因素，最后在报告中分析了基于媒体的艺术参与形式与诸如个人艺术创作参与和其他类型活动的出席情况之间的关系。

台湾学者总结出：国外公共文化部门绩效评估多采用层次分析法（Analytic Hierarchy Process，AHP）、专家问卷调查来进行各绩效评估层次结构模型及准则权重的确定，建立绩效评估指标体系。AHP 法是一种有效的定性分析与定量分析相结合的多目标决策方法。此方法能够将错综复杂的问题系统化为简明清晰的结构，再由不同的层面给予层级分解，并通过汇集专家、学者及有关决策人员的意见进行量化判断。路径是：寻求其层级内各评估准则的优先权重，然后再加以综合评估，以提供决

---

① 袁娟、沙磊：《美国和日本政府绩效评估相关法律比较研究》，《行政与法》2009 年第 10 期。
② 吴松：《日本政府政策评价制度与科技政策绩效评价浅析》，《全球科技经济瞭望》2007 年第 7 期。

策者选择适当方案的充分信息。这一方法可以减少决策错误的风险性与不确定性，比其他以概率的方式更能降低不确定性，可以更合理地进行预测。① 最后建立起来的指标评估模型还需要用案例实操来验证可行性，用结果检讨修正评估指标，得出结论与具体建议。绩效评估指标体系的科学性直接影响绩效测评的效果，因此加强其科学性、客观性十分重要。

二 我国城市公共文化服务发展水平测量指标设想

中国改革开放30年，经济发展水平很快，但仍存在发展不平衡现象，尤其文化发展相对滞后。这种情况使得中国现阶段构建公共文化服务体系的立足点仍在基本公共文化服务的供给方面。其内容主要体现为：国家和社会为满足人们的文化精神需求而兴办的公共文化设施和提供的文化产品和服务，包括图书馆、博物馆、群众艺术馆、文化中心、文化馆等场馆设施及其所提供的公共文化服务及产品等，同时也包括一些与民众文化生活密切相关的准公共文化服务及产品，如出版及广播电视传媒事业。这类公共文化设施及服务通常具备以下特征。

（1）国家或集体兴办和实施管理，并给予资金支付（一些准公共文化服务，政府财政予以资助或补贴）；

（2）为满足社会大众的精神需要而兴办的，不以营利为目的；

（3）实行免费或低偿的服务；

（4）向社会开放，广大群众能普遍、平等地享用。

在构建公共文化服务体系过程中，目前亟待解决的主要问题之一，即缺乏对公共文化服务发展水平加以测评的科学指标。现有的部分指标，往往只是评估"投入"的"绩"，而没有"产出"的"效"的指标和数据，因此缺乏有效数据转化为信息，并进而无法提供客观证据作为政策依据。譬如，公共资金分配后，往往很少有办法科学地检验资金使用的效果是不是和预期的目标一致。导致政策实施后，因为没有系统的数据整理和分

---

① 潘明珠、许兴望：《博物馆推广活动绩效评估之研究》，台湾，《旅游管理研究》第一卷第1期，2001年12月，第47～69页；谢玉玲、赖荣平、谢育颖：《文化展演设施建设需求评估指标之研究》，台湾，《建筑学报》第58期，2006年12月，第113～129页。

析，几乎不知道哪些项目实施得成功，带来了多少有益结果；而哪些不成功的，也几乎不知道其中的原因何在。① 对公共文化服务体系发展水平进行定量测评将有助于建立各地区公共文化服务建设的工作指南，同时通过常年相关统计数据的积累，也可以成为反映该地区公共文化服务体系建设工作成绩的测量工具。由于目前我国文化公共领域的整体发展水平并不高，在现阶段，测量指标体系的设置仍应侧重于投入指标（机构、设施数量、分布和可及性；各类资金的投入等）及产出指标（文化活动数量；文化参与情况；文化生态及表现等），未来应逐步加入后果指标（即反映在对个人发展、地区发展的贡献上）。

针对我国现阶段国情，城市公共文化服务体系发展水平测度可以从政府投入、发展规模、产品及服务、社会参与、人才队伍及公众满意度等维度来考虑指标体系的设定。

政府投入：目前，我国公共文化服务体系建设是政府主导，鼓励社会参与的模式，现阶段政府资金仍是最主要的来源。所以需从最基本的政府财政投入，描述区域公共文化服务体系的建设规模及政府的支持力度。可供选取采纳的指标，包括：文化事业费占财政支出比例、文化事业基本建设投资占基本建设投资的比例、人均文化事业费等。

指标名称	指标说明	测评方法	参考资料
文化事业费占财政支出比例	用政府在公共文化事业方面的支出额及占政府财政支出总额的比值，评价政府对公共文化事业的资金投入。该指标文化事业费统计口径按《中国文化文物统计年鉴》中的统计口径，以保证数据在国内城市中的可比性。该统计不包括文联系统、社科系统的数据	财政性公共文化事业支出额（不含重大文化设施建设投入）/财政支出额	联合国人居署、经济合作与发展组织、世界银行等组织研究的《全球城市指标》中的"文化支出占城市总预算的比重"指标；《台北市文化指标变迁趋势分析报告》中的"文化预算支出占政府总支出比值"；各城市文化部门年报及财政预算；《中国文化文物统计年鉴》中的"文化事业费占财政支出的比例"

---

① 吴福平：《文化管理的视阈：效用与价值》，浙江大学出版社，2012，第255页。

续表

指标名称	指标说明	测评方法	参考资料
文化事业基本建设投资占基本建设投资的比例	用文化事业基建使用资金量及占基建资金总量的比值，评价政府用于文化基础设施建设方面的投资力度	文化事业基础建设投资额/政府基础建设总投资额	《中国文化文物统计年鉴》中的"全国文化事业基建投资占全国基本建设投资的比重"，"按年份各地区文化事业实际完成基建投资情况"
人均文化事业费	以人均享有的政府投入的文化事业经费，评价市民所获得的政府提供的文化福利值	政府财政性公共文化事业支出费用/指定年内常住人口数	《中国文化文物统计年鉴》中的"各地区人均文化事业费"

发展规模：文化设施是公共文化服务的主要载体，主要公共文化设施的基本建设标准、布局和拥有的资源，直接反映公共文化服务的公平性原则、基本性原则，以及公共文化参与的便利性原则。可供选取采纳的指标，包括：公共图书馆数量、千人阅览座位数、人均拥有公共图书馆藏书册数、每百万人（可根据当地人口总量作单位调整）拥有的公共博物馆（包括纪念馆、美术馆、艺术馆）数量、每千人（可根据当地人口总量作单位调整）拥有的艺术表演场馆座位数、文化信息资源共享工程机构数、基层公共文化设施平均服务半径、人均占有公共文化设施面积，等等。

指标名称	指标说明	测评方法	参考资料
大、中、小型公共图书馆数量	用分别符合国家大、中、小型公共图书馆的数量，评价公共图书馆整体规模	服务人口在20万人以下,建设面积为800~4500m^2的小型公共图书馆数额；服务人口在20~150万人,建设面积为4500~20000m^2的中型公共图书馆数额；服务人口在150~1000万人,建设面积为20000~60000m^2的大型公共图书馆数额	《中国文化文物统计年鉴》中的"公共图书馆机构数"；文化部、建设部《公共图书馆建设标准》；《伦敦：文化审计报告》中的"每十万人拥有的公共图书馆数量"
千人阅览座位数	通过图书馆能为公众提供的座位数，评价图书馆基本服务的能力与设施规模	公共图书馆读者阅览座位总量/指定年内常住人口数×0.001（不含图书馆工作人员专用座位和会议厅内及其他一般不用于图书馆阅览目的的座位）	《公共图书馆建设标准》（建标108-2008）之附录：公共图书馆建设标准条文说明。文化部、建设部《公共图书馆建设标准》：提出未来5年建设目标为0.3~2.0座/千人

续表

指标名称	指标说明	测评方法	参考资料
人均拥有公共图书馆藏书册数	用总藏量的人均数(册),评价公共图书馆的基础资源	公共图书馆总藏量/指定年内常住人口数	文化部计划财务司编制《中国文化文物统计年鉴》中的"公共图书馆人均拥有藏书册数"。《公共图书馆建设标准》(建标108-2008)之附录:公共图书馆建设标准条文说明,提出未来5~10年我国公共图书馆人均拥有公共图书馆藏书0.6~1.5册。国际图联及联合国教科文组织所编的《公共图书馆服务》:公共图书馆的藏书量应该在人均1.5~2.5册之间;英国《公共图书馆服务标准》设计"平均每千人年新购置馆藏量"及"外借馆藏翻新所需时间"指标
每百万人拥有的公共博物馆(包括纪念馆、美术馆、艺术馆)数量	以总体数量与百万人口数的比值,评价全市公共博物馆、纪念馆、美术馆、艺术馆的整体规模	全市公共博物馆、纪念馆及美术馆总数与百万人口数的比值	《伦敦:文化审计报告》中的"国家级博物馆的数量""其他博物馆的数量""公共美术馆数量";《中国文化文物统计年鉴》中的"博物馆数量"(文物口径);英国博物馆和美术馆委员会的"公共博物馆(含公立美术馆)数量"
每千人拥有的艺术表演场馆座位数	以表演艺术场馆拥有的座位数及市民的千人拥有量,评价全市表演艺术场馆发展规模	全市音乐及演奏厅、表演及戏剧厅座位(不包括电影院)总数/指定年内常住人口数×0.001	《台北市文化指标体系》中"表演艺术空间"一项中对"音乐及演奏厅""表演及戏剧厅""电影院""体育馆"的总数及座位数作了每千人拥有量统计;《中国文化文物统计年鉴》中对各地区艺术表演场馆、剧场、影剧院(事业)的机构数、坐席数作统计
文化信息资源共享工程机构数	评价全国文化信息资源共享工程分中心、基层中心的建设成果	共享工程各级网点机构数量	全国文化信息资源共享工程"十一五"规划发展纲要;文化部计财司编著《中国文化文物统计年鉴》

续表

指标名称	指标说明	测评方法	参考资料
基层公共文化设施平均服务半径	用市民步行至基层公共文化设施的平均直接距离，评价基层公共文化设施网点布局的密度	市民到达基层文化设施，包括图书室、社区文化中心、文化馆站等建筑的最远的平均直线距离	《全球城市指标》中的"每10万人拥有的文化设施数量"；我国国家发改委和国家统计局印发的《社会发展水平综合评价方案》中的"每百万人口拥有公共文化设施数"；《英国公共图书馆评估标准》中的"服务半径"；《东京都公共图书馆振兴措施》；文化部、建设部《公共图书馆建设标准》、《文化馆建设标准》中的"服务半径"
人均占有公共文化设施面积	以公共文化设施建设面积与服务人口数的比值，反映公共文化设施建设情况	全市公共文化设施总面积/常住人口数	联合国人居署等《全球城市指标》中的"人均公共娱乐设施面积"；国内各地城市规划中对居住区规划设计常采用指标；各地文化系统内常统计指标

产品及服务：公共文化产品及服务是公共文化服务体系中最重要的内容，是政府或政府资助的公益性机构，免费或优惠提供给全体公民，以弥补市场的不足，保证公民享有必要的精神文化生活。公共文化产品及服务的种类、层次及特色等，反映公共文化产品及服务的多样性原则；公民公共文化参与度，反映公共文化服务的效能以及公共文化服务的公共参与性原则。可供选取采纳的指标，包括：书刊文献外借册次、公共博物馆（包括纪念馆、美术馆、艺术馆）的参观人次、全年专业表演艺术节目数量、表演艺术场馆观演人次、全年公共场馆（空间）展览数、全年基层文化活动举办数量、大型常设性文化节庆数、有线广播电视入户率、互联网上网人口占总人口比例、全年出版报纸种类、全年出版期刊种类、全年出版图书种类，等等。

指标名称	指标说明	测评方法	参考资料
书刊文献外借册次	用指定年内反映书刊借阅情况的外借册次,评价图书馆书刊的利用率	指定年内,各公共图书馆内,包括流动图书馆,借出阅读书刊、缩微制品、视听文献等的册次之和。包括集体外借册数、送书服务册数和馆际互借册数	《中国文化文物统计年鉴》中的"公共图书馆主要指标解释"及"书刊文献外借册次"统计
公共博物馆(包括纪念馆、美术馆、艺术馆)的参观人次	用指定年内参观人次总数,评价公共博物馆、纪念馆、美术馆、艺术馆使用效能及公众参与度	指定年内各馆场参观人次的总和,以年度百万人计	欧盟文化统计对公众观看表演艺术、电影,访问古迹、博物馆、美术馆,使用图书馆等作了参与频率调查;联合国教科文组织有关博物馆方面的指标"博物馆观众";英国国民指标体系中的"博物馆/美术馆参观人次";英国最佳价值绩效指标体系中的"平均每千人直接参观/使用博物馆与美术馆的人次";《中国文化文物统计年鉴》中的"博物馆参观人次"
全年专业表演艺术演出场次	用指定年内演出场次总数,评价全市高雅艺术节目的丰富性及供给量	指定年内全市表演艺术场馆举办艺术演出场次总数	《中国文化文物统计年鉴》中针对各地区艺术表演场馆的统计"艺术演出场次";联合国教科文组织有关表演艺术方面的指标"演出与观众""出国演出"
表演艺术场馆观演人次	用指定年内观演人次总数,评价全市表演艺术活动的公众参与度	指定年内全市表演艺术场馆艺术演出观众人次总和	联合国教科文组织统计的"观看表演艺术的人数";香港康文署统计的"表演艺术设施入座率";《中国文化文物统计年鉴》中的"艺术演出观众人次"
全年公共场馆(空间)展览数	用指定年内举办公益性展览累计数量,评价视觉平面艺术活动的丰富性及供给量	指定年中各个公益性文化设施,如博物馆、艺术馆、美术馆、群艺馆、文化馆,以及公共空间中所举办的公益性展览数总和,涉及类别:美术、摄影、平面设计及文物展览等	根据各个公共场馆年度总结报告以及公共文化主管行政部门年终总结获得有关数据

续表

指标名称	指标说明	测评方法	参考资料
全年基层文化活动举办数量	用指定年内活动举办累计数量,评价基层文化机构服务推广的能力以及基层文化活动的丰富性及供给量	社区文化中心、文化馆站全年举办活动,如公益性文艺活动、讲座、培训、电影放映等总和,以及政府所举办的惠及基层的文化活动,如周末系列、流动系列、文化进社区等活动总和	根据各个基层文化机构年度总结报告以及公共文化主管行政部门年终总结获得有关数据;香港康文署社区文化活动年度总结;《全球城市指标》中的"人均文化活动参与次数"
大型常设性文化节庆数	节庆活动创造了体验与分享新的文化传统的机会,用指定年内大型常设性文化节庆举办数量,评价城市文化影响力、活跃程度及大型文化活动的丰富性、多样性	指定年中全市所举办的全市范围内开展的有影响力的(包括具有国内范围影响及国际性影响的,参与人数超过1000人)文化节庆活动总数	《伦敦:文化审计报告》中以"节庆数"、"大型嘉年华/节庆活动估计参与人次"来衡量区域文化活力与多样性指标。2007年10月1日实施的《大型群众性活动安全管理条例》中,界定大型群众性活动:法人或者其他组织面向社会公众举办的每场次预计参加人数达到1000人以上的5大类活动
有线广播电视入户率	广播电视的基础设施是公共文化服务中的重要内容,这里采用综合覆盖指标来做考察,用居民有线广播电视使用情况,评价城市有线广播电视发展规模	指定年中全市有线数字电视用户总数/指定年内常住人口数	《中国广播电视年鉴》中的"有线广播电视入户率"
互联网上网人口占总人口比例	用上网人口数及占总人口比例,评价互联网发展规模及公众利用率,同时反映一个城市的信息服务水平	全市网民总数/指定年内常住人口数	中国互联网信息中心年度报告;联合国教科文组织在"文化贸易与传播"指数中"传播与新技术"一项采纳"国际互联网用户"指标
全年出版报纸种类	目前全国刊号总量基本恒定,政府掌握控制权,报刊社尚未成为完全的市场主体,因此在一段时间内,报刊的发行出版种类需要纳入指标体系中考察。全年出版报纸种类是用指定年内全市出版报纸种类数,评价新闻出版事业发展规模	指定年中全市出版发行报纸种类数	《中国出版年鉴》中的"出版报纸种类";联合国教科文组织在"文化活动"指数中"报纸、书和图书馆"一项采纳"日报数量"指标

续表

指标名称	指标说明	测评方法	参考资料
全年出版期刊种类	指定年内全市出版期刊种类数,评价新闻出版事业发展规模	指定年中全市出版发行期刊种类数	《中国出版年鉴》中的"出版期刊种类"
每10万人年出版图书种类	指定年内全市出版图书种类数及一定人口比例拥有量,评价出版业发展规模	指定年中全市出版发行图书总数/指定年内常住人口数×0.00001	联合国教科文组织在"文化发展趋势"指数中"书籍"一项采纳"每10万人出版图书的种类"指标;《中国出版年鉴》中的各地区出版图书种类、图书出版数、人均图书出版数

社会参与：鼓励社会参与，建立公共文化项目的社会联动机制，是公共文化服务体系建设发展的一项重要内容。一些指标如社会文化团体数量、社会捐助资金占公共文化服务机构总收入的比例、文化志愿者数量等，可以用来衡量社会力量及个人是否在活动参与中具有主体地位。

指标名称	指标说明	测评方法	参考资料
社会文化团体数量	用市内注册的社会文化团体总数,评价社会文化团体的活跃度	在民政部门及相关部门注册登记的非营利性社会文化团体总数	《社会团体登记管理条例》中有关办理条件
社会捐助资金占公共文化服务机构总收入比例	用公共文化服务机构所获得的社会捐赠、赞助资金量,评价社会资金对公共文化服务的贡献度。公共文化服务机构总收入包括:门票收入、非营利性收入、社会捐赠及赞助等	社会捐赠、赞助资金数额/公共文化服务机构总收入数额	国外文化机构年报中运营资金来源
文化志愿者数量	用服务于公共文化服务机构中文化志愿者数量总数,评价公众文化参与的活跃度	在全市各个文化机构中登记的文化志愿者总数量	国外文化机构年报中对志愿者工作量及人数的统计

人才队伍：人力资源是公共文化服务体系的基本保障，人才队伍的总量及专业技术人员所占比重，描述了公共文化服务体系人才总量及结构是

否合理。可供选取采纳的指标,包括:每万人口拥有文化事业从业人员、中级以上专业技术人员占在岗文化事业从业人员比例,等等。

指标名称	指标说明	测评方法	参考资料
每万人口拥有文化事业从业人员	用就业于公共文化服务机构中的职员总数及与一定人口的比例,评价公共文化服务体系的人力资源	公共文化服务机构从业人员总数/指定年内常住人口数×0.0001	《中国文化文物统计年鉴》中的"全国文化文物机构从业人员数"
中级以上专业技术人员占在岗文化事业从业人员比例	用公共文化服务机构从业人员中专业技术人员数量及占总从业人员总数的比值,评价公共文化服务体系的核心人力资源	已获中级职称及以上的人员数/文化事业所有从业人员总数	《中国文化文物统计年鉴》中从业人员相关统计"高级职称"、"中级职称"等

公众满意度:公共文化服务水平的高低、体系是否完善,最直接、最客观的反映即为公众满意度,它也是公共文化服务绩效评估的一个基本维度。测量公众对公共文化服务的满意度,是评价公共文化服务效能的重要体现。测评方法,可以通过问卷调查、投诉统计等,或对行政部门、公共文化服务机构作定量与定性相结合的调查。参考资料可借鉴国外文化机构年报中相关公众满意度资料收集。

对城市公共文化服务发展水平进行测量的目的是:监测城市公共文化服务体系建设情况。项目执行需要具备四个程序:其一,指标监测,即指标数据应作年度统计,对公共文化服务政策的制定具有指导或决策参考的意义,当然其过程中应与地区既定目标(即各类区域规划或地方文化战略发展规划中对公共文化发展的要求)挂钩。其二,数据公开,每年定期公布指标数据值,为每项指标确定责任机构,依据城市人口、财政预算等方面变化,及时修正阶段性目标值,同时需要对每年的数据结果作跨年度的比较,分析相关发展趋势。其三,项目审核,可邀请第三方作审核,以确保指标数据的准确性和透明度。其四,修改程序,项目需要不断完善更新,以上设想指标仅为初步指标,随着各地区公共文化服务体系建设的进展,新问题的不断涌现,政府职能的转变等,指标也将获得进一步发展，这就需要定期对各项指标提出修改意见，作某种程度上的修正。

值得注意的是：许多传统文化机构服务内容及管理方式都发生了巨大变化，公共文化服务的测量工作也需因应这一变化趋势不断进行跟进。以图书馆为例，一些发达国家和地区已不再使用"人均藏书量"指标。国际图联近年来也不再强调数量化的导引，而是为各国图书馆事业发展提供一种建议性指南。目前，发达国家和地区图书馆发展有两个趋势。其一，随着科学技术的发展，图书馆的资源已不再局限于纸质资源，会越来越依赖于信息及网络技术。以往一般统计的人均藏书量还只局限于纸质媒介。而纽约近些年的公共图书馆年报中已不再统计这一数据，2012年其总藏量（包括图书、期刊和报纸合订本、地图、古籍、录像带、光盘等视听文献资料等）51.3百万册（件），基本和2007年统计数据相差不多。早在2007年书籍、报刊纸质等传统媒介占图书馆总藏量比例，就已一半不到了。在2012年年报中显示：纽约公共图书馆总借阅量约有28百万册，其中电子书借阅量为667162册（件），电子书的借阅量同比2008年增长了190%。公共计算机使用时间总计3557162小时，同比2008年也是增长了160%。参观人次统计中，总量18百万人次，其中图书馆网页浏览有32百万人次，所占比例比传统借阅浏览方式大的多。[①] 公共图书馆附近区域提供免费的WiFi公共无线宽带服务，因此计算机网线接入口也不再统计。这些变化是非常显著的。其二，公共图书馆管理更注重使用效率。譬如，英国《公共图书馆服务标准》，就以促进公共图书馆馆藏的更新、保持图书馆活力为目的，设计"平均每千人年新购置馆藏量"及"外借馆藏翻新所需时间"指标，该两项指标2001年初建时就开始使用，2007年修订时仍保留，并设置目标为：三年规划期内，无论成人或儿童，达到平均每千人新增216件/册。并规定了外借馆更新时间为6.7年。[②] 此外，发达国家和地区公共图书馆的功能发生了一些变化，图书馆已不单纯局限于图书的出借和收藏，在很大程度上图书馆已成为社区的活动中心，社区居

[①] New York Public Library：2012 Annual Report.
[②] 周玉红：《英国公共图书馆服务评估：目标、指标、标准、变动》，资料来源：上海情报服务平台网www.istis.sh.cn。

民聚会的中心,各类主题活动举办的场所。故各类文化教育活动举办的次数,各类人群受益情况等,成为图书馆公共服务新的统计项目。譬如,纽约公共图书馆2012年报显示:年度举办活动55140项,共计1168127人次参与,同比2008年数据,增长了七成。

第三节 文化参与及文化近用测度

文化参与概念有很强的政治属性。前面我们已经讨论过学术界对文化的阐释有很多种,从不同的角度出发,关注点也是不同的。在国际政治学理论中,文化主要指个体通过互动而形成的共有知识或集体知识,它是一种社会共有的、结构化了的知识,包括规范、惯例、风俗和制度等。① 在实践中,公民文化参与和政治、社会有着不可分割的密切关联性。在欧洲,公共政策借助促进更多民众参与本地公共文化生活,来增强民众对荣誉、责任、权力的深切体验,提升人际相互信任、互惠合作,完善民主机制,使社会各界在互动中建立共同体意识。可见,在一些国家中,促进文化参与是一项社会民主化非常重要的政策路径。

文化参与概念实质上包含两个理论背景,即公民的文化权利和文化的公共治理。在前面章节中,这两个理论背景都有谈及。这里不再重复,仅简要论述理论与实践的相关性。自由参加公共文化生活的权利,是公民发展交流、创造能力、塑造自我以及成就自我的基本条件。在1948年《世界人权宣言》及1966年《经济、社会和文化权利国际公约》中均有提及——"人人有权自由参加社会的文化生活,享受艺术,并分享科学进步及其产生的福利"。1992年《经济、社会和文化权利国际公约》在重修第十五章时,文化参与权利、接近和使用文化的权利获得了进一步阐释,明确了文化权利的内涵,即尊重每个人的文化、真诚与本质;平等的近用权与尊重非歧视原则;参与主流文化与少数文化的创

---

① 孙溯源:《集体认同与国际政治———一种文化视角》,《现代国际关系》2003年第1期,第38~44页。

造与享受的机会；不可缺少的创造活动的自由，如表达自由权、知识产权；保障与发展可参与的文化，包括有关于主流或是少数文化方面的国家与国际的文化交流。拉克索尼（Laaksonen）认为，参与文化活动，及与之关联的文化接近和使用，形成了文化权利的支柱。这一观点概述了文化参与概念政治内涵的本质。[①]既然文化参与权利、接近和使用文化的权利，是文化权利的核心，是人权的重要组成部分。那么，它也理应成为公共政策的关注焦点。现实状况是促进文化参与的公共政策与其他公共政策相比，往往显得很微弱，并饱受争议。鉴于公共资源的稀缺，其他更需要紧急干预的领域，如卫生保健、社会安全等，通常被置于优先位置，而促进公民文化参与的政策却易被忽视。

以下章节将探讨文化参与概念在西方国家公共政策实践中的发展动向。从广义上来看，公民参与是现代民主政治制度下公民所具有的一种普遍性和广泛性的行为。公民文化参与既是民主的表现形式和公民文化权利的重要内容，又是公民实践民主、维护公民文化权益的重要工具。国外公共管理部门和学界都在广泛研究探索——扩大民众文化参与的技能和策略，并在制度上完善公民文化参与的机制。国际上，运用测量手段监测公民文化参与发展状况，并对测量方法及测量内容所进行的深入研究，有助于建立保障公民文化参与的长效机制，值得我们借鉴、思考。

一 文化参与概念的产生与政策发展

何谓公民文化参与？它既是指公民参与文化生活、参与文化创造，又指公民参与公共文化政策决策过程及公共领域活动的行为。公民文化参与有三个基本要素。其一是参与的主体，即"谁参与"。这里应包括作为个体的公民及由个体公民组成的民间文化团体组织。其二是参与的客体或参与的领域，即"参与什么"。这里应是公共文化领域，它是公民可以合法参与的，有助于推动公民成长的公共空间。其三是参与途径或渠道，即"怎么参与"。这一点最为重要，是体现社会进步的关键点。"怎么参与"涉及

---

① UNESCO/UNESCO Institute for Statistics: Measuring Cultural Participation, 2009 FRAMEWORK FOR CULTURAL STATISTICS HANDBOOK NO. 2, 2012, p. 69.

很多深层次的问题,譬如是由政府主导或通过动员被动式参与,还是自主型发展式参与;参与人员的结构是单一,还是不同社会阶层均参与其中;参与内容形式简单,还是从内容到形式均呈现多样化、多层次态势,等等。结合到中国社会,现阶段由于受经济、文化、政治发展等诸多因素的制约,公民参与在实践中仍然存在许多不足。如公民参与的领域不够广泛、参与水平不高、参与的制度化程序化保障还不健全、政府信息公开度不够、公民获得信息的途径不畅、公民自治发展滞后、公民参与意识不强,等等。目前迫切需要解决的问题就是如何通过制度设计,并运用科学的技术和策略,进一步扩展公民文化参与的深度和广度。通过建立多元渠道让公民有合法的途径去影响公共文化政策和公共文化生活,促进公共选择最优化。

  文化参与在西方公共政策领域是一个不断演进的议题。20世纪60年代,文化参与首先在欧洲福利国家"文化民主化"(Democratisation of Culture)政策框架中被提及。它既是施政措施,同时也作为政策的衡量工具,考察公共干预是否达致(精英)文化的民主化进步与发展(Pronovost,2002)。政策途径强调高雅文化通过国家文化机构(博物馆、美术馆、歌剧院、音乐厅等)普及大众。文化民主的概念促进了"人人享有文化权利""每个共同体(及民族)享有文化权利"理念的发展,这就意味着不但要尊重广大民众的文化需求,而且必须满足他们的文化需求。政策措施要能够促进文化多样性,促进公民积极参与文化生活;使广大民众便利地参与文化决策过程,平等地接近和使用文化产品及服务。文化民主概念一直影响到当今文化政策。与最初狭义的文化参与相比,后来,文化参与的范围还延伸至大众文化及传统文化活动领域。随着文化产业概念在政策框架中出现,文化参与又多了"经济消费"的内容。当今,文化参与研究的焦点从关注如何接近和使用精英文化艺术设施,逐步转向到强调积极参与地方性社区文化活动。后者的社会价值更是被公共政策所看重,它可以促进社会融合及文化身份的建立,同时也与文化多样性及公民参与政策议题相吻合。[①]一些国家和地区已经开始实践的地方性文化治

---

① UNESCO/UNESCO Institute for Statistics:Measuring Cultural Participation,2009 FRAMEWORK FOR CULTURAL STATISTICS HANDBOOK No. 2, 2012,p. 8,p. 69.

理机制，可以视作公民文化参与的深度体现，是实现治理民主化的一个重要开端。

文化的接近和使用是从公共领域出发给予个体的便利或保障，文化参与虽然主要是从个体出发的积极主动的行为，也是需要公共政策从技术上促进民众广泛参与文化活动、吸纳民众参与文化管理或治理。在文化行政管理系统中，公共文化机构最直接面临这一议题。上一节我们在谈公共文化服务绩效评估时，曾提到英国中央政府对地方政府实施"全面绩效评估"，其中"文化及相关服务"即是按照近用（Access）、参与（Participation）、质量（Quality）和投资效益（Value for Money）四个维度来测评的，对图书馆、博物馆/美术馆、剧院/音乐厅等作了相应的要求。这体现了公共文化服务的政策目标一方面要与保障公民文化权利相契合，另一方面也要符合行政管理的效益原则。

除了政府对公共文化机构实施监管以外，对民众文化参与行为进行调查也有助于了解民众文化需求的优先级。对民众文化需求的调查还可以帮助公共服务机构确定公共服务协议的目标，尤其针对弱势群体，如少数族裔、移民社群等融入社会的公共服务。英国文化媒体体育部（DCMS）2007年曾委托FreshMinds机构进行《文化需求：如何促进更广泛的文化参与》（culture on demand: ways to engage a broader audience）调研。报告在充分调查的基础上，寻求英国民众文化需求最为重要的驱动力量，并提出激发文化需求策略方案。在探索文化参与动机和文化参与经验的同时，提出切实可行的方案。这份报告为后来政策措施的修正提供了充分的依据；也对正在执行的政策措施予以了一定的评价。如标识出可以扩大文化参与面的行动措施，对那些被肯定的领域，未来政策措施将予以进一步加强。报告还肯定了联合方法（joint approaches）的有效性以及信息共享对于破除民众文化参与障碍的积极作用，等等。这些经验非常有助于其他地区文化参与行为主体的相关研究。

当然有的国家，文化参与政策的执行者不只是公共部门，民间非营利组织也是积极推动民众文化艺术参与的重要力量。譬如，美国华莱士基金会在2006~2010年之间资助波士顿地区22个文化艺术机构致力于提高公众的艺术参与,并与马萨诸塞州文化委员会、波士顿基金会合作,共同推广并分享各种提高公众艺术参与的技术与策略①。兰德公司也曾对美国102家艺术机构培养艺术观众的方法和经验进行过分析研究。提供的经验方法包括:科学划分观众群;分析观众参与艺术活动的行为模式;确定培养艺术观众的方法。②可见,公共服务要提高效能必须有针对性激发公众文化需求并满足公众文化需求。

公民文化参与议题最深入的政策措施是:鼓励在公共行动领域实施地区性文化治理。欧盟在此方面进行了积极探索:促成开放共同边界,鼓励欧洲人参与各种形式的交流计划沟通文化;推进公民社会各种力量——文化机构组织、产业、公共管理部门等各方参与者——的新型合作关系,并借此推动了一系列文化计划的开展。Regnet 计划即是其中一例,它将欧洲10个国家的博物馆、图书馆、计算机等领域的专家聚集到一起,为文化产品及服务建立了一个共同的电子商务平台。③"欧洲文化之都"项目则在地方层面动员了公共、私人和非政府部门在内的各方利益相关者的联合行动。前面第三章第三节中的法国里尔市案例可见一斑。与(精英)文化启蒙式文化参与相比,地区性文化治理更能增进个人(或团体)的发展能力。

一些国家也通过发展文化志愿者制度促进公民深度参与。具体措施包括:其一,完善法律法规。不仅明确志愿者的权利、义务和责任,保障志愿者的合法权益;而且对志愿服务的资金来源及管理也予以保证。其二,加强志愿者管理的专业性。在美国,青少年志愿服务累积一定数量是可以获得认证的。成年人的志愿经历可以作为职业生涯资历的积累,并且具有就业优先权。根据不同计划规定,有的志愿者还可获得生活费、补贴、教育奖励、退休计划安排,等等。就志愿行动来说,它是公民个体自我教

---

① A Report on the Efforts of 22 Boston Area Arts Organizations to Increase Participation in the Arts Over the Course of Four Years 2006 – 2010, published with the support of The Wallace Foundation In Partnership with The Boston Foundation and The Massachusetts Cultural Council, 2010.
② 详细内容参见李冬文、吴强《美国是怎样培养艺术观众的?》,载中宣部文化体制改革和发展办公室、文化部对外文化联络局主编《国际文化发展报告》,商务印书馆,2005,第275~282页。
③ 郭灵凤:《欧盟文化政策与文化治理》,《欧洲研究》2007年第2期。

育、自我成长的过程,也是与社会建立密切联系的过程。美国波士顿基金会在有关报告中就认为区域文化活力有赖于艺术与文化的持续性发展,这种持续性发展不仅需要有效率的公共部门、私营部门的资金支持,以及对艺术家与艺术组织的支持,而且更需要有强大的志愿者作为后备支援力量。[①] 这间接反映了公民文化参与对社会的重要作用。美国2006年国家艺术基金会报告数据表明,表演艺术参与者当文化志愿者的比例为50.9%,相较于非参与者的13.7%高出许多,显示艺术活动的参与者更有意于参与社区文化建设活动。[②] 促进公民个体的文化志愿服务,在不同国家公共政策中的目标是不同的。有的是作为民主建制的方式;有的是作为节约经济成本的渠道;有的则是作为潜在文化消费行为去培育。志愿行动在引发文化艺术兴趣的同时,也刺激了文化艺术的市场消费行为。事实上,文化参与和文化消费在西方国家语境中,有时是不分的。

二 文化参与的测量内容及测量方法

前面已经提及文化参与作为公民文化权利的重要体现、文化民主的实现途径,一直被视为是当代文化政策议程的核心内容。因此,在一些国家,尤其是欧洲国家,很早启动的统计项目中就有对相关内容的长期监测。而较为系统地测度文化参与实践,则是近10年来文化测度领域内的一个重点发展方向。国际组织如联合国教科文组织、欧盟在此方面作了积极的探索。联合国教科文组织在着手修订新的"文化统计框架"时,认识到文化经济层面的衡量方法已比较成熟,但文化社会层面的测度还有待完善,如与人的发展权密切相关的文化参与方面的内容,等等。近些年,联合国教科文组织统计局逐步加强了对文化参与测量的研究。2006年12月出版了由阿道夫·莫龙(Adolfo Morrone)主持的《文化参与测量指南》(Guidelines for Measure Cultural Participation)研究报告。该报告对现阶段

---

① 许多发达国家和地区成熟的公民社会都做出了积极的贡献,香港大约700万人口,其中有100万有组织的志愿者,也就是志愿者至少占人口的1/7,加拿大、英国、美国、澳洲、日本等地区,这一比例还要高。
② 台北市文化局:《台北市文化指标变迁趋势分析报告》,2008年1月,第29、30页,计划主持:刘维公。

测量文化参与的理论与实践作了较为全面的分析，包括西方国家的经验和非西方国家的案例研究；该报告还对文化参与测量作了研究方法上的探讨。

2012年联合国教科文组织及其统计机构又进一步发布了题为《文化参与衡量报告》（Measuring Cultural Participation），作为《文化统计框架2009》的辅助文件。实际上，自始至终联合国教科文组织都把文化参与行为视为一种个体与社会相关联的实践形态。研究报告认为"测量文化参与"的意义在于："通过定量及定性的方式测量并理解所有个体所参与的文化活动。对于个体而言，这是一种增加自身文化和信息能力及资本的方式，有助于定义文化身份，有助于个体表达。"① 在《文化参与衡量报告》中文化参与的内容与《文化统计框架2009》所提供的文化模型是相一致的（可参见本章第一节联合国教科文组织2009文化统计框架图），体现的是一个广义范围的文化参与。

虽然该研究报告并未建立具体的文化参与测量框架，但对测量实践给予了方法上的细致指导。首先，一项测量活动要明确测量对象的界定、测量目标、可利用的数据资源及文化实践相关事宜等，以确保测量结果符合统计、政治及实用性目的。其次，文化参与研究方法的运用是多元的，可依据研究目的、分析的深浅度及研究资金的多少做具体规划，基本方法离不开定量及定性测量的使用。在一些国家现有的统计调查中（如加拿大、新西兰等），可以观察到文化参与的影响因素在研究分析中也是需要顾及的。包括性别、年龄、地理区域/规模大小/城镇位置、教育背景、家庭结构、主要经济活动规模、收入水平、种族、社会地位、宗教信仰、艺术知识/能力，等等。在文化参与研究中关键性统计指标需要能反映出特定范围内（整个社会或特殊群体）文化参与的程度。因此，通常需要在以下四个领域中选出特定指标：其一，文化活动参与率，即给定时期内文化参与的人口比例。其二，文化活动参与频率，即给定时期内文化活动的平均出席率。其三，文化参与花费时间，即花费在休闲及文化活动上面的一定数

---

① UNESCO/UNESCO Institute for Statistics：Measuring Cultural Participation, 2009 FRAMEWORK FOR CULTURAL STATISTICS HANDBOOK NO.2, 2012, p.51.

量或比例的日常时间（或每周时间）。其四，文化支出，即家庭总开支中用于文化活动（消费及生产）的份额，或者平均每个家庭年文化支出。①

定量方法及定性方法是测量文化参与行为的基本方法。其中定量方法的使用，需要更多地借助已有的统计资源来选取合适的数据。文化行政管理数据（Administrative Data）是最常采用的统计资源，即有关文化部门或机构日常登记的数据。包括：参与的总人数、票房收入、会员登记人数等信息，但是缺乏一些细致的区分，如不可识别的重复到访，未能记录访问者的性别、年龄等信息。事实上，很多现有的调查都是建立在抽样调查基础上的，不能对全部的文化参与做全面分析。这一研究方法上的缺陷或许在数字化的大数据（Big Date）时代②可以获得修正。在联合国教科文组织这一建议报告中，其他可利用的统计资源还有观众或游客调查（Audience or visitor surveys）、人口抽样调查（Sample population surveys）、时间使用调查（Time use surveys）及家庭支出调查（Household expenditure surveys）。除了收集定量数据以外，定性测量方法被视为能够解释文化参与实践中更为复杂的问题，如个体的习惯、行为及态度等。或许可以解释人们为什么参与文化艺术活动，或怎样去选择参与特定的文化艺术活动；他们参与文化艺术活动的动机是什么，或者阻止他们文化艺术参与的障碍是什么，等等。定量及定性两种测量的技术手段通常是混合使用的。定量方法中主要的技术手段，包括一些问卷技术——面对面访谈、纸笔记录（PAPI）、计算机辅助个人访谈（CAPI）等。定性测量技术手段，则包括焦点小组、专家访谈/深度访谈、观察报告、个案研究等。

与联合国教科文组织及其统计机构（UIS）③研究项目相比，欧盟在该领域积累了大量的实践经验。为了满足欧洲工业社会对统计资料的需求，早在1953年就创立了欧盟统计局（Eurostat）。其主要任务是负责欧

---

① UNESCO/UNESCO Institute for Statistics: Measuring Cultural Participation, 2009 FRAMEWORK FOR CULTURAL STATISTICS HANDBOOK NO. 2, 2012, pp. 53 – 54.
② 〔英〕维克托·迈尔－舍恩伯格、肯尼思·库克耶认为，大数据时代处理数据理念上的三大转变：要全体不要抽样、要效率不要绝对精确、要相关不要因果。从万事万物数据化和数据交叉复用中获得巨大价值。〔英〕维克托·迈尔－舍恩伯格、肯尼思·库克耶著《大数据时代：生活、工作与思维的大变革》，盛杨燕、周涛译，浙江人民出版社，2013。
③ 成立于1999年，主要负责联合国在全球教育、科学技术和文化传播领域的统计项目。

盟各国统计调查方法和标准的制定；提供欧盟各成员国政府、企业家、教育界、媒体及一般民众高质量的统计信息服务。1973年，欧盟委员会启动了"欧洲晴雨表"（Eurobarometer）全欧性的指标调查项目，在所有成员国范围内，每年春季和秋季进行两次大规模调查，对象为成员国15岁以上的居民，其问卷覆盖十分广泛的议题，通过了解成员国公众舆论趋势，帮助各国政府进行政策的起草、制定和评估。迄今为止，该项目已经成为欧洲研究中使用率最高、最重要的研究数据库。[1] 此外，欧洲社会调查（European Social Survey）、欧洲价值调查（European Value Survey）等社会调查项目也积累了大量有价值的研究数据库。这些统计调查项目为文化领域内的测度工作打下了坚实的基础。

近期欧盟内一些组织机构对文化参与相关文化政策问题作了持续深入的探讨。如2012年4月15～16日在莫斯科举行的欧洲委员会文化部长会议上，就"文化治理——促进文化的接近及使用"（Governance of Culture—Promoting Access to Culture）议题，讨论了民主治理问题。同年7月，欧洲委员会发起的欧洲文化观察（CultureWatchEurope），也对"文化近用及文化参与——从测量指标到政策"的议题作了阶段性的反思。尽管欧盟各国有相关统计项目予以支持，但建立欧洲文化参与指数（index）仍处于探索阶段。会上，弗拉基米尔·彼纳（Vladimir Bina）在其递交的《文化参与及文化近用指标》报告中提议：利用欧盟成员国已有的国家统计调查数据，建立一套指标体系，以监测并评估各国文化参与及文化近用发展趋势。[2] 报告指出测量范围主要限定于欧洲的文化、遗产及媒体领域。文化参与数据来源则基于欧盟成员国已有的文化调查项目，及欧洲视听、媒介使用方面的数据调查；文化近用数据则基于"文化产品及服务价格指数"（CUPIX, Cultural Price Index on Goods and Services）和"公共艺术服务价格"（PASP, Public Arts Service Prices），经济合作与发展组织每年公共教育调查（OECD Publication Education）也可以作为

---

[1] Eurostat pocketbooks: cultural statistics 2007 edition, p. 185.
[2] Vladimir Bina, Indicators on Cultural Participation and Access to Culture, Culture Watch Europe 2012 Conference: Cultural Access and Participation-from Indicators to Policies for Democracy, Helsinki, Finland, 30 June 2012.

辅助观察利用。研究者特别指出人口统计学特征，如性别、年龄、教育背景等对文化实践的影响性较大，需要区分考虑。事实上，实施一项多变量的统计分析，还需要获取国家调查中的微观数据。目前国际间的比较难度还比较大，原因就是没有一个共同的调查予以支持。以下是弗拉基米尔·彼纳建议的指标框架（见图表），具有一定的借鉴意义。该框架对文化参与的影响因素作了较为周全的思考，并在指标体系中予以体现。不过从一些指标的设置来看，仍能感受到区域政策影响所带给指标数值的波动。如在文化产品及服务的价格指数及公共艺术服务价格指数方面，可以反映出市场及政府对公民文化近用情况的介入程度。

文化参与及文化近用指标框架表

指标代码	指标说明	指标测评方法	备注
文化参与（Cultural participation）			
11	参观表演艺术、音乐和流行文化	过去一年中至少参观过一次的人数占全部人口百分比	各指标区分统计学特征：性别（男/女）；年龄（15~24岁/25~34岁/35~44岁/45~54岁/55~64岁/65岁以上）；教育程度（低组ISCED1+2/中等组ISCED3+4/高组ISCED5-6），计算不同群体所占百分比
12	参观文化遗产（博物馆、美术馆、展览、历史遗迹、纪念性或著名建筑场所等）	过去一年中至少参观过一次的人数占全部人口百分比	
13	业余艺术实践	实践一个月两次及以上者人数占全部人口百分比	
14	书籍及报纸阅读（包括电子书籍及在线报纸）	休闲阅读书籍过去一年至少一次的人数占全部人口百分比；阅读报纸一周至少一次的人数占全部人口百分比	
15	观看电视	一个工作日平均观看电视分钟数（区分公共频道、商业频道两个类别）	
16	互联网的使用	过去三个月中使用互联网人数占全部人口百分比（区分下载游戏、电影、音乐；上传原创内容；建立网页或博客；访问社交网站四个类别）	

续表

指标代码	指标说明	指标测评方法	备注
系列指数(Indexes)			
X1	青年指数(Youth index)	计算以上指标中15~24岁年龄组数值与全部人口数值的比值,依据比值大小获得国家等级列表,即青年指数	以上六个文化参与指标类中相关数值相加再除以六,即可得青年指数、老龄指数及平等指数
X2	老龄指数(Senior index)	计算以上指标中55~64岁年龄组数值与全部人口数值的比值,依据比值大小获得国家等级列表,即老龄指数	
X3	平等指数(Equality index)	计算以上指标中最高学历组百分比数与最低学历组百分比数之间的差值除以总百分比,等级列表分数将产生平等指数,较低分值反映更为平等的参与	
文化近用(Access to culture)			
A1	受教育程度	不同受教育程度人口占总人口比例	区分男女性别可计算价格指数与相对购买力指标的比值
A2	文化产品及服务的价格指数		
A3	公共艺术服务价格指数		

资料来源:Vladimir Bina:Indicators on Cultural Participation and Access to Culture,2012。

三 文化参与及文化近用政策的未来展望

如何使民众平等地、便利地接近并使用公共文化服务,参与文化生活,是一项重要的文化政策议题。它不仅涉及文化设施的布局,而且更为重要的是文化组织或机构运作机制是否能围绕这一目标展开运营。比利时佛兰德社区前任文化部部长在一份文化政策文件中曾指出有五类物质或非物质障碍阻挡了文化的近用(Access):其一,信息障碍。文化信息缺失、不足或模棱两可。其二,实践障碍。文化活动或文化设施地点位置不便,时间或开放时间不合适。其三,经济障碍。票价对经济不富裕群体来说价格太高。其四,社会障碍。文化产品未达到某些地区人口,尤其社会弱势群体（social disadvantaged groups）。其五，文化障碍。一些公众缺乏知识或能力去享受或欣赏某些文化产品。① 这些障碍都或多或少存在于各国文化实践中。无论是西方国家所倡导的文化民主，还是我国近些年所强调的公共文化服务的均等化发展，都必须在公民文化参与及文化近用障碍问题上有所突破。

打破文化信息障碍的关键是加强文化信息的交流与沟通，这也是民主价值的重要体现。文化信息的交流与沟通主要体现在文化部门（包括公共部门、私人部门）之间、文化部门与公众之间信息的传递与反馈。文化部门只有真实、客观、全面地了解公众的文化需求，才能提供所需要的文化产品及服务；公众只有更完全地了解文化部门的运营及其活动，才能接近和使用文化产品及服务。一些发达国家通过各种公民民主参与方式来建立信息交流与沟通机制，运用信息技术增强文化管理信息的公开和透明，提高文化部门收集、处理信息的能力及对公众的回应。我国各地方公共文化服务体系构建过程中，也普遍存在信息障碍。现阶段大部分地区供给模式都是按照自上而下任务主导机制开展的，主要由政府为主导的公共部门去组织和实施基本公共文化产品的生产。一些地方对公众基本文化需求缺乏调查及长期监测，不能充分掌握、及时了解公众文化需求的变化，因此，很多地方都不同程度地存在供需矛盾的现象。建立文化信息交流与沟通机制是提高公共文化服务效能的基本条件。

打破实践障碍的关键是科学规划文化设施及文化活动场地的布局，依据公众生活作息合理安排开放及活动时间。目前国际上开始采用文化设施覆盖率或服务半径指标来替代之前使用的设施总体数量指标，以保证基础设施的使用效率。发达国家基础文化设施的标准主要从服务人口和服务等级上进行细分，并为最低标准设置限制。譬如，美国威斯康星标准是通过计算驾车时间的方式来规定图书馆的服务半径：城市内部，驾车15分钟内可以到达；乡村地区，驾车30分钟可以到达。不管服务人口多少，图

---

① Vladimir Bina, Indicators on Cultural Participation and Access to Culture, Culture Watch Europe 2012 Conference: Cultural Access and Participation-from Indicators to Policies for Democracy, Helsinki, Finland, 30 June 2012.

书馆最低指标——印刷图书的数量为 8000 册，期刊数量为 30 册。① 日本则倡导市区街村建设一所中心图书馆，其他尽可能建设小型公共图书馆，作为原则按照每 2 平方千米一所图书馆加以布局（半径 800 米）。公民馆、青年馆、儿童馆等公共设施设置图书分室，作为地域图书馆服务不足的补充开展一线服务。超过 1000 户的居民小区必须设置图书馆，人口密度低的街村，通过汽车流动图书馆提供图书馆服务。② 我国应对的措施是在文化基础设施的布局上予以指导。2008 年我国住房和城乡建设部、国土资源部、文化部联合颁布实施的《文化馆建设用地指标》中以市民单程到达文化馆的出行时间大约控制在 15~30 分钟为原则，确定了不同类型文化馆的服务半径。同年 6 月颁布的《公共图书馆建设用地指标》也提出：小型公共图书馆以 20 分钟可以到达为宜，其服务半径为 2.5 公里。事实上，实践障碍的根本原因是未能以本地居民的实际需求为出发点，解决的办法即采用以公民为导向的政策措施。

经济障碍在很多国家是通过政府投资、政府补贴、免税政策、公共部门及非营利组织提供免费或低价的文化产品及服务等方式予以弥补的。政府、市场及民间组织在文化产品及服务供给上所占比例，各个国家因政治体制及文化传统的不同而各异。在市场经济高度发达的社会，文化产品及服务主要遵循市场规律供给。市场对信息的灵敏度较高，可以快速掌握公众的需求，提供丰富的文化产品；但商业利益驱动也带来不利的影响，如易忽视弱势群体、内容低俗等。而非营利性公共文化产品及服务的供给则作为重要补充，为文化消费者的培育积极贡献。宣称没有文化政策的美国，也逐渐增加对这一领域发展的关注。注重社会福利的国家，文化产品及服务一部分由政府提供，另一部分由市场来供给；即便如此也不能很好解决经济障碍问题，市场中存在文化产品价格过高的现象，或许是因为整个社会未能培育出稳固的消费群体。总体来看，文化领域的公私合作伙伴关系（Private-Public Partnerships）或多或少存在于大部分国家中，如何处

---

① 参见张广钦主编《国外公共图书馆建设标准与规范概览》，国家图书馆出版社，2009，第 20、24 页。
② 张广钦主编《国外公共图书馆建设标准与规范概览》，国家图书馆出版社，2009，第 166 页。

理好之间的合作及运营关系是未来解决经济障碍的一个突破点。

社会障碍反映了文化公共领域政策公平性的缺失，公共领域的内容应以正义和平等为价值取向，当社会弱势群体难以公平公正的接近并使用公共文化产品，参与文化生活时，我们就必须要反思政策路径的方向、修正政策措施。在西方国家中，少数族裔及移民群体常常处于被忽略的状态，是公共政策需要打破社会障碍的重点群体。他们通常的做法是为他们提供语言培训，通过组织各类丰富多彩的活动帮助他们融入当地文化生活。在我国城市公共文化服务体系中，外来务工人员接近并使用公共文化服务，参与当地文化生活的状况不容乐观，尤其需要纳入公共政策议题中予以改善。从体制上来看，城乡二元分割的社会结构形态及制度设计，导致城市政府公共服务的规模是依据户籍人口配置的，城市政府没有额外的财政资源向外来工群体提供集体消费品和其他社会福利，包括文化福利。因此，外来工群体文化权益事实上缺乏制度性保障。从供需矛盾来看，尽管一些地方已采取一些措施有针对性的实施公共文化产品的供给，但仍存在供给方式失当的问题。传统供给模式是地方政府综合外来工群体消费偏好，按照自上而下任务主导机制去组织和实施公共文化产品生产，并定向提供服务。它在解决外来工城市公共文化产品有效供给方面呈现出一定的局限性，譬如，存在资源配置结构性失衡及供给效率缺失等现象。这是由于供给方对外来工文化需求掌握不充分及时，公共文化产品供给与外来工的文化需求之间存在不对等的缺口（即信息障碍造成的影响），从而导致外来工城市公共文化产品供需矛盾。这些都是需要我们公共政策迫切解决的问题。社会障碍与文化障碍也是密切相关的。以上更多的是从制度上寻求弱势群体文化近用的障碍，但实际上后面接着谈的文化障碍也是限制他们自身发展的重要因素。

西方学者认为在家庭中的文化社会化，以及学校内、学校外的文化教育是获取文化享受或欣赏能力的主要方式，也是突破文化障碍的重要渠道。一直以来，文化艺术的教育、普及和艺术创作的扶植、推动是打破文化障碍的主要方式。它有助于民众文化艺术生活习惯的养成及创新力的生发。国外普遍的政策措施是借助于大众传播媒体和学校教育系统加以推广影响；通过文化艺术基金会或者相关项目措施对优秀艺术作品创作和人才择优进行资助。由于资金有限，选取标准是争议的焦点。目前学校教育体系普遍呈现偏重实用型教学，知识传授为重，文化陶冶匮乏，培养艺术感性所需要的充裕时间，在学校教育系统中很难保证。公共文化机构开始承担更多的社会文化艺术教育、普及的功能，尤其与社区生活的结合，增加了公民文化参与更深切的感知性。以下是美国社区促进文化参与的一个案例。

观察美国不同类型的文化组织，无论大小、无论在城市或是乡村，通过授权方式组织是提高文化参与率的重要手段。Appalshop是一个位于肯塔基乡村的跨界艺术教育中心，通过提供资源和技术讲述他们自己的故事，以维护和加强当地文化。艺术与人文村则位于北费城的内城，它利用艺术公园内的空地建成，有效建立了社区意识。这个组织不是通过吸引新的受众群体来建立他们的文化背景，而是利用艺术的力量去弥合城市贫困问题的症状——社会的疏离。这些文化项目融入了创意方法、对当地社区的认识、日常活动以及个人志愿和机构投资，这些丰富的实践促进艺术参与率的提高。对于这些立足于社区的文化组织来说，与过去担任的艺术服务相比，目前面临的最大不同是在成为地方文化基础设施的同时，需要处理许多紧迫的社会问题。这种挑战日益复杂，但事实上对于文化参与问题，并没有一个放之四海皆准的解决方案。[①]

在打破公民文化近用障碍过程中，还应密切关注新障碍的产生。如技术进步对人们文化生活方式及信息传播模式的改变。技术进步可以通过降低文化产品的排他成本以影响非排他属性，使文化艺术接近渠道更加便捷。Google"艺术计划"（Art Project）[②] 可以做到足不出户就可以看遍天下博物馆、美术馆。但媒体、新媒体对文化生活的影响，一直以来饱受争

---

① Diane Grams & Betty Farrell：Entering Cultural Communities-Diversity and Change in the Nonprofit Arts, Rutgers, The State University, 2008. pp. 2 – 3.
② 2011年2月1日起，搜索引擎巨头谷歌宣布其"艺术计划"正式上线，把全世界著名博物馆、美术馆的名画以70亿像素的高清晰度呈现于互联网。"艺术计划"网站很好地展示了来自各种文化与文明的创作。官网：http://www.googleartproject.com；中文官网：http://www.googleartproject.com/zh-cn。

议。早些年，人们抱怨可以用在文化和艺术活动方面的闲暇时间被看电视所占用，而现在互联网的使用又把人们从荧屏前拉到了电脑视频前，智能手机的出现甚至连人们的片刻时间也不放过。网络时代，微博、微信社交媒体的出现，使人们阅读乃至思想都呈现出碎片化。据英国《每日邮报》报道，调查显示，1/3的英国小学生认为著名科学家爱因斯坦（Albert Einstein）是"电视真人秀里的明星"，约29%的人坚信自己最近在电视节目里见过他；8岁受访小学生中，22%的孩子认为斯蒂芬·霍金（Stephen Hawkins）"是个理发师"；但68%的小学生知道社交网站Facebook的创始人是马克·扎克伯格（Mark Zuckerberg）。调查结果让人啼笑皆非。从当代及下一代长远考虑，新的障碍或许正在信息爆炸中产生。利用新技术破除文化近用障碍，及避免新技术造成文化近用障碍，都将是未来促进公民文化参与政策应予以重点关注的领域。

对公民文化参与及文化近用发展状况进行测量，为相关文化政策措施的执行提供了依据。这是西方发达国家循证政策（Evidence-Based Policy）在文化领域内的重要表现，也是公共政策领域日益发展的趋势。自20世纪90年代以来，循证政策——即以证据为基础的政策制定概念在英国政界越来越得到重视，并日趋被许多发达国家所采用。当代公共政策越来越需要寻求公共措施正当性的依据，同时对信息的需求也是持续的，建立一个可靠的、持续更新的信息资源库是非常重要的。实施循证政策的基本步骤是：首先是政策具体问题的提出；其次是寻找相关定量、定性及描述性证据；再次是确定获取证据的研究方法，并对研究结果作适用性评价；又次是根据证据和其他因素制订具体的政策实施方案；最后是针对评估方案的公平、效果和经济可行性不断改进政策措施。

科林·默瑟在《走向文化公民权：文化政策和人类发展的工具》[①]报告中为文化部门的知识管理提供了初步的研究模板。他通过设置"文化活力和多样性""文化近用与参与""文化身份与生活方式"及"文化行为与治理"四个领域的指标群，收集定量、定性及描述性证据来考察文化政策和人

---

① Mercer, Colin, Toward Cultural Citizenship: tools for cultural policy and human development, the Bank of Sweden Tercentenary Foundation & Gidlunds Forlag, 2002.

类社会的发展状态。定量、定性的证据对决定社会资源的分配起到非常有用的作用。它可以识别哪些政策实践是可行的；同时它也是政策决策和实施措施的基础，能够为改进并把握政策运作方向提供指引。① 以下表格里的指标内容还主要是描述性的文字，没有涉及具体指标设定，但还是可以看到指标群涉及的相关领域内容。

默瑟建议的指标体系表

指标维度	指标内容	备注
文化活力和多样性	文化领域雇用人数；文化公司及组织机构数量；营业额及对GDP的贡献；各个部门的相对优势及劣势；生产、销售、分配的能力及消费模式	这一指标群主要测量公共及私人领域文化经济的发展
文化近用及参与	人口统计上的参与率及地理位置上（不同地域）的参与率等；帮助提高文化参与的政策措施；图谱文化基础设施以加强文化近用及参与	这一指标群测量领域主要定位于公共及私人领域的文化消费，但也包括文化参与的测量
文化身份与生活方式	通过调查研究评估不同人口统计群体对不同文化的使用，以及那些方式对于形成和（或）改变、再生产身份及生活方式的贡献	这一指标群主要关注于人们如何积极利用文化资源和经验形成和改变身份，改变和稳固生活方式
文化行为与治理	通过调查研究评估文化资源和经验对生活质量、宽容及认可他人等其他方面的贡献	这一指标群帮助人们分析和了解人们如何利用文化资源发展和（或）挑战人类特定行为，诸如承认并尊重文化多样性，文化如何促进或阻碍社会凝聚层面上的共同生活

无论从循证政策，还是从公共政策的知识管理角度来看，未来文化参与及文化近用政策的发展与运作都需要在研究者、社区、产业和政府之间建立一种新的协作与交流的模式，以发挥各自力量的优势。研究部门具有

---

① Jukka Liedes: Policy development through user-oriented indicators and the challenges and pitfalls of evidence-based policy making, CultureWatchEurope 2012 Conference: Cultural Access and Participation-from Indicators to Policies for Democracy, Helsinki, Finland, 30 June 2012.

应用及细化概念框架及方法方面的能力；社区部门有非常务实的当地知识；产业及政府部门则倾向于关注行业或部门目标，并且对于政策的实施比其他参与者更具有权力和资源上的优势。① 大数据时代的到来，使得数据、信息处理的方式和渠道也发生了巨变，这为文化管理的技术方法——文化测量带来的挑战也是不言而喻的。这场革命并不在于分析数据的机器，而在于数据本身和我们如何运用数据。② 它打破了以往寻求事物之间因果关系的惯性思维，通过识别关联物帮助分析现象，而不是通过揭示其内部的运作机制——即只需要知道是什么，而不需要知道为什么。根据"社交网络分析之父"贝尔纳多·哈柏曼（Bernardo Huberman）的分析，微博中单一主题出现的频率可以用来预测很多事情，比如好莱坞的票房收入。他和一位在惠普实验室工作的同事开发了一个程序，可以用来监听新微博的发布频率。以此为基础，他们就能预测一部电影的成败，这往往比其他传统评估预测方法还要准确。③ 或许在不久的将来，文化参与抽样调查的不全面性会得到根本改变。我们需要做好充足的准备迎接数据技术给文化机构以及我们自身的文化生活所带来的变化。

---

① Colin Mercer, "From Data to Wisdom: building the knowledge base for cultural policy", Culture Watch Europe 2012 Conference: Cultural Access and Participation-from Indicators to Policies for Democracy, Helsinki, Finland, 30 June 2012.
② 〔英〕维克托·迈尔－舍恩伯格、肯尼思·库克耶著《大数据时代：生活、工作与思维的大变革》，盛杨燕、周涛译，浙江人民出版社，2013，第10页。
③ 〔英〕维克托·迈尔－舍恩伯格、肯尼思·库克耶著《大数据时代：生活、工作与思维的大变革》，盛杨燕、周涛译，浙江人民出版社，2013，第121页。

第五章
城市文化政策

> 相互作用是人类主体和所有周围力量之间的基本关系。文化战略是人塑造这种关系的方式。它的结构是不断改变的,然而总是以同样的相对状态作为它的中心和核心。
>
> ——〔荷〕C. A. 冯·皮尔森(C. A. Van Peursen)

第一节 文化遗产政策

保护和宣传文化遗产是当代文化政策核心内容之一。文化遗产是最能体现一个国家、地区和民族文化特性的文化表现形式。人们往往在此寄托对传统精神内涵的追寻。文化遗产是共同生活人群的"集体记忆",没有记忆也就没有了民族群体的创造。保护城市文化遗产的重要性体现在:城市文化遗产不但是城市发展的历史见证,而且也是城市文明延续的载体。特别是城市中留存至今成片的历史街区和传统民居,它们既是先人活动的遗存,又是今人的生活空间。它们凝聚着一代又一代居民的思想、智慧、生活气息,无声地诉说着城市的历史和文化。[①] 日本学者西村幸夫在《再造魅力故乡——日本传统街区重生故事》一书中,对日本北海道的小樽

[①] 单霁翔:《城市文化遗产保护与文化城市建设》,《城市规划》2007年第5期。

市、函馆市等小城镇历史街区的改造和保育问题作过深入的探讨。在他看来，只有居民亲身参与，只有在开发过程中寄寓了居民对家园的集体记忆及美好想象，才能让传统街区重新焕发魅力。可见，人与物质生活环境（包括自然地貌）、文化空间的互动是文化遗产重生的关键。

尽管在我国文化政策体系中，文物古物保护，传统工艺、技艺传承等内容很早就有，但文化遗产政策概念的出现则比较晚。2005年国务院颁布了《关于加强文化遗产保护的通知》（国发〔2005〕42号），才第一次明确文化遗产保护是包括对物质文化遗产和非物质文化遗产的保护；规定自2006年起，每年6月的第二个星期六为我国的"文化遗产日"。该文件提出文化遗产的保护应贯彻"保护为主、抢救第一、合理利用、加强管理（或传承发展）"的基本方针，并对文化遗产作了以下的界定：

> 物质文化遗产是具有历史、艺术和科学价值的文物，包括古遗址、古墓葬、古建筑、石窟寺、石刻、壁画、近代现代重要史迹及代表性建筑等不可移动文物，历史上各时代的重要实物、艺术品、文献、手稿、图书资料等可移动文物；以及在建筑式样、分布均匀或与环境景色结合方面具有突出普遍价值的历史文化名城（街区、村镇）。非物质文化遗产是指各种以非物质形态存在的与群众生活密切相关、世代相承的传统文化表现形式，包括口头传统、传统表演艺术、民俗活动和礼仪与节庆、有关自然界和宇宙的民间传统知识和实践、传统手工艺技能等以及与上述传统文化表现形式相关的文化空间。

近20年来，中国城市改造运动发展迅猛，城市更新与开发过程中与文化遗产保护之间的冲突不断涌现。如何平衡这一矛盾，延续我们的文化遗产成为当代城市文化政策需要关注的重点议题之一。在这里，"动态保护"的理念值得我们去深入探究其纳入政策措施执行的可行性。美国社会学家奥格本（Ogburn, William Fielding）认为文化变迁有四个因素，即发明、积累、传播和调适。发明是指发明新的文化形式；积累是指有效用的文化形式的持久存在；传播是指把文化形式传入新的地方；调适则指文化的一个部分变迁时，其他部分的相应变化。① 文化变迁理论反映了文化动态发展的本质属性，有助于我们理解"动态保护"文化遗产的理念。城市发展的最终目标应定位于既宜人居住，又宜人发展。所以，城市文化遗产保护与发展关系的平衡过程也应重点在激发人们的积极性和创造性。

一 历史街区与历史建筑的有机更新

"历史街区"一词最早出现在国际现代建筑学会通过的《雅典宪章》（1933）中。宪章提出：对有历史价值的建筑和街区，均应妥为保存，不可加以破坏。后来，国际古迹遗址理事会通过的《华盛顿宪章》（1987）第一次明确提出"历史街区"（historical urban areas）这一概念。定义为："不论大小，包括城市、镇、历史中心区和居住区，也包括其自然和人造的环境……它们不仅可以作为历史的见证，而且体现了城镇传统文化的价值。"② 历史街区作为文化遗产的重要内容，是一座城市不可再生的文化资本。在我国，城市历史文化街区保护政策是逐步发展完善的。政策依据来源于相应的法规。《中华人民共和国文物法》（1982）明确文物保护实行属地管理、分级负责的行政管理体制，各级人民政府负责本行政区域内的文物工作。同时，确立了历史文化名城制度。2002年修订时，文物法又补充确立了历史文化街区和历史文化村镇制度。可见，历史文化街区保护的主要责任主体是地方政府，理应归为城市文化政策内容范围。

具有地域文化特色的传统建筑以及积淀丰富人文信息的历史街区，在中国一轮轮的旧城改造进程中面临着严峻的生存危机。城市更新中大量的拆迁改建，使原有的社会组织结构、社区邻里关系解体。有些社区虽然物质空间格局、建筑风貌仍然存在，但是原居民大都迁出了。街区大多数闲置的房屋廉价出租给外来务工人员，或者让位于商业中心和商业人群。前者的代表，如深圳的大鹏所城等；后者的代表，如成都的宽窄巷子和上海的新天地等。这导致了文化遗产所依存的生活场景的彻底缺失，原有的社会网络也被取代了，文化空壳现象频频发生。如何化解这一危机？理论界

---

① 〔美〕奥格本·威廉·费尔丁：《社会变迁：关于文化和先天的本质》，王晓毅、陈育国译，浙江人民出版社，1989。
② 沈丽：《历史街区之文化型社区建设的"3W"模式》，《法制与社会》2007年第11期。

及城市规划实践者提出城市的"有机更新"概念,把城市的发展视为生物体的有机生长过程。把"有机更新"这一概念引入历史街区保护中,其含义是:强调不仅要注重对历史建筑的保护性利用,而且也要对城市经济、社会、文化结构中各种因素进行保护。在对历史街区周围环境综合整治,包括生态环境、基础设施环境、交通环境及人文环境等塑造或延续过程中,要突出"以人为本"的原则,赋予历史街区新的生命力。通过保持良好的居住模式、组织形态、生活方式、文化氛围等以保持社会结构的稳定性。

日本在城市现代化建设中,也曾出现大量历史建筑、历史街区濒临被拆毁的危机。在由建筑和景观改变所引发的社区再造、社区重生(Community Renaissance)运动中,社区居民开始重新思考生活方式。社区居民自由组织形成社区团体,通过自下而上的方式参与到社区改造和建设当中,以改善社区生活质量。事实上,居民的参与行为并不是孤立的,而是融入了一个巨大的关系互动网中,依靠中央政府、地方政府、民营企业、非营利组织、非政府组织以及居民个体的相互支持、相互帮助。国内也有类似的探索,如开展历史街区"有机更新"过程中采用政府、市场和社区多方主体合作模式。较为成功的案例是北京的南锣鼓巷。这种模式成功地调动了多方参与的积极性。从总体效果来看,南锣鼓巷街区的外部环境有了明显的改善,同时街区内经济、社会、文化等深层元素也得到了良性发展。但也有学者指出多方利益的协调、平衡是一个长期过程。就现阶段国内社会环境来看,尚需要许多特定条件支持才能发挥效果,例如:非营利组织的资金支持、技术团队的支持协作,以及以社区为核心的规划公众参与体系等。所以,这种模式在国内适用范围还比较小。[1]

目前,历史街区"有机更新"关注的领域又有了新的发展趋势:不仅仅关注实体空间格局、地域建筑等,而且越来越注重社区的生态环境和自然遗产,回归到人与自然环境的和谐发展问题上。台湾地区新北市淡水区通过艺术行为介入社区空间营造行动——"树梅坑溪环境艺术行

---

[1] 陈舒:《历史街区有机更新模式研究——从利益相关者角度出发》,《特区经济》2013年5月。

动"——就是一个很好的案例。艺术家及专业领域人士结合了社区治理，同时联合非政府组织团体、社区组织、学校、公私部门一起合作改善社区生活环境。这个项目虽然还在运作过程中，但初步的运营已经加强了社区居民对社区生活环境深层次的认知，召唤了居民对社区历史的认同感；从长远看，也将会促进社区有机活化再生。

事件的背景：树梅坑溪是一条流经淡水竹围的小溪，源自大屯山系，有清纯的水源，经小坪顶、竹围市街汇入淡水河，总长约10公里。由于农业及家庭废水排放，以及休闲和医疗带来的污染，造成河水脏臭、鱼虾难以回流。据世居于此的居民说，小时候，他们可以靠捕捞溪边的虾蟹谋生，在溪水里游泳。10多年间，原来的工厂变成一栋栋千人居住的大楼，农地上也长出高级别墅农舍；原本可以让水停留的土地水泥化后，水无处畅流，在暴雨后就带来淹水灾情。在地方要求下，近年的溪流整治，大抵是局部、片面的，而不是系统性的面对水的问题，于是水患没有根本解决，河川走了样，人与水的亲密关系也改变了。①

"有机更新"在历史建筑活化项目中，其含义则是强调历史建筑的再利用，通过赋予建筑物新的生命及可持续的新用途，为社区和市民带来最大的效益。"有机更新"不同于一般的旧城更新理念——通过大量拆除旧体，代之以一种崭新的"理性秩序"。② 这种更新带有强烈的乌托邦色彩，但很多时候它却被复杂的经济利益所利用。而"有机更新"则有助于激发各种促进城市生活质量提高的积极力量。香港开埠的一个多世纪里，留下了1444幢历史建筑。既有中式的庭院、唐楼、围村，又有西式别墅、车站和办公大厦。这些建筑记录着当地居民的历史记忆。城市的发展使它们也面临着破败和被淘汰的危险。香港发展局自2008年开始，推出了"活化历史建筑伙伴计划"（Revitalizing Historic Buildings Through Partnership

---

① 吴玛悧：《社区活力 VS. 文化空间：以水连结破碎的土地——树梅坑溪环境艺术行动》，2012城市文化交流会议 - 台北年会——"文化政策与城市发展"，会议论文。
② 该观点以法国建筑师勒·柯布西埃提出的"光辉城市"理论和以他为首的国际建筑协会提出的"现代城市"理论为代表。

Scheme）。该计划旨在保存及活化政府拥有的历史建筑，以创新的方法予以善用，把历史建筑改建成文化地标，并在地区层面为市民创造就业机会。作为政府文物保育政策一系列措施的主要部分，并于2008年2月、2009年8月及2011年10月分别推出计划的第一期、第二期和第三期。香港特区政府投放了20亿港元（约合16亿元人民币）用于古建"活化"，并预留1亿港元（约合8000万元人民币）用于"活化"古建头两年的运营亏损补贴。"活化历史建筑伙伴计划"运作模式采用了公私合作伙伴制（public-private partnerships system），即政府扮演资助者的角色，具体事务的运作交由民间组织或专业团体完成。具体操作程序如下：

首先，香港文物保育专员办事处公开推出备活化的历史建筑的名单，向社会公开寻求合作机构。社会机构在申请时可自由选择活化对象以及自行构思服务运营模式，并提交申请书。在申请书中，需要对如何以社会企业形式使用上述建筑物，提供何种服务或营运业务递交建议书，详细说明如何保存有关的历史建筑；如何令小区受惠等内容。其次，已成立的由政府和非政府专家组成的活化历史建筑咨询委员会负责审议建议书以及就相关事宜提供意见。如某社会机构能申请成功，则可以获得该历史建筑一段时期内的租赁经营权。事实上，政府只是收取象征性的租金，以减轻申请机构在项目运营方面的成本。该机构还可以获得政府提供的咨询服务和资金资助。服务范畴涵盖文物保护、土地用途和规划、楼宇建设等。政府给予申请成功的机构一次性拨款，上限为500万港元（约合400万人民币），以应付企业开办的成本和在前两年的经营赤字。租赁期满后，专门的咨询委员会将对租赁期内的活化效果进行评估，以决定后续的合作事宜。①

在这一运作模式的基础上，2013年4月，香港发展局发布了《香港设立法定文物信托基金的可行性、架构和推展计划研究报告》，考虑以信托基金的方式更有效地动员社会各界参与文物保育工作。香港保育和活化历史建筑项目得到了专业团体、合作伙伴和市民的大力支持，取得了一定的成效。广泛的公众参与使这项文化政策让更多的人在此找到了文化归属感和认同感。无独有偶，台北市的"老房子文化运动计划"，也开启了公

---

① 曾繁娟：《香港如何"活化"老建筑》，《环球》杂志第13期，2013年7月1日。

私部门组织产业合作契机，引进民间资金与创意，共同办理老房子的修复和再利用，结合文化创意为老房子注入了新活力。

无论是历史街区的"有机更新"，还是老建筑的活化再利用。从各城市实践来看，城市居民及民间社会的参与对推动项目的发展有着积极的意义，但项目的执行仍离不开政府的角色和公共资源的支持。有些项目是通过公民自下而上的模式，获得政府的支持，并寻求到多方伙伴合作关系。有的项目则是政府以自上而下的模式，通过文化授权，依托民间力量去具体实施。在国内城市文化遗产政策体系中，政府主导公众参与、社区参与或开发商参与在一段时间内仍是主要发展模式。这就需要政府做好事先保护规划的制定、相关政策的扶持与引导、具体实施的组织协调、保护发展资金的筹措、教育培训工作以及监督、评价和经验推广等。国际上广泛采用的公私合作伙伴关系，也是可以逐步探索实践的模式。譬如，可以先尝试借助专业团体及专家委员会等力量制定项目的保护规划，开展项目的教育培训工作，以及实施项目的监督及评估等。

二 非物质文化遗产的可持续保护与发展

在传统的观念里，人们通常根据物质生产和精神生产这两种基本生产形式，把文化分成物质文化和精神文化。非物质文化这一概念的提出打破了传统的物质文化与精神文化的二元分类，并将其与物质文化相对立。非物质文化是由英文"intangible culture"直接翻译而来的，也称为"无形的文化"。它所涵盖的内容更加广泛，包括传统意义上的精神文化的内容。[①]"非物质文化遗产"的概念是由联合国教科文组织在2003年缔结的《保护非物质文化遗产国际公约》（Convention for the Safeguarding of the Intangible Cultural Heritage）中提出的。它是指"被各社区、群体，有时是个人，视为其文化遗产组成部分的各种社会实践、观念表述、表现形式、知识、技能以及相关的工具、实物、手工艺品和文化场所"。按照公约，"非物质文化遗产"涵盖了非常广泛的内容：如口头传说和表述，包

---

① 马莉：《非物质文化遗产与历史变迁中的地方社会——以歌谣为中心的解读》，人民出版社，2011，第10页。

括作为非物质文化遗产媒介的语言；表演艺术；社会风俗、礼仪仪式、节庆活动；有关自然界和宇宙的知识和实践；传统的手工艺技能。[①] 第二次世界大战后，发端于西方国家的工业文明逐步侵蚀着传统农业社会。亚非拉地区以及其他弱势民族，甚至也包括西方发达国家本身的一些非物质文化遗产，面临着因社会生活方式的变迁而迅速消亡的危险；边缘地区还面临着非物质文化遗产被不当利用的双重危机。非物质文化遗产的保存是维持人类文化多样性的一项重要内容，它是全人类的弥足珍贵的财产，所以就有了对非物质文化遗产延续和保护的全球诉求。

在《保护非物质文化遗产国际公约》公布之前，中国在 1998 年就起草了《中华人民共和国民族民间传统文化保护法（草案）》（简称《草案》）。后来，云南省、江苏省、贵州省、福建省、广西壮族自治区等相继颁布了民族民间（传统）文化保护的地方性行政法规，为法规的最后完善提供了有益的地方经验。该《草案》后来借鉴了《保护非物质文化遗产国际公约》的基本精神，更名为《中华人民共和国非物质文化遗产法》（2011 年 6 月 1 日起实施）。关于非物质文化遗产的概念和范围，该法规定："本法所称非物质文化遗产，是指各族人民世代相传并视为其文化遗产组成部分的各种传统文化表现形式，以及与传统文化表现形式相关的实物和场所。包括：（一）传统口头文学以及作为其载体的语言；（二）传统美术、书法、音乐、舞蹈、戏剧、曲艺和杂技；（三）传统技艺、医药和历法；（四）传统礼仪、节庆等民俗；（五）传统体育和游艺；（六）其他非物质文化遗产。"[②]

国际上有关非物质文化遗产的保护，有行政的保护模式和设定民事权利的保护模式。所谓行政保护模式，是指由政府的主管部门采取行政措施，积极、主动地保存或保护非物质文化遗产。如政府部门建立非物质文化遗产的名录体系、传承制度和保障制度等。联合国教科文组织（UNESCO）通过的《保护非物质文化遗产国际公约》是行政保护模式的典型代表。我国出台的《非物质文化遗产法》也属于行政保护模式。所

[①] 联合国教科文组织：《保护非物质文化遗产国际公约》，第 2 条款，2003。
[②] 《中华人民共和国非物质文化遗产法》第 2 条，2011。

谓民事权利保护的模式，则是在非物质文化遗产上设定民事权利，防止他人未经许可而商业性地利用相关的非物质文化遗产，并在必要的时候给予法律救济。《突尼斯著作权法》（1967）以著作权法的方式保护民间文艺，即民事权利保护的体现。世界知识产权组织（WIPO）和联合国教科文组织曾联合通过的《保护民间文学艺术表现形式、防止不正当利用及其他侵害行为的国内法示范法条》（1982）所探讨的也是民事权利。当然，这里所说的两种保护模式，并非截然分离。行政保护模式中的登记和公告，有助于民事权利的保护；在非物质文化遗产上设定民事权利，也有利于推动非物质文化遗产的行政保护。①

文化遗产政策主要囊括了行政保护模式中的内容。源于欧美等国的登录制度已成为世界各国广泛采用的保护文化遗产和非物质文化遗产的主要方式。它是将文化遗产和非物质文化遗产进行注册、登记，通过登录认定文化遗产和非物质文化遗产的资格，确定它们的历史文化价值，用一定的法律法规的条例加以约束，并通过大众媒体公布于众，进行舆论宣传，提高大众的保护意识，推动文化遗产和非物质文化遗产的保护。② 譬如，日本的做法是由专门国家机构对重要的非物质文化遗产，包括拥有精湛传统技艺的民间艺人——"人间国宝"（Living National Treasures），加以选择和认定，然后指定传人或保护单位。同时，国家向传人或保护单位发放特别补助金、国家拨款更新和制作有关的器具、资料等。韩国学习效仿了日本的文化遗产政策，也出台了类似的一些保障措施。目前，我国主要采用非物质文化遗产的分级名录体制③和传承人制度。尽管各国实践证明这是一种行之有效的方法，但同样需要反思的是在引入代表名录作为激励机制和保护机制的同时，应避免排他性的制度安排，防止出现制度化的"文化筛选"，不利于文化多样性的存在和发展。④

非物质文化遗产代表了一种地方性知识以及内化了的精神世界，是一

---

① 中国社会科学院知识产权中心编《非物质文化遗产保护问题研究》，知识产权出版社，2012，第1、338页。
② 飞龙：《国外保护非物质文化遗产的现状》，《文艺理论与批评》2005年第6期。
③ 在我国非物质文化遗产分为世界级、国家级、省级、地市级、县市级共五个等级。每一项非物质文化遗产之下都有代表性传承人和传承基地。
④ 刘志军：《非物质文化遗产的人类学透视》，《浙江大学学报》2009年第5期。

种活态的文化体，蕴藏于民间社会。非物质文化遗产的可持续性体现在日常生活中的经验知识与传统技能的传承，并被一定社会群体共同认可。如果仅仅作为博物馆、展览馆中的展示物，不在居民的日常生活中使用、研习，其生命价值就丧失了。如何理解对非物质文化遗产正确的保护与发展？每一种文化都处于恒常的变化中，并非所有的"原貌保存"即"保护"。文化的发展是随着时代的变迁而不断更新的。因此，需要发展"动态保护"的观念，加强非物质文化遗产生命力的延续。联合国教科文组织就是将是否有持续发展的可能性列为世界非物质文化遗产申请保护的重要条件，并明确将"保护"（safeguarding）界定为"确保非物质文化遗产生命力的各种措施，包括确认、立档、研究、保存、保护、宣传、弘扬、传承（特别是通过正规和非正规教育）和振兴"。

对于一个城市来说，非物质文化遗产往往不是孤立存在的，它与城市社区内的有形文化遗产一起共同延续并彰显人类社会的内涵。建立自下而上的认知性遗产保护模式，通过社区主体参与式的保护策略[①]，让生活其中的居民对自有文化的价值有充分的自觉认知，才可能成为非物质文化遗产良性发展的有效途径。从某种意义上，这也是对非物质文化遗产"动态保护"的另一种诠释。日本在20世纪50~70年代的"造町运动"、我国台湾地区在90年代的"社区营造运动"都在这一策略实践方面作了积极尝试。譬如，台湾配合新故乡社区营造计划，开展了"地方文化馆计划"。文化馆其中一个工作项目，即协助文化传承与发扬的专业引介和鼓励乡镇（市）公所成立文化相关课室等。地方文化馆在做非物质文化遗产的活化发展时，充分利用了社区人力资源，注重彰显地方人物史迹、延续保存地方传统技艺，即便运营观光旅游产业转化也结合当地的文化教育。[②] 这一经验给予了我们很大的启示。

中国改革开放以来，城镇化取得快速发展，旧城、城中村以及城郊外围的村落成为非物质文化遗产的存在的载体。在政府施政、商人逐利、市

[①] 人类学基于文化主位与客位观点差异，避免客位"保护性破坏"，主张尊重"地方性知识"，采取"参与式发展"的行动策略。

[②] 范建得、罗雅之：《台湾地区鼓励民间参与保存非物质文化遗产之作为》，载中国社会科学院知识产权中心编《非物质文化遗产保护问题研究》，知识产权出版社，2012，第56页。

场拉动和原居民对现代生活的向往等多种因素综合作用下，非物质文化遗产原有的社会生活基础和环境发生了巨大变化，非物质文化遗产所依存的文化空间也变异了。这种发展状态是令人担忧的。有学者提出非物质文化遗产保护尤为需要重视主体性的培育，在外界力量介入时，需要唤起当地文化群体的文化自觉，重新认识和认同自己的传统与习俗，培育起保护它的愿望。① 可见，非物质文化遗产的发展最终还应回到其主体——人的发展目标上。它不是一般意义上的重返传统，而是在重新审视传统的过程中，寻求人与过去、现代及未来发展的关系。

三　对我国城市文化遗产政策的思考

在经济全球化和城市规模化发展的今天，我国不少地区正在重蹈西方国家的覆辙，只顾单纯的经济发展与城市规模扩张，使城市文化遗产面临空前的挑战。文化遗产保护理念缺失或认识不清，也导致了"建设性破坏"时有发生，具有地域特色的城市风貌正在消失。城市文化遗产保护工作始终在艰难与曲折中前行。我国现行的文化遗产管理体制除少数归国家部委直属外，如故宫博物院，大多情况是遗产由属地管辖，国家部委只负责业务指导。因此，尤其需要城市文化政策协调好当地文化遗产保护与城市发展之间的关系。

1972 年 11 月 16 日，联合国教科文组织大会第 17 届会议在巴黎通过了《保护世界文化和自然遗产公约》（Convention Concerning the Protection of the World Cultural and Natural Heritage）。该公约界定了文化遗产、自然遗产、文化与自然双重遗产的定义，并规定了文化和自然遗产的国家保护和国际保护措施等条款。自 1975 年公约正式生效后，在全球范围内，迄今共有 187 个国家和地区加入《保护世界文化和自然遗产公约》，成为缔约成员。中国于 1985 年加入《保护世界文化和自然遗产公约》。截至 2013 年，全世界共有 981 处遗产地被列入世界遗产名录。中国已有 45 处项目被列入《世界遗产名录》，其中文化遗产包括故宫博物院、长城及秦

---

① 高小康、翟江玲：《非遗保护应从更新的视野构建未来》，《中国社会科学报》"人文岭南"第 22 期，2012 年 11 月 15 日。

始皇陵等；自然遗产包括三江并流、九寨沟、武陵源等；文化与自然双重遗产包括泰山、黄山等。

尽管在人类遗产保护理念上我国已逐渐与国际接轨，但目前国内管理体制上还不尽如人意。主要表现在文化遗产的管理与自然遗产的管理是分开的，造成实质上的多头管理①、条块分割、协调困难、效率低下，为权力寻租开启了方便之门。要加强人类遗产的保护、管理与可持续利用的制度建设，有必要将职能相近的人类遗产管理部门进行整合，或实行综合设置或建立协调机制，从而完善人类遗产管理体制。同时，还应以立法的形式保证人类遗产保护行为遵守相关标准，防止地方经济利益导向造成管理失职。譬如，超负荷的旅游接待对遗产区环境和文物保护都形成了较大的压力。② 目前，《文物保护法》（2002年）及《非物质文化遗产保护法》（2011年）两部法已颁布实施；国务院也在2005年发布了《关于加强文化遗产保护的通知》，虽无法规效力但可视为政策的指导方针。可见，国家对文化遗产的保护十分重视，然而相关法规的与时俱进仍有必要。如前面涉及的遗产地旅游开发限制的问题，应该有一个标准去规范执行。

法国和中国一样，属于文化遗产大国。法国文化遗产管理体制上也是采用国家只保留监控和协调的权力，大部分文化遗产的管理权是下放到各大区的。因为文化遗产保护清册里本身就有国家标准，有照片、专业术语、记录文字等各种数据，所有文化遗产在维修时都必须严格遵守相关标准，所以权力的下放并不会造成管理质量的下降。依托文化遗产的旅游观光业对法国的经济、就业影响很大。即便如此，法国政府仍十分重视文化遗产的不可逆特性，明确规定：文化遗产归国家所有，是国家的收藏、国家的财富、国家的宝藏，无出口可能性、无时效性、无被扣押性、无交易性。法国境内所有的名胜古迹、与考古相关的遗迹、历史遗迹遗物以及自然保护区域内的文化遗产单位，政府都有预先许可权。③ 法国也是世界上

---

① 我国涉及自然与文化遗产的主管部门太多，有文化、旅游、环保、林业、国土、建设等部门。
② 这一问题在国内较为普遍，许多遗产地游客人满为患，超出了其承受能力的极限。需要对遗产地游客承载量及管理进行研究，并制定相应的管理办法。
③ 刘斌：《法国文化遗产的管理与保护》，《浙江文物》2013年第2期。

第一个制定对历史建筑和旧城保护相关法律的国家。早在1840年，法国就颁布了《历史性建筑法案》，1887年又颁布了《纪念物保护法》。法国现代旧城保护法律体系的核心，分别是1913年颁布的《保护历史古迹法》和1962年颁布的《历史街区保护法》（通常称"马尔罗法"）。近期出版的《法国文化遗产法典》，更是目前世界上关于文化遗产保护最完整、最完美的法典。完善的法律法规、严格而规范的管理，有效地保证了文化遗产的有序发展。

当前，我国城市文化遗产保护工作出现了一些误区。如重申报、轻保护；重开发、轻管理。我国已拥有45项世界遗产，数量仅次于拥有48处遗产的意大利。有媒体数据显示，我国有200多个项目有申遗意愿，其中列入预备申报清单的项目就有60多个。联合国教科文民间艺术国际组织中国区负责人透露，为了申遗，全国各地每年总共要花费大约3亿元资金。① 国内不少地方为申遗花费不菲，已不是新鲜事。据媒体报道：河南安阳殷墟申遗投入2.3亿元，广东开平碉楼为申遗花费1.36亿元，贵州荔波申遗举债2亿多元，河南登封十年申遗共投入8亿~9亿元之巨，丹霞申遗更是创下了12亿~13亿元纪录（上述数字中部分地方的开支是包括了旧城改造配套的项目）。② 可见，各地方对申遗工作尤为重视。与之形成强烈对比的是，各地方真正在保护管理上的投入却甚少，对文化遗产本身的价值、真实性、完整性与环境质量等问题的研究投入就更是相形见绌了。许多地方并未能正确认识到申报世界文化遗产的根本目的是加强保护，只是把申遗作为地方的形象工程、政绩工程，关注更多的是未来遗产地的旅游开发和商业开发。这种工作思路导致了即便申遗成功，地方的遗产保护也多流于形式，过度开发却无法控制的现象到处可见。由于遗产地的管理不善，超负荷利用和破坏性建设时有发生。真正的文物古迹被拆除，却造仿古建筑。还有一些传统街区被改造成为一个吸引游客的旅游观光区，如近些年备受争议的丽江古城商业化趋势，使保护工程异化成为一个商业行为。传统街区的历史感和人性化环境也因此消失殆尽，这有违世界文化遗产保护的初衷。

---

① 邓昌发：《每年花3亿，"申遗热"该降温了》，《经济日报》2013年8月28日。
② 诸葛漪：《申遗花费知多少？保护应是题中意》，《解放日报》2013年8月27日。

正如有学者指出，多元文化延续选择可以是多样化的，文化传承的产业化思维与实践应该成为可供选择的多元途径之一，而不是唯一。①

以上一系列问题出现的实质还是由于地方政府重经济功能、轻文化价值的政策导向所致。故宫博物院院长单霁翔认为，城市经济可以"跨越式"发展，但是城市文化资源却不可能"跨越式"增长。掠夺式开发使失去的文化遗产永远不可能再现。②加拿大学者简·雅各布斯在其1961年出版的名著《美国大城市的死与生》一书中对美国20世纪50年代以大规模改造为主的"城市更新"运动提出了质疑和批判。她指出，大规模改建摧毁了有特色、有活力的建筑物以及城市文化、资源和财产，从长远看对城市发展得不偿失。西方国家曾经历过的教训对于我们有多方面的启示，需要我们在对待文化遗产的开发问题上一定要慎重。《保护世界文化和自然遗产公约》第11条中，建议出版《处于危险的世界遗产目录》，其中需要警惕的事项就包括：蜕变加剧、大规模公共或私人工程、城市或旅游业迅速发展计划造成文化和自然遗产消失的威胁。事实上，保护和更新是城市发展中不可避免的矛盾行为，如何清晰地划分两者的边界，避免"经济利益至上、公众利益被忽视、割断城市历史文脉、损害城市的文化价值"等消极后果③，对于城市未来的可持续发展十分关键。

第二节　文化艺术政策

丹麦文化学者彼得·杜伦德（Peter Duelund）认为，狭义的文化政策，是指对艺术的资助，即决定哪种艺术是最好的，值得在民众中推广。④对某些国家或城市来说，文化政策即是有关文化艺术方面的政策构成，通常称之为艺术和文化政策（arts & cultural policy），又称艺文政策或文艺政策。政策

---

① 庄孔韶：《文化遗产保护的观念与实践的思考》，《浙江大学学报》2009年第5期。
② 单霁翔：《城市文化遗产保护与文化城市建设》，《城市规划》2007年第5期。
③ 国务院发展研究中心课题组：《旧城的保护与更新：经验借鉴与启示》，《中国发展观察》2009年第2期。
④ 李河：《发达国家当代文化政策一瞥》，载张晓明、胡惠林主编《2004年中国文化产业蓝皮书》，社会科学文献出版社，2005，第257页。

内容包括：通过多种渠道来支持各种形式的艺术，如给艺术家和演出团体提供补贴，对向艺术事业捐赠的善款进行税收减免，为音乐、戏剧、视觉艺术等领域的教育和培训提供帮助，管理运营如博物馆、画廊之类的公共文化机构等。[1] 各国对艺术和文化活动范围的界定差异很大。英国艺术委员会采用了一个由下列活动组成的比较狭隘的定义：博物馆和美术馆，音乐、歌剧、舞蹈、戏剧、视觉艺术、社区艺术、音乐节、对文学创作的支持和对电影摄制的支持等。这一章节里的艺文政策是从比较狭义的领域出发来探讨的。

纵观整个人类历史，艺术始终维系着人类的生活。人们在艺术活动的审美体验中获得启示、教导和愉悦。我国古文中，艺的本义为种植。《说文》中有："艺，种也。"后来，又引申为技能、才能。《论语·雍也》中有："求也艺。"西方国家的艺术（Art，拉丁文称为 Ars），大致与"技术"意义相近。古希腊哲学家亚里士多德（Aristotle）认为，艺术是自然的模仿。看待模仿自然是一种艺术。到 15、16 世纪文艺复兴时代，仍把制作一件器物、一幢房屋、一尊雕像、一条船、一件衣服等工作所需的技术称为艺术。《辞海》（台湾中华书局）中对艺术的定义为：广义，凡含技巧与思虑之活动及其制作，如机械、工匠、建筑、房屋之类，皆称艺术；义与技术相当。狭义，指含美的价值之活动，或其活动之产物；意义与美术（fine art）同。[2] 在传统社会中，无论中西方，高雅艺术的教育及欣赏活动都与普通民众日常生活无缘。当代艺文领域的公共政策——在大多数国家和地区——其目标都不是干预艺术的自身发展规律，而是关注艺术的公共传播问题。[3] 因此，相关公共政策的视点也就落在了如何通过政

---

[1] 联合国贸发会议（UNCTAD）主编《创意经济报告 2010》，中国社会科学院文化研究中心（RCCP）翻译，三辰影库音像出版社，2011，第 193 页。
[2] 胡云红等：《燕赵民间文化传承的法律保护机制研究》，载中国社会科学院知识产权中心编《非物质文化遗产保护问题研究》，知识产权出版社，2012，第 306~307 页。
[3] 鉴于这一观点，本章论及中国艺文政策时，没有谈到在我国文艺领域中十分重要的"百花齐放、百家争鸣"方针。这直接切文艺发展的内容，具体地说就是：在文艺创作上，允许不同风格、不同流派、不同题材、不同手法的作品同时存在，自由发展；在学术理论上，提倡不同学派、不同观点互相争鸣，自由讨论。在中国，与文艺密切相关的机构是中国文学艺术界联合会（简称中国文联）。它成立于 1949 年 7 月，是由全国性文学艺术家协会，各省、自治区、直辖市文学艺术界联合会和全国性的产业文学艺术工作者联合会组成的人民团体。文联的经费来自国家拨款、会员会费和社会捐助。

策措施引导艺术传播的社会实践活动,提高全体公民对各类艺术的接触和参与。

德国文学家席勒在《审美教育书简》(1795)中认为美育对青年的性情教养至为重要。美育将人从物质诱惑与道德强制之下释放出来,令人以尊重和好奇的态度,欣赏周遭人和事的能力,使人有设身处地的同感力,能包容和接纳,从而尊重别人、尊重自己。席勒强调艺术的"公共特征",认为艺术可以发挥交往、建立同感和团结的力量。艺文的这种"公共性"特征引发了公共政策对此的关注。一般政策研究是以两种路径进行的:一种是通过"自上而下"的方式,探索艺术和艺文活动的社会影响,其中"社会"意味着非经济的影响,或是相关社会政策的影响;另一种是美国特有的"自下而上"的探寻方式,探索个人对于艺术的参与动机和经验。① 前者研究目的是推动艺术相关政策及立法工作,后者研究目的则是研发提高民众艺术参与的技术与策略,以寻求培养艺术观众、扩大民众艺术接触的方法。当代很多城市都开展了对艺术参与决定因素的调查研究,以辅助地区艺术公共政策的制定。譬如,调查结果中,假设收入状况是主导因素,相关扶持政策就可以从票房补贴介入,以鼓励经济相对不富裕群体提高艺术活动参与率;假设教育程度是主导因素,艺术公共政策则需要以教育为中心,增加普及艺术知识的政策措施。

一 对艺文公共支持的政策探索

在欧洲,有着政府为艺术和艺术家提供广泛支持和鼓励的传统。第二次世界大战后,欧洲福利国家体制把针对艺术进行公共补贴的决策建立在"公益品"理论的基础之上。美国学者从艺术管理经济学的角度出发,总结了大量的赞成对艺术和文化进行政府补贴的论据,认为最强有力的论据是:除参与者的直接收益之外,艺术还为整个社会带来了外部效应。其中最重要的是为后代保留的文化遗产、对文科教育所作的贡献,以及艺术创新所带来的集体收益。由于对艺术的享受是后天习得的品位,许多消费者

---

① 〔澳〕Christopher Madden:《艺术和文化政策指标:一种全球视角》,刘建蓉编译,《文化艺术研究》2010年第2期。

对此缺乏做出明智的选择的信息和经验。同时，对公平性的考虑也是进行补贴的另一重要理由。用补贴来克服高价格和低收入的障碍，以及地理上存在的接触不均衡问题。① 各个国家或地区对艺文支持的体制是不同的，对待艺文公共补贴问题也有不同的见解。政府对艺文创作进行扶植赞助时，常常会因为项目遴选问题遇到这样的追问：什么样的艺文项目才可以获得资助？如何确立艺文作品的价值？什么人可以评判艺文项目利用公共资源被资助的标准？对此的争议，很难给予公断。

整体而言，我国及传统的欧洲福利国家对艺文的公共支持较多。法国政府每年对戏剧、音乐、舞蹈、造型艺术、电影等多种艺术门类直接提供资助，方式有多种：提供固定的经济补贴、物质补贴和成立专门的基金会，对国家文化机构和团体以及与国家有合同关系的文化团体，每年给予固定补贴，金额逐年增长；设立文化部专项预算，如"资助剧作家项目"等，对文化项目进行资助；对在市场竞争中难以生存的文化团体，成立相应的基金会来进行财政扶持，如演出资助基金会、电影视听资助账户和国家图书基金会。② 此外，法国政府还通过文化外省合同制，对地方文化机构及文化组织予以经济资助，帮助其建立文化活动中心、文化发展中心等机构。瑞典政府为了发展本国的文化艺术，对"创新、创作"给予扶持政策。对于艺术家的创作给予的扶持是多种形式的，其中45%是以图书馆补贴的形式、20%是以展览权的形式、7%是给艺术家收入补贴的形式。政府对艺术品的采购，也并不是完全通过现金支付的，而是通过与相关单位合作，来承担艺术家一半的住房、展览场地、上学甚至交通运输等费用。另外，政府还通过为学院和一些固定项目设立基金的形式对"创作"给予支持。政府对各类艺术家、作家给予的最普遍的支持方式是给予他们1、2、5、10年不等的工作补贴、收入补贴、项目补贴、养老补贴等。③

---

① 〔美〕詹姆斯·海尔布伦（James Heilbrun）、查尔斯·M. 格雷（Charles M. Gray）：《艺术文化经济学》（第二版），詹正茂等译，中国人民大学出版社，2007，第244~245页。
② 侯聿瑶：《法国文化产业》，外语教学与研究出版社，2007，第16~17页。
③ 洪宁：《"小政府、大社会"——瑞典文化事务管理模式》，载中宣部文化体制改革和发展办公室、文化部对外文化联络局编《国际文化发展报告》，商务印书馆，2005，第350~351页。

我国国家层面，由文化部和财政部发起，经过三年多准备，2013年末国务院正式批准成立了国家艺术基金，计划基金总额在"十二五"末将达到20亿元。资金主要来自中央财政拨款，同时依法接受自然人、法人或者其他组织的捐赠。资助范围包括艺术的创作生产、宣传推广、征集收藏、人才培养等方面。资助方式上，国家艺术基金除项目资助和优秀奖励外，还将进行匹配资助，即对获得其他社会资助的项目予以有限陪同资助。与专项扶持资金不同，国家艺术基金的突破在于其资助对象囊括了国有、民间不同类型的单位和个人创作的各类艺术品种，打破了原有的"分级管理、分灶吃饭"的文化资金投入模式，试图改变由财政部门根据预算直接拨款给各级文化行政部门的"体内循环"模式。当前政府性基金是地方艺文活动公共支持的主要资金来源，目前主要指各城市的"宣传文化事业发展专项基金"与"文化事业建设费"。以深圳为例，深圳于1994年开始设立"宣传文化事业发展专项基金"，由宣传文化系统归口管理的企事业单位（包括有经营收支而纳税的新闻出版、广播电视、电影音像、图书广告等单位），每年交纳的所得税、营业税和增值税地方留成部分构成，先由税务部门按章征收，然后再返还财政"基金专户"。从2003年起，该项基金改为以2003年财政拨款额为基数，以后逐年递增6%，由市财政预算安排拨款到"基金专户"。简而言之，宣传文化事业发展专项基金支出渠道是由所得税返还转变为财政专项拨款。"文化事业建设费"从1997年起按国家有关规定开征，其来源：一是全市各种营业性的歌厅、音乐茶座和高尔夫球、台球、保龄球等娱乐场所，按营业收入的3%征收；二是广播电台、电视台和报纸、刊物等广告媒介单位以及户外广告经营单位，按经营收入的3%征收。文化事业建设费由地方税务机关在征收娱乐业、广告业的营业税时一并征收，然后再返还财政"文化事业建设费专户"进行管理。这两项政府性基金在不同城市，其管理的方式、内容结构、资源的分配均是不同的。目前，仅上海文化发展基金会、北京文化发展基金会是相对独立的机构（归属市委宣传部直接领导），除吸纳政府资金外，能够多渠道募集社会资金，并资助整个社会的艺文发展。其他城市"宣传文化事业发展专项基金"仍放置于市委宣传部内统一管理。

相比较，美国对艺文的赞助较多依托私人捐赠支持，包括来自个人、私营公司和基金会。政府资助主要都是通过税制，特别是通过慈善减税、资助艺术免税所进行的间接资助。美国开展艺文活动的组织机构包括：公共文化艺术机构（博物馆、美术馆等）、非营利艺术空间、艺术家合作组织以及管理公共艺术的组织。在美国，教育是这些机构的基本职能，通常会有一套社会导向的准则来描述组织如何令公众受益。在美国所有非营利组织的"捐赠"收入中，80%以上来自个人捐赠。美国税法允许捐赠者在年度收入税中扣除他们的捐赠额。这些捐赠成为非营利大学以及许多医院和艺术机构的主要支撑。各州对捐赠者减免的财产税及营业税也有助于非营利机构的维护。[①] 值得一提的是，美国艺文资助体系中，还有一项较为特殊的力量——文化志愿者。美国波士顿文化基金会所发布的研究报告中，就在"公共部门的支援与艺术资助体系"中考核了文化志愿者的贡献。该报告认为：区域文化活力有赖于对艺术与文化的持续性支援，需要有效率的公共部门、私营部门的资金策略、强大的志愿者支援以及对于艺术家与艺术组织的支持。[②]

英国采取了折中的方式——建立中央政府和地方政府、企业以及行业之间的伙伴关系，分担资金压力。社会资金是通过政府陪同资助政策撬动的。1984年英国国会推出了"关于刺激企业赞助艺术的计划"，由财政部每年拨专款支持，责成"企业赞助艺术协会"负责具体落实操作。该计划将企业或私人对艺术活动的投资分为"捐赠"和"资助"两类，捐赠可以享受相应的免税优惠。同时规定，企业为了经营目的借助艺术活动提高知名度、招待客户或职工、做广告宣传等属于"资助"。政府鼓励把"资助"作为企业经营的一部分。如果企业决定资助公益性文化事业，政府将陪同企业资助同一项活动。政府特别鼓励"新投入"，即当企业第一次资助时，政府"陪同"企业资助，其比例是1∶1，对于第二次赞助，政府则对企业多出上次资助的部分实行1∶2的比例投入。资金的加倍投入，既扩大了文化活动的规模和影响，也产生了巨大的广告效应。[③] 这一做法大大地调动了英国工商企业赞助艺术的积极性。在法国，私人资助艺文活动一直也没有得到普及。政府为了改变这种现象，采取行政和立法措施，提倡和保护私人和企业参与文化赞助活动的社会实践。

---

① 〔美〕简·杰弗里、余丁：《向艺术致敬：中美视觉艺术管理》，徐佳译，知识产权出版社，2008年，第3~4页。
② 台北市文化局：《台北市文化指标变迁趋势分析报告》，2008年3月，第18、29页。
③ 范中汇：《英国文化》，文化艺术出版社，2003，第33~34页。

先后制定了《企业参与文化赞助税收法》《文化赞助税制》《共同赞助法》等一整套文化赞助税制体系，对文化赞助的性质、范围、条件、形式、对象、目的等都作了严格的界定。[①] 可见，一项运行机制的建立，并不是独立的，制定予以支持和保障的行政和立法措施必不可少。简单地移植国外的经验和做法是不可取的。必须要考虑在本土的适应性问题，并针对存在的问题去一一解决。

近年来，许多国家都对本国的艺文政策作了调整。不同艺术支持体系的发展及其局部变动，都是长期的文化和政治传统的体现。据英国《卫报》2012年12月10日消息，英国文化、媒体和体育部将削减预算，预计2013～2014年度削减预算1%，2014～2015年度削减预算2%，削减预算共计1160万英镑。早在2010年，英格兰艺术委员会就削减预算30%，其中艺术机构预算缩水15%。与此同时，地方政府的缩减预算计划也影响着艺术机构。英格兰艺术委员会为英国大多数艺术机构提供运营资金，它将通过削减696家受其资助的机构、组织的开支，来响应此次预算缩减计划。[②] 美国总统奥巴马在2007年推出艺术新政策，加强了对艺术教育和国家艺术基金的支持，同时为艺术家改变免税代码。这一举措被业内人士评价为"空前未有"的详尽。新政策聘请艺术家至低收入的区域教授艺术课程；扩大公私合作；为国家艺术基金（National Endowment for the Arts）募集资金；提供艺术家与传统劳雇关系中同等且可负担的保险权益，如果仍无力支持，政府将予以补助。同时，支持艺术家——博物馆合作运动，这也将弥补税收法规的缺陷。[③] 美国在执行一贯的对艺术间接支持的同时，也逐步加大直接的公共支持。奥巴马总统和拜登副总统提交国会申请，2013年向国家艺术基金（NEA）和国家人文基金（NEH）拨款增加900万美元。奥巴马和拜登还计划将博物馆与图书馆服务协会（Institute of Museum and Library Services）的拨款增至2.32亿美元。英美两国对艺文公共支持的变化，使我们认识到对文化政策的观察必须以发展的眼光来审视，变化中折射出政策所处的国内国际社会资源及环境的综合作

---

① 孙萍主编《文化管理学》，中国人民大学出版社，2006，第331页。
② 《英国政府发布秋季预算 文体机构预算削减1160万英镑》，《中国社会科学报》2012年12月12日。
③ 《奥巴马当选后美国的艺文新政》，《东方艺术》2009年第3期。

用。政策的任何调整都是在这样的背景中被塑造的。美国之所以提高对艺术的公共支持，还是出于艺文作为经济发展动力源的功能，而艺术创造的自主性目标仍处于艺文政策的边缘位置。美国在艺文新政策中强调：为了与全球竞争，唯有加强艺术的课程才能使得下一代具有创造和创新的能力。

其他国家艺文政策也常常强调艺术与创造力之间的紧密联系。英国学者兰德利（Charles Landry）认为文化和创造力是英语语言中两个最复杂的词。其中，创造力是指不从常规出发来思考问题的能力，或是根据已有的理论来观察和思考问题的能力；它还指在看似杂乱无章和毫无关联的事务中理出头绪、进行试验、敢于独创、改写规则和预见将来的能力，等等。[1] 既然创造力对一个民族的可持续发展如此重要，艺术教育也就成为艺文政策尤为关注的领域。这里既包括以艺术为基础的学校教育，也包括以艺术为基础的工作技能培训，甚至还包括整合社会资源开展的艺术教育拓展活动、阅读及文学创作的推广活动等。政策研究者从经济学角度发现：艺术教育对艺术参与行为、艺术消费行为也有着重要的影响。艺术教育不仅可以培育艺术生产者，而且也造就了潜在的艺术消费者。有调查研究显示：几乎每个种类的艺术参与中，受到学校艺术教育和社区艺术教育越多的人，成年后对艺术的参与就越多，这里所说的参与既包括艺术消费也包括艺术创作。[2]

许多国家都专门制定艺术教育相关规划或政策措施。譬如，美国《艺术教育国家标准》（1994），它是美国学校艺术教育有史以来第一套在联邦政府直接干预下，由四门艺术教育的全国性组织研制的。除了用"标准"规范以外，全国艺术教育主要依靠国家艺术基金会引导、支持。措施包括：通过直接拨款，或协调地方公共和私营领域对艺术教育支持、赞助等方式，促进艺术教育成为 K-12 阶段（即中小学教育阶段）核心教育的一部分，并尽可能增加学生在校外接触艺术的机会。国家艺术基金会不仅自身开展多项具有深远影响的有关艺术和艺术教育的研究，而且也

---

[1] 〔英〕查尔斯·兰德利：《作为创意城市的伦敦》，载〔澳〕约翰·哈特利编著《创意产业读本》，清华大学出版社，2007，第193页。

[2] The National Endowment for the Arts: *Public Participation in the Arts: 1982 and 1992*, Research Division Note#20, Oct. 25, 1993.

资助针对 K-12 阶段以及终身教育阶段的艺术教育科研。其中 2005 年公布的《阅读的危机：美国文学阅读的调查》研究报告显示：不到一半的美国成人阅读纯文学作品（指传统的小说、散文、戏剧和诗集等）；过去 10 年，美国成年人每年阅读任何一本书的人数已递减为 7%；美国各年龄层的文学阅读人数锐减，尤其以当今美国青少年最为严重。鉴于此，2006 年初，国家艺术基金会与美国博物馆图书馆服务学会、中西部艺术基金会等机构开展合作，共同发起"大阅读计划"（The Big Read），鼓励全国民众以社区为单位，阅读、讨论美国和世界文学中的 26 部名著，比如《了不起的盖茨比》《凝望上帝》等，活动遍及全国 50 个州。[①] 艺术教育涉及的其他内容还有很多，这里不再展开讨论。但毫无疑问，艺术教育议题直接影响民族未来的创造力，是公共政策不可忽略的重要领域。

二 当代公共艺术制度内容及城市执行经验

对公共艺术概念的界定，学术界有多种理解。本文从社会学、政治学角度来观察：当代公共艺术是公共空间民主化的产物，借由产生于公共空间中的艺术作品的审美感召来传达公共精神，促动了多元社会关系持续地博弈和平衡。当代公共艺术在发展过程中实现了三个转换：一是在艺术的社会化功能上，实现了从国家主导意识形态和民族文化的立场出发，在内容与形式上对公共性话语的重视，到公共空间艺术化的追求；再进而到民众文化权利意识确立与参与机制的建立的转换。二是在艺术的关系上实现了公众从被动的公共空间艺术的接受者，到艺术创作过程的主动参与者的转换。三是在艺术的审美形态和内涵上实现了从艺术家个体艺术经验和观念的表达，到对大众审美情趣关注和生活审美化追求的转换。[②] 公共艺术的核心价值是"公共性"，艺术作品的社会效果往往置于艺术审美价值之上，故公共艺术的建制是文化艺术政策的重要内容。尤其当公共艺术与城市复兴运动相伴而生时，公共艺术的发展也就成了城市文化政策的一个不可忽视的关注点。公共艺术作为艺术可接近性的重要媒介，与公众的关系

---

① 史迪文：《美国正在大阅读》，《新世纪周刊》2006 年第 25 期。
② 赵志红、黄宗贤：《艺术在公共空间中的话语转换——公共艺术概念的变迁》，《美术观察》2007 年第 11 期。

最为紧密。许多城市都制定了相关政策或法规，以发挥公共艺术在促进艺术的民主化、参与性和普及性等方面的作用。其中，百分比公共艺术政策是发达城市普遍认同的成熟经验。

百分之一比例的公共艺术法案名称，最早由法国提出，并于1951年获得立法通过，旨在为建筑项目预留经费用于艺术创作。百分比公共艺术政策的实践则在美国获得了大范围的推广。百分比公共艺术政策的核心，即在相关的法律或行政法规中，确定公共建筑项目应设置公共艺术，美化建筑物及公共环境，并且其价值不得少于该建筑物造价的百分比。[①] 1959年费城成为美国第一个制定从建筑开支中拨出一定百分比用于艺术这一法令的城市。接着，美国大部分城市先后确立了适应自己城市的公共艺术百分比法案。

1969年旧金山颁布了公共艺术计划相关法令，规定：所有民用建筑、交通改造工程、新建公园以及其他地上建筑物如桥梁等必须拿出建设成本的2%用于搭配公共艺术作品。同时公共艺术法令还针对艺术品的保存、维护制定了相应的资金保障制度。旧金山公共艺术计划建立了政府机构、艺术家和社区互动协作的工作机制。通过完整的公共艺术项目信息发布系统，公布社区公共艺术项目的委托需求，帮助艺术家及时了解新立项目的申请要求及发展近况，为艺术家和社区合作搭建平台。[②] 1978年，芝加哥颁布了《艺术品豁免法规》，规定在市政工程的建筑和维修中，如果能为建筑装饰艺术作品，就免去1%的建设费用。法规的目的是为芝加哥市民提供一个充满艺术气息的公共环境。法规还规定，至少一半的项目必须由本地艺术家完成，以促进本地艺术团体的进步。[③] 洛杉矶重建局（Community Redevelopment Agency）是负责洛杉矶市公共艺术建设的主要职能机构。早在1968年该局就开始有计划地投入公共艺术建设，并与中心城区更新项目结合在一起。1985年洛杉矶奥运会举办后的次年，洛杉矶重建局将原有的百分比艺术计划（Percent-for-art Program）升级为公共

[①] 张小云：《百分比公共艺术政策初探》，《中华建设》2010年第8期。
[②] 周成璐：《公共艺术的逻辑及其社会场域》，复旦大学出版社，2010，第171页。
[③] 周成璐：《公共艺术的逻辑及其社会场域》，复旦大学出版社，2010，第177页；凌敏：《〈芝加哥公共艺术指南〉述评》，《公共艺术》2013年第2期。

艺术政策。明文规定凡是在市区内的所有建设必须拨出建设经费的1%用于艺术品或相关活动。新的公共艺术政策扩大了公共艺术的范围，分为三种不同方式：艺术计划、艺术设施和文化信托基金。洛杉矶公共艺术经费主要来自民间，它要求开发商提供建设投资的1%。开发商对艺术资金的运用可以有三种选择：其一为艺术计划。开发商向重建局提出艺术计划的过程分为四个阶段：构想、草案、修正案与定案。其二为文化设施。这是洛杉矶的创举，它将与城市文化建设相关的艺术设施也纳入公共艺术建设的范围中来。其三为文化信托基金。如果开发商对艺术计划和艺术设施都缺乏兴趣，可将1%的资金捐至文化信托基金，由重建局代为统筹运用，规划公共艺术建设或活动的方案必须由重建局与社区委员会协同审核。在洛杉矶百分比公共艺术政策中公共艺术内涵突破了以往条例对公共艺术范围的界定——不再拘囿于在公共空间内设置艺术品的范畴。[①]

以洛杉矶市为代表的百分比公共艺术政策构成了美国各大城市公共艺术政策的主要框架。随后，北美地区的加拿大、欧洲发达国家的大部分城市相继采用，亚洲的韩国及我国台湾地区也在相关立法中吸纳了其中的做法。甚至我国一些城市也在地区层面上探索其适用性。百分比公共艺术政策有效地补充了公共艺术发展的资金问题；同时也促进了公共建筑在制定规划或设计概念阶段时，将创意和艺术家的作品合并在内考虑。从某种程度上提高了城市公共视觉环境的质量。百分比公共艺术政策还建立了文化领域公私合作机制，推进了与社区发展互动的公共艺术传达过程。旧金山对公共艺术项目执行管理时，注重的是政府机构、艺术家及社区之间的通力合作。旧金山艺术委员会下设公共艺术计划（Public Art Program）机构专门负责相关协调工作。芝加哥对公共艺术项目执行管理时，突出了公众对于公共艺术的介入。在新项目的设立及实施过程中，不断收集公众意见，以评估公共艺术项目在经济、社会、文化等方面的价值和可行性。洛杉矶对公共艺术项目执行管理时，则加强了政府机构、开发商、艺术家和社区的合作关系。1993年洛杉矶重建局再度修订公共艺术政策，详尽地

[①] 刘文沛、紫舟：《源流与参照——公共艺术政策初探》，《公共艺术》2013年第2期；周成璐著《公共艺术的逻辑及其社会场域》，复旦大学出版社，2010，第170~171页。

制定重建局、开发商与艺术家在公共艺术领域所扮演的角色和各自工作方式与内容。

"营造公共空间"及"营造公共生活"是当代公共艺术的重要课题。以社区为主体的实践是当代公共艺术发展的重要趋势。公共艺术与社区居民的互动过程，不仅满足了公众对生活空间与环境的审美需求，同时也满足并激发了公众的参与需求。1978年美国西雅图"邻里艺术计划"借由"邻里配合基金"鼓励以社区为基础的艺术创作。"邻里配合基金"鼓励社区以自助、自主或自力营造的方式提出与艺术相关的计划内容，并将社区参与艺术计划的人力资源转化为工时计算，政府再根据相对于计划中工时资金或社区自筹款的数额，配合支付计划所需的其他费用。这种以社区为主体的邻里艺术计划，直接以艺术作为社区文化营造的原动力，打破了艺术精英化的倾向，扩展了普通市民参与的通道，将西雅图的公共艺术目标直接指向"公众"。西雅图的公共艺术政策将"公共空间的艺术"扩展为"艺术的公共空间"，使艺术的目的及作用蔓延到城市的公共领域，有创意的艺术创作渗入到日常生活中，呈现出艺术生活化的趋势。[1] 中国台湾地区社区居民自力营造的公共艺术实践[2]，在借鉴美国城市经验的同时，十分注重与当地文化的互动。以公共议题召唤群体的认识和共同的行动，采用了广义上的公众"艺术介入"，而非传统狭义上的艺术家"艺术创作"方式。以充分参与营造的历程来让社区公众分享"艺术创作的快感"。广泛的互动促进了想象力和创造力的激发、社区认同感的形塑及社区问题的解决。如"平溪线上的绿光宝盒"艺术介入空间项目，是瑞芳社区大学整合三貂岭当地团体、艺术家、瑞芳国小等机构、组织和个人，所规划的一连串艺术空间营造行动。他们用艺术行动和创作改造当地已废弃的硕仁国小，重现了台湾最典型的绿建筑；多项社区民众参与的艺术活动重新唤起对社区历史的认同和记忆，促进了社区的活化再生。[3]

---

[1] 周成璐：《公共艺术的逻辑及其社会场域》，复旦大学出版社，2010，第172页。
[2] 台湾学者曾旭正在其专著《打造美乐地：社区公共艺术》（台北市文建会，典藏2005年出版）一书中对台湾地区不同模式的社区公共艺术发展有作具体的案例介绍。
[3] 铁道少女：《绿光宝盒·三貂岭》，明日工作室股份有限公司，2011；吴玛悧：《基隆河上基隆河下——平溪线上的绿光宝盒》，城市文化交流会议——2012年台北年会会议发言，2012年12月8~9日。

三 对我国城市文化艺术政策的思考

在我国，普及文化艺术的社会实践活动主要依托于我国现行文化宏观管理体制下，文化部系统归口管理的公益性文化事业单位。主要包括国家兴办的图书馆、博物馆、文化馆（站）、科技馆、群众艺术馆、美术馆等为人民群众提供公共文化服务的单位。规范这些机构发展的政策措施，是文化艺术政策内容之一。随着时代的变迁和外部环境的变化，一些公共文化机构的功能正在发生拓展、延伸或转化。需要我们结合文化事业单位机构改革以及公共文化服务运行机制创新，综合考虑相关政策的发展。以下仅举博物馆、文化馆（站）为例，以作说明。

"博物馆"（museum）一词，源于希腊文"museion"，原意为"祭祀缪斯的地方"。缪斯是希腊神话中掌管科学与艺术的九位神女的通称，她们分别掌管着历史、天文、史诗、情诗、抒情诗、悲剧、喜剧、圣歌和舞蹈，代表着当时希腊人文活动的全部。博物馆从其本意上就包含艺术博物馆的内涵。博物馆在其历史上，很长一段时间都是作为供皇室或少数富人观赏奇珍异物的收藏室。18世纪末，受启蒙运动影响，西欧一些国家博物馆开始向公众开放，强调艺术财富为民所有所享，开启了博物馆作为开放的民主机构的时代。我国在20世纪五六十年代，进入新中国博物馆体制的初创期。这一时期主要是借鉴了苏联博物馆学理论，确定了我国博物馆的基本性质和任务："科学研究机关、文化教育机关、物质文化和精神文化遗存以及自然标本的收藏所"；"为科学研究服务，为广大人民群众服务"。[①] 这一思想至今仍主导我国博物馆的发展方向。与国外同类机构相比，博物馆的教育功能在中国还没能获得足够重视。譬如，美国联邦政府博物馆和图书馆服务机构（Institute of Museum and Library Services），将博物馆定位为"以教育或审美为基本目的"。2007年国际博物馆协会（The International Council on Museums, ICOM）在修订《国际博物馆协会章程》时，更新了对博物馆的定义。修订后的定义是：博物馆是一个为

---

① 马希桂、董纪平：《北京地区博物馆发展概述》，载《回顾与展望：中国博物馆发展百年——2005年中国博物馆学会学术研讨会文集》，2005。

社会及其发展服务的、向公众开放的非营利性常设机构，为教育、研究、欣赏的目的征集、保护、研究、传播并展出人类及人类环境的物质及非物质遗产。[1]"教育"被调整到博物馆业务目的的首位，从而取代了多年来"研究"的主导地位。可见，我国博物馆的当代转型，将面临着从"研究"到"教育"公共服务理念的转化，以及作为公共机构社会责任的强化。

文化馆（站）是我国特有的基层公共文化机构，承担一定的社会教育功能。文化馆（站）的工作职能包括：科学文化知识的普及；群众性文化活动的组织、培训、团队建设、艺术实践、艺术辅导以及非物质文化遗产的采集、整理和保护等。其功能类似于20世纪二三十年代的"民众教育馆"，但新中国成立后建立的群众艺术馆、文化馆体系主要还是借鉴了苏联的经验。文化馆体系在计划经济时代，为丰富社会公共文化生活，发挥了重要作用。进入市场经济时代后，我国的社会结构发生了深层次变革，人民群众的精神文化需求也呈现出多样化趋势。当受众群体特征发生变化时，文化馆（站）由于受到经费、体制等限制，服务的方式、内容等不能及时拓展和创新，必然就产生了对人民群众吸引力不断减弱的困境。当前文化馆面临着功能重新定位的问题，需要从服务于"群众文化"转型为社区公共文化服务的重要载体。

事实上，无论何种类型的公共文化机构的转型发展，都对机构本身的公共服务职能和服务质量提出了更高的要求。民众对公共文化机构服务的满意程度，完全取决于公共文化机构是否针对民众诉求来提供公共文化产品。存在于计划经济时代的文化艺术"被动接受"的实践模式，在新的历史时代下需要由文化艺术"主动选择""主动参与"的实践模式所取代。从各地实践经验及未来发展趋势观察，过去完全依靠政府财政投入的支持系统，将会逐步发生改变。文化艺术的发展应该是一个全社会的概念。除了政府，还需要有更多的参与主体，亟待形成全社会参与治理的格局。但从目前国内境遇来看，大多数地区社会力量薄弱，发展不成熟、不规范是不争的事实。基层公共文化机构未来的发展方向不单是鼓励广大人

---

[1] 1947年国际博物馆协会最初将博物馆定义为："是一个不追求营利，为社会和社会发展服务的公开的永久机构。它把收集、保存、研究有关人类及其环境见证物当作自己的基本职责，以便展出，公之于众，提供学习、教育、欣赏的机会。"

民群众在"自我表现、自我教育、自我服务"过程中不断完善个体成长；还应落实在如何承担起有效激发民间文化创造活力、整合社会资源的职责上。因此，鼓励创新型文化艺术机构、组织的设立和运营，是丰富和补充以政府为主导的基本公共文化服务供给的有效方式。如香港艺穗会及香港艺穗民化协会所开展的活动，极大地活跃了民间文艺生态。

文化艺术推广机构、推广组织的创新发展是置身于政府职能转变大背景之下进行的。过去全能型政府的模式，是通过指令性计划和行政手段进行文化管理，政府扮演文化生产者、监督者和控制者的角色。随着社会环境的变迁，在向社会主义市场经济体制转型的过程中，"权力理性"走向"权利理性"。这就要求现代政府在管理公共文化事务和制定公共文化政策时，应集中承担为公民服务和向公民放权的职责，建立具有整合力和回应力的公共机制。[①] 吸纳社会力量参与公共文化产品供给，促进公民参与公共文化事务管理，是实现服务型政府的必然要求。为此，对文化艺术的公共支持，除了直接的公共财政资助外，还应探索综合运用多种投融资工具和多种形式的财税优惠政策，促使各类社会资本和生产要素向公共文化领域合理流动，形成由政府与社会混合供给公共文化艺术产品的互动机制。目前，国内一些城市已经开始试点政府向社会购买文化艺术服务的举措，将一些项目开放给有专业资质的民间文化艺人或者文化艺术团体来申请。类似的做法也有通过项目建立政府与民间文化艺术团体、企业的合作伙伴关系。譬如，香港"社区文化大使计划"自1999年推出，每年均邀请本地表演艺术家及艺术团体出任"社区文化大使"，在室内及户外场地筹办一系列文化艺术活动，如工作坊、示范讲座、展览及演出等。深圳"读书月"2000年首届启动，第五届开始实行委托承办制——由深圳出版发行集团总承办。同时社会团体、社区、企业，也可向读书月组委会申报阅读活动。整个读书月项目除了组委会直接参与主办的重点活动外，大部分活动是由社会、企业来运作、承办。公共政策领域，解决文化艺术实践的推广问题，关键是要建立有效的互动机制，这也是让文化创造力充分释放的前提条件。

---

① 陈威主编《公共文化服务体系研究》，深圳报业集团出版社，2006，第27页。

第三节 文化社会政策

各个民族以不同的方式创造出不同的文化，不同的文化亦以不同的方式塑造着不同的民族特性——区别于他国国民的生活方式、思维方式、价值理念、审美情趣等，并最终决定了社会发展模式的区别性。故一个民族国家社会发展模式的选择，不能忽视其中隐含的民族文化、历史和价值取向等潜在力量。文化对于社会政策的重要意义，在联合国教科文组织召开的"文化政策促进发展"政府间会议（斯德哥尔摩，1998）上作过多方面的阐释。如"文化的创造性是人类进步的源泉。文化多样性是人类最宝贵的财富，对发展是至关重要的"。"在发展过程中，文化的繁荣……是社会整合、政治民主和经济平等的决定因素之一。"鉴于文化对发展的重要性，该会议倡议将文化从"边缘"引入各国政策制定的中心，并具体落实在文化政策决策行为中，使文化政策成为发展战略的一个重要组成部分。

随着经济活动对世界格局的深刻影响，政治意识形态[①]逐步隐形于各民族国家政策中，文化社会政策则因涉及广泛的社会发展内容，而日益被公共政策所强调和重视。在全球文化消费主义的影响下，弱势的民族群体都不可避免遭遇发展困境：面临文化认同危机（Crisis of Cultural Identity）、文化创造力衰竭、民族凝聚力松散、传统价值观的现代转化等等的或威胁或挑战。无论是民族国家还是城市，软实力薄弱必然导致在国际格局中文化要素综合整合能力的匮乏。当代文化政策，社会领域的议题随时代的发展，焦点不断更新。从文化身份认同的维护、文化平等权利的追求，到文化创造力的激发、生活质量的提升，乃至人类的可持续发展目标，文化都可以在其中发挥重要作用。所以，虽然本章节立足于城市文化社会政策，但事实上更多地论及了广义上的文化社会政策议题。

---

① 政治意识形态即一个政治系统试图说服社会成员、取得后者的认同和支持过程中形成的一套特定的权威解释系统，是一种能够提供政治认同和引导民众政治态度的符号模型。

一　文化社会政策的几个基本议题

1. 对文化身份的认同

第二次世界大战后，早期当代文化政策的兴起主要是为了缓解社会矛盾、稳定社会秩序。文化措施致力于国民福利和艺术普及，借助文化重建恢复民族价值观念和文化身份认同，弥补战后人们心灵上和物质上的破坏。文化是维系一个社会团结和睦的精神力量。民族价值观念的延续与发展，以及民族文化身份的认同与维护，一直是文化社会政策的重要目标之一。布尔迪厄认为文化资本有三种形态：内化状态（Embodied State）——个人内在与外在的持久倾向；客观化状态（Embodied State）——将文化资本转变成文化商品；以及制度化状态（Institutionalized State）——内化资本以某种形式被大家承认。在布尔迪厄看来，内化状态是最重要的。[①] 文化身份的认同是一种内化状态，传达出一种与他人联系的感觉，并经由与他人交流的过程，形成基本的文化价值判断。文化身份认同有助于一个社会内聚力的形成，且依靠这种无形的文化网络和互动，维系支撑起城市共同体的文化共同情感，使社会得到和谐、稳定发展。各地区文化政策的主要举措即：鼓励并促进尽可能多的民众积极参与不同形式的文化生活，积极参与到文化创造与文化构建过程中，帮助社会边缘人群通过文化参与增强其对社会共同体的认同感。

联合国《世界文化多样性宣言》强调，在走向多样化的当今社会中，必须确保属于多元的、不同的和发展的文化特性的个人和群体的和睦关系及和睦共处。促进所有公民融入和参与文化的政策，是增强社会凝聚力、增强民间社会活力及维护和平的可靠保障。每个人都应当能够参加其选择的文化生活和从事自己所特有的文化活动。这里从文化的公民权角度出发，强调了文化参与对于文化身份认同的重要性；同时也潜在地指出文化既有积极的一面，也有消极的一面。文化具有团结的作用，它通过共享的世界观、价值观、习俗、传统、信仰、认同和生活方式把同种民族团结在

---

① 〔澳〕大卫·索罗斯比（David Throsby）著《文化经济学》，张维伦等译，典藏艺术家庭股份有限公司，2003，第60页。

一起。文化还具有分裂作用,主要体现在文化差异而导致的民族彼此间的分裂、分歧。① 亨廷顿文明冲突论即是从这一论点出发。在未来,如何把文化冲突与文化对抗减少至最低程度,增进不同文化间的交流与合作、增进相互理解,是促进世界和平的一个重要渠道。可见,文化认同不仅是民族国家内部重要的文化政策,而且也是国际文化政策的重要内容。

2. 对文化平等的诉求

文化社会政策中对文化平等的诉求主要体现在争取文化公民权运动过程中。事实上,文化权利的核心即每个人都有平等参与文化生活的机会。第二次世界大战后,欧洲福利国家机器将文化提升为一项根本权利以及个人和集体发展的一个基本部分,将公民的经济、社会和文化权利相提并论。马歇尔认为社会权利是20世纪的贡献,使社会所有成员有可能享有令人满意的生活条件(T. H. Marshall,1959)。文化政策开始作为社会民主化过程中的一部分,其目的是要深入日常生活中,使文化、艺术尽可能为社会全体成员所接近。文化政策尤其关注城市边缘群体的文化平等权。"人人享有文化"(Culture for Everyone)和"文化的公民权利"(Civil Right for Culture)的呼声,成为政府介入文化领域的驱动力。日益增长的公共经费也为文化机构的发展和众多新文化领域的出现提供了资金,这个增长适应了民众对多样文化产品及服务的需求。文化政策关注的领域也进一步获得拓展,民众对文化平等的诉求也不再仅仅满足于对精英文化艺术的接触,对文化选择的机会有了新的要求。

文化市场的繁荣为民众的文化消费提供了更多的选择,不过许多国家政策主导思想认为政府仍必须介入文化领域。因为市场在公共文化方面有效性不够,文化领域的公共政策可以缓解文化市场消费的不均衡性;可以协调艺术和文化的地区分布,增加弱势群体对艺术和文化的接触机会。政府通过保护和发展文化活动,促使公民在文化获取方面人人平等。为了保障并促进文化公民权,许多城市设计了文化发展指标体系,并将实施标准直接转化为政府和公共文化机构的系列实践。值得指出的是对指标的跨时

---

① 〔加〕D. 保罗·谢弗著《经济革命还是文化复兴》,高广卿等译,社会科学文献出版社,2006,第264~265页。

间衡量比地区间的比较更为重要,这既评估了地区政府对文化公民权的保障程度(对文化机制运作的考核),也反映了地区文化发展的整体趋势。在此,对指标的有效利用取决于政府是否设立了回应机制。政府不仅要制定文化发展指标来衡量工作,而且制定出来后还必须定期对照指标进行审核、修正,对不足的工作进行改进,而不是把指标做好放在一边。

通常文化发展意味着"更丰富的文化"和更广范畴的民众便利地利用或获得文化。这往往被解释为是一个纯粹量化的过程:出版更多的图书、建立更多的图书馆、更大的报纸杂志发行量、修建博物馆、拥有和使用电视,等等。文化服务的量化发展有时被等同于文化发展概念,但在官方报告中,相对较少注意到这一过程的质的方面。① 文化平等要获得实质性进展,文化政策应创造制度条件培养不同文化群体之间的对话能力,在政策层面找出赋权于边缘人群开展文化治理的途径。在普遍性方面,尤其需要考虑如何使民众公平地、平等地、便利地接近并使用文化产品及服务,自由参加社会文化生活。

在多元民族国家如加拿大、澳大利亚、美国,还有一些欧洲国家,推行不同文化之间要相互尊重与宽容的多元文化政策。政策的核心便是承认其他族裔文化的存在及贡献,反对种族歧视,倡导民族平等。然而,事与愿违,多元文化政策并未能完全解决文化冲突所带来的社会动荡。移民问题一直令欧洲各国头痛,种族融合问题在原本实行宽容移民政策的欧洲国家也越来越凸显,成为棘手的社会问题。文化政策追求的不是一致性的文化,多样性文化需要促成对话的广泛开展和相互理解。

3. 对创造力的重视

人们普遍认为文化和创造力(creative power)始终是一个国家或城市的正面力量,它富含着一种人本主义的底蕴,与社会的整体活力密切相关。在汤因比历史理论中,文明的生长标志是其内在精神的自决,而非外在的物质膨胀。生长的进程看似对外部环境的征服,而事实上是取决于内在的精神力量。由此,城市文化的衰落来自于文化的创造者丧失了创造能力,

---

① 〔墨西哥〕斯塔温黑根:《文化权利:社会科学的视角》,〔挪〕艾德等著,黄列译,《经济、社会和文化的权利》,中国社会科学出版社,2003,第99页。

从而导致整个社会丧失了新的应战能力。市民是城市的核心，核心失去了创造的活力，机体自然也了无生机了。在过去，文化政策与创造力相关的内容，往往与专业艺术机构及人才培育相关。如今专业领域原创能力的培养固然也很重要；社会创造力的迸发更多地还依赖于文化生态的多样性，扩大文化接触渠道及选择机会、促进市民文化参与，成为重要的政策路径。

新加坡曾提出文艺复兴城市发展战略，其中尤为重视培育国民（市民）的文化创造能力。采取的具体措施包括：将设计、媒体、艺术融入国民（市民）各个阶段的教育中；扩大艺术教育协会的作用，指导各阶段艺术教育的学习；在新加坡著名的大学中设立艺术、设计和媒体学院，加强和领域中顶尖学校的合作；建立媒体实验室，鼓励专业人士互相合作并加强和国外专家交流，等等。[1] 一个知识完备、具有创新能力、敏锐而有品位的市民将是一个城市最大的财富，它将保证源源不断的文化创造源泉充分涌流，城市的创造活力持续迸发。近日，韩国也公布了一套长期计划，致力于培养国民的创造能力，包括强调个人目标与梦想、培养丰富才能、灌输创业家精神及挑战精神、协助国内工作者吸取海外工作经验、建立终身学习体系等构想。这项决策，源自于韩国政府体认到当前的教育制度，并不利于产生跳脱框架的思维者。[2] 我国党的十八大报告中指出：建设社会主义文化强国，关键是增强全民族文化创造活力。对于城市文化发展来说，这同样需要充分发挥广大市民的文化创造积极性，营造鼓励文化创造的良好氛围。可见，在文化政策领域，对创造力的重视也成为各个国家、城市发展的战略核心。

对创造力的重视不仅与城市中公民个体能力及社会活力相关，而且更为重要的是创造力已成为创意经济时代城市获取竞争优势的关键。因此，对创造力的重视也是适应经济发展环境的表现。创造力有助于强化知识创造与创新，实现经济的智慧型增长；创造力有助于优化城市宜商环境，吸引外来投资及创意人才。有研究报告显示：无形资产已成为一个城市宜商环境的首要因素，这里所谓的无形资产是指非物质资产，不以物质为基

---

[1] Information, Communications and Arts, Culture and the Arts in Renaissance Singapore, 2001.
[2] 《韩国培养创造力 催动经济》，台湾，《工商时报》2013年8月12日。

础,而主要通过知识资本、认知能力、想象力、创新能力和研究能力等来创造价值。① 创造力与经济的关系是双向的,经济对创造力的反作用主要体现在文化(创意)产业为人们提供了更多文化体验的渠道,它不仅扩大了受众群体及其接触文化产品的机会,同时文化产品的生产过程,也使得更多的人发挥了创造的潜能。② 综合而言,无论从经济收益还是人的发展来看,培养创造力都是社会生命力和社会发展的支柱。③

4. 对生活质量的追求

生活质量(quality of life)是评价生活优劣的概念,通常指社会政策与计划发展的一种结果。生活质量是以物质生活水平为基础的,早期倾向于注重城市经济水平的发展。近年来,则更强调于对人的精神文化等高级需求满足程度和环境状况的评价。众所周知,物质的丰裕程度与生活的幸福程度并不必然正相关,即所谓的"幸福悖论"④。人类的生活质量非经济一维所能独力支撑,人的精神需求更大程度上要靠文化的丰盛来满足。日本学者驮田井正、浦川康弘在《文化时代的经济学》一书中提出文化经济学基本公式:生活的丰富度(幸福)=文化力×经济力(财富)。公式中的经济力是人们创造财富的能力,文化力则是将财富转化为幸福的能力。幸福是人心灵深层的一种积极的感受,这种感受是由文化与经济构成的一个矛盾统一体。可见,在现代社会中,如何提高文化力与如何提高物质生产力一起被并列为两项重大的政策议题,或者说比提高物质生产力更为重要。⑤ 在

---

① Partnership for New York City, *Cities of Opportunity: Business-Readiness Indicators for the 21st Century*, 2007.
② Nicholas Garnham, From Cultural To Creative Industries——An Analysis of the Implications of the "Creative Industries" Approach to Arts and Media Policy Making in the United Kingdom, International Journal of Cultural Policy, 2005, vol. 11, No. 1, pp. 15 – 29.
③ 联合国教科文组织、世界文化与发展委员会:《文化多样性与人类全面发展——世界文化与发展委员会报告》,广东人民出版社,2006,第164页。
④ 超过60个国家的数据表明:经济增长与收入增加并不意味着幸福感的增加。美国经济学家理查德·伊斯特林在他的《经济增长可以在多大程度上增进人们的幸福》中,成功的围绕着"幸福悖论",也称伊斯特林悖论(Easterlin Paradox)展开了讨论。伊斯特林的这篇文章以及提出的"幸福悖论"被认为是幸福经济学的开端,从此引起了人们对幸福和收入关系的关注。
⑤ 〔日〕驮田井正、浦川康弘著《文化时代的经济学》(Economics of Cultural Age),尹秀艳、王彦风译,经济科学出版社,2013,第2、130页。

实践领域，不丹政府早在 1972 年就开始使用"幸福"衡量人民安康水平，后来又采用"国民幸福指数"来衡量不丹人民的生活质量或社会进步状况。在最近时期法国就建议改变衡量社会进步的方式，提出除了传统的经济标准之外，也应把人们的幸福和福祉纳入测量体系。法国专家建议，政策制定者根据国内生产总值来衡量经济进步的方式需要改变，因为国内生产总值（GDP）所衡量的只是一个国家制造的产品和服务；新的指标还需要包括非物质性财富。① 在最近举行的一系列联合国会议及国际组织会议②中，也在探讨"如何把幸福的文化层面融入 GDP 以外的社会进步衡量标准中"。文化为人类的幸福和福利做出了巨大的贡献，因为它把更大的优先权分配给人、人类需求以及发展的人性化属性，而不是产品、利润、消费和市场。③

如何衡量生活质量？一般国际上通行两种方法，一种是根据个人所体验到的需求满意程度来定义社会福利，认为社会发展的最终目标不是生活质量的客观方面，而是用满意度、幸福感等来测量的个人主观感受。代表国家为美国。另一种则将社会福利理解为满足客观需求，即个人拥有对资源的支配权，能够控制资源并且有意识的将其直接用于提高生活水平。代表国家为斯堪的纳维亚半岛上的挪威、瑞典、丹麦等，它们倾向于不把个人对社会环境的主观感受作为制定社会政策最佳依据，而更注重客观的定量分析上。④ 现在大多数国家都倾向于综合这两种方法来衡量生活质量。总之，人们期待寻求到更全面、更科学地反映公众生活水平的测量框架。它将不仅考虑经济产出，还应关注其他与人类进步及福祉有关的重要维度，如社会、环境、文化和民主，这些与公民及社区更密切相关。⑤

以欧盟国家为例，为了推进欧洲一体化进程，欧盟提出要提高成员国

---

① 《萨科齐要向 G20 领导人推销"国民幸福总值"》，《东方早报》2009 年 9 月 17 日。
② 联合国：《幸福：发展的全方位思考》（第 65/309 号决议）；"文化：可持续发展的关键"国际会议等。
③ 〔加〕D. 保罗·谢弗著《经济革命还是文化复兴》，高广卿等译，社会科学文献出版社，2006，第 266 页。
④ 周长城等著《全面小康：生活质量与测量——国际视野下的生活质量指标》，社会科学文献出版社，2003，第 7~8 页。
⑤ Adj. prof. Mike Salvaris: Cultrual wellbeing indicators in programs and policy making-Report on a workshop for cultural development workers in government and the community, p. 3.

的"社会质量"。所谓社会质量,即"公民在提高其福利和个人潜力的条件下能够参与社会和经济生活的程度"。① 同时,欧盟在其文化发展纲要中也明确指出:"文化既是经济因素,也是社会居民的综合因素之一。"欧盟从人的综合因素的改善与提高的角度,更看重文化的社会效益。因此,提高文化生活质量不只是要满足于民众拥有丰富多彩、充满活力的文化精神生活,更是极力主张成员国的公民通过文化参与、文化治理增强公民个体素质技能、激发潜能和对生活的热情,实现加强民主与责任、共同体凝聚力的社会政策目标。

5. 对人类可持续发展的贡献

可持续发展(sustainable development)议题最初探讨的是注重长远发展的经济增长模式及生态环境的跨代保护问题。前者是指发展不会减缓而会自我永存(Self-perpetuating),后者是指透过维护自然界中的生态体系以保存和提高环境价值。② 此概念延伸到文化领域的时间则较晚。1998年世界银行及联合国教科文组织分别出版了《文化与可持续发展:行动框架》《世界文化报告:文化、创造性与市场》,两份报告都强调了文化在经济和社会发展过程中的重要作用。2013年联合国教科文组织杭州大会更是以2015年后可持续发展议程中的文化为主要议题,探讨文化为什么是可持续发展的关键。

近年来,文化对人类可持续发展的贡献,是文化社会政策关注的热点议题。可持续发展观念的重心是公平而非效率,从代内公平(Intergenerational Equity)③角度来看,代内的所有人,无论其国籍、种族、性别、经济发展水平和文化等方面的差异,都应有公平地取得文化资源的权利;公平地接触文化并参与文化生活的权利。它包含了一定范围内不同地区间、不同阶层间的公平问题。文化政策领域诸多议题,如文化资源的分配、公共文化服务体系均衡发展、针对弱势群体的公共文化服务,

---

① 周长城等著《全面小康:生活质量与测量——国际视野下的生活质量指标》,社会科学文献出版社,2003,第30页。
② 〔澳〕大卫·索罗斯比(David Throsby)著《文化经济学》,张维伦等译,典藏艺术家庭股份有限公司,2003,第65页。大卫·索罗斯比国内翻译为戴维·思罗斯比。
③ 是指同代人之间对于环境所享有的利益必须达到公平合理的要求。

等等，都是在引导同代人之间文化生活的横向公平。从代际公平（Intergeneration Equity）角度来看，它要求人类的发展也应对自己的后代负责，多考虑后代的文化生存和进步，注意在资源配置时对文化资源、文化传统的保护与延续。文化传统的传承、文化遗产的保护、文化资源的保护性开发等，都是这一角度出发的政策措施。

从文化生态的多元共存角度来看，首先，文化多样性与生物多样性是相互依存的，它们在人类和环境相互适应的过程中发展起来，并相互影响、相互作用。文化的可持续性与环境的可持续性是交融在一起的。其次，保护并尊重文化多样性有助于培育宽容、相互理解、相互信任的社会环境；充满活力的文化生活也有助于减少人们之间的疏离感，打破人口中不同群体之间的障碍，促进包容性社会发展和稳定。从经济活动角度来看，文化资源给予地区发展更多的可能性，从地方性文化知识与生产中实现地区层级（local-level）包容性经济的发展；同时还能进一步消除贫困[1]，提供就业机会、增加市场机遇。从人类发展与能力建构（capacity-building）角度来看，本地文化活动可以提供更多的社会化和接触文化艺术的机会；参与艺术活动可以重新进行外部定位和内部身份定位；可以促进社区自我治理能力；文化实践也有助于发展个人技能，如创造力、主动性、灵活性和人际关系技巧的素质技能，有助于潜能的发挥。国际上还从维护世界和平的角度，倡议采取文化敏感的方法，即承认文化的多样性，提升个体自由参与文化生活、接触文化财富的能力，以促进文化共生现象，阻止紧张局势和正面冲突发生。[2] 可见，可持续发展议程中的文化因素具有对事物综合性整合的作用。

二 对我国城市文化社会政策的思考

公共文化服务体系是我国基于保障和改善文化民生的一系列政策措施的集合，从某种角度来看也属于社会政策的一部分。2007年6月，中共

---

[1] 从广义上来看，贫困不只是反映在物质条件和收入水平方面，同时还反映在个体的能力和机会方面。
[2] 乔瓦尼·伯卡迪等：《文化为什么是可持续发展的关键？》，联合国教科文组织杭州大会，2013年5月。

中央政治局曾召开会议就加强公共文化服务体系建设进行了专题研究。在此次会议上明确提出加强公共文化服务体系建设的目标任务是：按照结构合理、发展平衡、网络健全、运行有效、惠及全民的原则，以政府为主导、以公益性文化单位为骨干、鼓励全社会积极参与，努力建设公共文化产品生产供给、设施网络、资金人才技术保障、组织支撑和运行评估为基本框架的覆盖全社会的公共文化服务体系，切实保障人民群众看电视、听广播、读书看报、进行公共文化鉴赏、参加大众文化活动等基本文化权益。城市公共文化服务体系是政府"以保障市民文化权利为起点，让市民分享文化发展成果为目的"而制定的公共政策。它与传统文化事业管理体系所不同的是，当前公共文化服务体系建构更强调政府必须逐步改变长期管制文化发展、主导资源配置的状况，转变政府职能，加强政府的责任意识与服务意识，以更为科学合理的公共文化产品供给模式，满足市民多样化的精神文化需求。

城市公共文化服务体系实施以来，各个城市逐步完善了城区公共文化设施网络、举办了各类丰富多彩的群众性文化活动及文化艺术的普及教育项目，市民文化参与的积极性普遍得到了提高。但一些城市在实施这一政策时也存在一些问题。譬如，过多地依赖政府及财政投入；重视文化设施硬件建设，轻视文化服务内容及手段；重视大型工程项目建设，轻视社区文化建设；大型文化设施大量空间闲置，而社区基层公共文化空间匮乏。此外，地区发展不均衡、不平等；政府供给与市民需求的错位乃至脱节；投入与产出不平衡等低效率现象，在一些城市公共文化服务体系构建过程中也时有发生。这就需要各个地方城市政府不断地修正政策措施以保证公共政策公平公正的目标。

从本质上来说，公共文化服务体系是文化社会政策的核心点，应与社会建设紧密联系在一起。中国在文化体制改革之前，文化建设被视为由政府单一承担的文化事业。文化的经济功能被焕发后，文化发展的一部分内容交给了市场去运作，政府则主要承担起公共文化服务体系的构建。但目前我国大部分地区公共文化服务体系的运营基本还延续以前文化事业单位的传统：博物馆、美术馆、图书馆、文化馆（站）等——以公共文化机构为主要载体，因此就会存在一些历史遗留的问题，譬如文化资源分配、运营机制效率，等等。公共文化产品及服务是沿着自上而下的供给渠道。政府揣摩老百姓需要什么，就提供什么。造成公共文化产品及服务的供给难以真实反映社会发展及老百姓的实际需求。市民是参与了文化活动，但是这是一种被动参与状态。每年地方各级政府举办的群众性文化活动很多，但为什么社会创造活力没有被充分激发呢？这是因为还缺乏一个保障公民积极主动、深层次文化参与的机制。这种参与包括作为个体的公民及由个体公民组成的民间文化团体组织，参与文化生活、参与文化创造，同时也参与公共文化政策决策过程及公共领域活动。在未来，通过文化生活重新构建公共性将发挥着越来越重要的社会治理功能：政府通过软性治理方式，使得民众在参与治理过程中潜移默化地加强了对政府合法性认同，在持续互动中建立共同体意识；公民在参与公共文化生活的同时，对荣誉、责任、权力等公共生活的基本要素也有更深切的体验，提升相互信任、互惠合作和社会团结，对社会秩序稳定起到积极的调节作用。前面也谈过欧洲很注重文化治理，在他们的政策研究中还特别强调依靠社区文化参与来培育公民治理能力。这是政策措施发挥文化社会功能的重要体现。

　　公共文化服务体系建设的重要目标就是着力保障和改善文化民生。目前我国正处于社会转型期，从国际社会发展经验看，社会转型期一般是"黄金发展期"，但也容易变成"矛盾凸显期"，滑向失控。这一时期社会公众思想行为模式也发生转型，公众思想活动的独立性、选择性、差异性明显增强，思想意识呈现多样、多元、多变的特征，对政治文明、公平正义等越来越关注并有所要求。民生问题在转型过程中成为公众关注的头等重要的问题。具体到城市的公共文化领域，则体现为要更加重视公共文化服务体系的公平、公正性建设，使公共文化产品及服务均衡地惠及城市居民，使城市居民能够平等地、便利地接近和使用公共文化产品及服务，积极参与文化生活。

　　目前城市边缘化社会群体的文化接近和使用问题尤需重点解决。在这里，城市边缘化社会群体主要是以外来务工的农民工为主体。中国计划经济体制下形成的城乡隔离的户籍制度，以及相应的社会保障基本制度导致了：在目前城市公共服务体系中，对外来务工的农民工群体保障的相对缺失。我国约有 2.4 亿农民工①，近年来数量一直呈攀升趋势。他们为城市的现代化建设和发展做出了不可或缺的贡献；但在城市社会结构中，却仍处于明显弱势地位，文化参与及文化近用权无法充分实现，文化生活极度贫乏。国家高度重视农民工文化权益的保障，及农民工文化边缘化所产生的大量潜在问题。2011 年，文化部、人力资源和社会保障部与中华全国总工会联合下发《关于进一步加强农民工文化工作的意见》，明确提出将农民工文化工作切实纳入国家文化建设和文化管理体系之中。目前，各地方政府针对农民工群体的公共文化产品的内容及供给模式基本趋同，主要表现在：其一，通过各级公益性文化设施的免费开放，为农民工提供市民待遇，降低农民工准入门槛；借助各级文化机构，尤其基层文化设施，为农民工及其子女提供有针对性的文化服务。其二，在农民工聚集区域（工业区或生活社区）设立活动站、书屋等，提供部分公共文化产品及一些流动性文化服务，如电影放映、文化演出、讲座咨询等。其三，鼓励农民工文学创作及业余文艺团队组建，提供农民工才艺表演展示舞台。其四，为农民工开设专门的职业技能培训和比赛等。② 而企业为农民工提供的文化产品则更为有限，基本依赖于工会组织以少量福利形式供给。各地调研报告普遍反映农民工对自己的文化生活并不满意，可见，目前政府与企业所提供的公共文化产品未能很好解决农民工文化需求问题，产生了明显的供需矛盾。

农民工群体在城市中的生存状态限制了他们的文化接触。由于城市农民工具有人员流动性、交往封闭性、可支配休闲时间有限等特点，导致其在城市公共文化产品供给过程中，常常处于缺场状态。尽管 2011 年《文化部财政部关于推进全国美术馆公共图书馆文化馆（站）免费开放工作的意见》（文财务发〔2011〕5 号）出台后，我国正式确立了公益性文化

---

① 2009 年，全国 6.22 亿城镇人口中，约有 1.67 亿为农民工。按中国农村高峰人口 8.6 亿人（1995 年），到 2020 年按城镇化率 60% 计，届时农村人口将累计减少 2.8 亿～3 亿人。中国科学院地理资源研究所区域农业与农村发展研究中心：《中国乡村发展研究报告农村空心化及其整治策略》，2012 年 3 月。
② 按照《文化部社会文化司关于开展农民工文化生活状况调研的通知》（社文函〔2010〕38 号）要求，各省市针对本地区农民工文化生活状况进行了调研。这一基本现状判断是根据文化部网站上公布的调研报告总结而得。

设施免费开放制度；表面上不存在任何准入门槛，但如果不解决农民工群体接近、使用文化方面的障碍，仍无法保障这一弱势群体参与文化生活的权利。农民工群体城市公共文化产品供给方式失当是供需矛盾的直接原因。传统供给模式是地方政府综合外来工群体消费偏好，按照自上而下任务主导机制去组织和实施公共文化产品生产，并定向提供服务；供给过程中存在资源配置结构性失衡及供给效率缺失等现象。这是由于供给方对外来工群体文化需求掌握不充分、及时，公共文化产品供给与外来工的文化需求之间存在不对等的缺口。这些都是需要文化社会政策迫切解决的问题。

我国的公共文化服务体系建设目前仍是以政府为主导、以公共财政为支撑的政策措施。近年来，地方政府性债务问题一直很受关注。国家审计署 2013 年第 24 号审计结果公告透露了 36 个地方政府本级政府性债务审计结果，如加上政府负有担保责任的债务，2012 年有 16 个地区债务率超过 100%。其中，有 9 个省会城市本级政府负有偿还责任的债务率超过 100%，最高的达 188.95%，如加上政府负有担保责任的债务，债务率最高的达 219.57%。不仅如此，14 个省会城市本级政府负有偿还责任的债务已逾期 181.70 亿元，其中两个省会城市本级逾期债务率超过 10%，最高的为 16.36%。① 可见，公共文化产品及服务在未来地方财政预算紧缩的环境下，光靠政府的资源显然是不够的。公共财政只能确保基本公共文化产品及服务的供给，大量的发展性公共文化产品及服务还需要借助社会力量的参与予以补充。尽管如此，这不能成为当前部分地区公共文化服务体系建设投入经费严重不足的托词，各地方政府应在相应政策文本中保证公共文化投入的一定比例。在 2013 年联合国教科文组织杭州大会上，文化领域内的双赢、创新、合理、可持续的公私伙伴合作模式（PPP 模式）成为一项重要议题。

> 文化行业公私合作的潜力巨大。该领域的合作既能弥补公共部门的融资缺口，又能为私营机构提供其感兴趣的投资机会。合作模式须尊重本地实情，造福一方百姓，有利社会环境。此类合作依赖于良好

---

① 《地方债务现黑洞 百姓生活影响多大?》，《半岛晨报》2013 年 7 月 30 日。

的国家法律、制度、政策和行政环境，旨在提供能力建设、知识转移和追求卓越的机会，同时鼓励创业。

——联合国教科文组织 2013 杭州大会

鉴于此，尝试推动公共文化机构的跨部门合作与合建，大型文化项目的联合运营，完善政府与民间组织的契约合作模式等，可以作为我国文化领域公私合作伙伴关系建立的开始。在国外，很多地区或存在土地稀缺的压力，或出于服务居民的便捷性考虑，联合建馆、加强机构间的合作已成为基层社区文化设施发展的趋势。如在英国，社区图书馆就可能与社区礼堂、画廊、博物馆、餐饮服务机构、青年俱乐部、老年中心、幼儿中心、邻里中心等联合建馆，这样可以大大增强基层公共文化服务网络的便捷、高效优势，贴近并丰富居民的日常文化生活。此外，依靠社会民间力量的成熟和规范来带动基层文化管理与建设，也是许多发达城市和地区经常使用的政策路径。通过与民间组织的契约合作机制，有效增加公共文化产品与服务的供给。在这种管理模式中，政府的职责是把握方向、确定规则、监督运行，具体事项则交给民间社团法人负责。比如为市民提供艺术教育培训，推广全民阅读活动，举办艺术节庆活化地区文化，等等。目前，城市中的公共博物馆、美术馆、公共图书馆、文化馆（站）等公共文化设施已全面实行免费开放，这要求公共文化机构更加注重服务群体的拓展，吸引更多的广大民众参与到所举办的各类文化活动中来；这也要求公共文化机构能够提供针对不同群体需求的基本公共文化服务，这在数量和质量上都比以前有更明确的目标。与此同时，公共文化机构中的从业人员并没有明显增长，而更多专业社会团体驻场，以及文化志愿者群体的加入，是扩充公共文化服务队伍的重要途径。探索并完善公共文化领域内的公私合作模式在此就显得尤为重要了。

第四节　文化经济政策

中国的文化经济政策是从认识到文化的经济属性开始的。党的十六大开始把发展文化产业作为一项重要工作任务提了出来;十六届四中全会进一步强调解放和发展文化生产力的重要性。这是在党的正式文件中第一次提出文化生产力命题。所谓的文化生产力,就是指具有一定智能和知识的劳动者运用和掌握文化资源创造社会财富、生产文化产品、提供文化服务的能力。众所周知,人类的生产活动有两类,一类是物质财富的生产,一类是精神财富的生产。马克思曾经在《资本论》手稿中,就明确使用过"物质生产力和精神生产力"的提法,并经常使用"精神生产""艺术生产"等概念,探讨过有关精神产品的"价值"和"交换"问题。可见,文化产品生产中的智力投入和物质投入,具备社会生产力诸要素的基本特征。但在以往很长一段时间内,我们都只是把物质财富的生产作为生产力来强调,而忽视了其中同样不可或缺的文化生产力。当代澳大利亚经济学家思罗斯比(David Throsby)从经济学角度,发展了法国学者布迪厄(Bourdieu Pierre)"文化资本"[①]的概念。思罗斯比的文化资本是指"以财富的形式具体表现出来的文化价值的积累。这种积累紧接着可能会引起物品和服务不断地流动。与此同时,形成了本身具有文化价值和经济价值的商品。财富是以有形或无形的形式存在"。"这些财富导致了服务的流通,这些服务在进入最后消费阶段的时候立即被作为私人或公共物品被消费,并且/或者紧接着可能会产生新的商品和服务。"[②] 思罗斯比赋予了文化资本财富的特征,使文化资本成为经济现象的表征。

从全球背景来看,20世纪80年代开始,文化的经济功能逐步被认同、发现和推动。90年代文化经济政策开始与城市发展紧密联系在一起,强调文化的经济功能对一个地区经济发展的促进作用。许多地区战略开始努力使城市的经济基础多样化。地方政府通过包容、多元文化政策,作为寻求地方新的经济机会的手段。以文化为内容的产业经济的发展促进了城市传统产业结构优化。在一定历史阶段中,它对实现城市复兴发挥了积极

[①] 布迪厄在《资本的形式》(The forms of capital)一文中提出了文化资本理论。他认为资本有三种基本类型:经济资本、社会资本和文化资本。其中,文化资本在某些条件下,能够转换成经济资本,这一转换过程是以教育资质的形式制度化的。

[②] 〔澳〕戴维·思罗斯比:《文化资本》,载薛晓源、曹荣湘:《全球化与文化资本》,社会科学文献出版社,2005,第554页。

作用。客观地说,文化的经济功能主要汇聚于城市。随着城市在全球经济中所扮演的角色越来越重要,城市文化政策开始倾向于关注文化实用性和功能性生产形式的经济活动。以知识为核心的创意经济和信息科技的发展,触动了全球经济形态的转型。文化的经济活动也不例外——日趋走向跨界融合,新兴的融合性产业不断出现和推出。各地区一系列适应这一变化的文化管理体制改革纷纷开展:鼓励公平竞争的同时,加强政府的干预,避免过度集中和垄断,扶持中小型文化企业的创新发展;建立多元发展格局,等等。

一 文化经济发展的历史沿革及发展趋势

早期一些经济学家运用经济思维来思考文化艺术品的创作与消费之间的关系,文化的经济属性逐步被认知。随后,政治经济学家开始倾注于对文化产业及其监管方式进行社会民主政策分析,文化经济政策也日趋成为公共政策争论的焦点。文化经济的载体是文化产业,它是一种特殊的文化形态和特殊的经济形态。不同国家从不同角度看文化产业有着不同的理解,但基本都认可其在城市经济结构中的特殊地位。联合国教科文组织则将文化产业定义为:"将无形的具有文化本质的内容的创作、生产与商品化过程相结合。这些内容通常受著作权法保护并可以采用产品或服务的方式。"[①]

按照这一定义,文化产业早在20世纪早期就已逐步兴起。以文化产业强国美国为例。20年代广播业、电影业等开始萌芽并迅速成长起来,到第二次世界大战前后,美国文化产业各个主要分支都基本在一种自发、独立状态下形成并发展壮大。二战后,新兴技术(如计算机、通信卫星、微电子、光纤通信、激光、数码等)的出现更是为文化产业的发展提供了巨大动力,文化贸易也逐步全球扩张。80年代中晚期,文化产业才真正在全球范围内获得重视。这是全球产业结构发生转变,产业布局重新调整的产物。发达地区劳动密集型为基础的制造业,发展优势日渐衰微。文

---

① 联合国贸发会议(UNCTAD)主编《2010创意经济报告》,中国社会科学院文化研究中心(RCCP)翻译,三辰影库音像出版社,2011,第5页。

化经济的发展首先在旅游业内发展起来，其他文化生产部门，如娱乐产业、艺术产业、传媒产业等也日趋成为重要的经济力量，产生直接就业机会和收入。各国文化政策开始强化对经济功能的追求，以促进边缘地区发展活力。文化产业，尤其是旅游业成为能够提高经济竞争力的地方营销工具。

文化产业的发展使文化资源的力量获得凸显。城市文化资源包括历史、产业及艺术遗产，而代表性资产有建筑、城市景观或地标等。此外，还有符号、公共生活、节庆、仪式，或是故事、嗜好与热情，以及呈现在手工艺、制造与服务上的种种地方特色产物和固有传统。[①] 它不仅体现在民族的历史、习俗与传统知识中，更是与现代知识、科技融合在一起，并通过将构想化为实际可行的方案来发挥其经济价值。

20世纪90年代，西方发达国家开始步入后工业社会，经济形态发生转型，文化作为经济增长的潜在要素又再次被突出强调。一些国家公共政策把文化视为创新来源，等同于创造性，关注的重点是其为国家带来的经济竞争优势。文化被界定为与文艺联系在一起的实用的和功能性的生产形式的活动。通过文化消费实现在地区和社会层面上的平等，使个体满足与社会利益相一致。从而，导致文化政策成为一种"产业"政策。[②] 将文化作为一个生产因素的政策导向，迅速影响全球。1998年英国工党政府提出"创意产业"概念，将文化产业进一步融入了产业融合发展趋势及信息化社会的背景中。受服务经济与后福特主义影响，英国产业政策认为创意产业生产与消费的是一种生活方式，设计和市场营销应处于产业链的中心地位，因此，他们大力推动设计培训及信息产业。[③] "创意产业"的提出，拓宽了文化产业的范围，开创了全球新经济潮流。与此同时，产业融合发展趋势的另一注解是"内容产业"的提出。这一提法是在1995年"西方七国信息会议"上首先出现的。次年，欧盟《信息社会2000计划》

[①] 〔英〕查尔斯·兰德利著《创意城市：如何打造都市创意生活圈》，杨幼兰译，清华大学出版社，2009，第11页。

[②] 〔法〕皮埃尔-米歇尔·门格著《欧洲的文化政策——从国家视角到城市视角》，欣文译，《国外社会科学》2012年第3期。

[③] 〔英〕Nicholas Garnham著《从文化产业到创意产业——解读英国艺术及媒体发展政策中"创意产业"一词的含义》，马绯璠译，《文化艺术研究》2009年第2卷第6期。

把"内容产业"明确为：制造、开发、包装和销售信息产品及其服务的产业，其产品范围包括各种媒介的印刷品（书报杂志等）、电子出版物（联机数据库、音像服务、光盘服务和游戏软件等）和音像传播（影视、录像和广播等）。在北美产业分类体系中，"内容产业"也被称为"多媒体交互式数字内容产业"。总体来看，文化经济政策开始转向新兴通信技术领域的产业政策。这一系列影响波及全球众多国家和地区，无论发达国家，还是发展中国家，纷纷调整产业战略方向，考虑新的选择。可以说，这些都是文化产业融合发展的主要表现之一。目前，国际上倾向于采用"创意经济"概念整合以上种种产业形态内容。

文化产业跨界融合发展的趋势，使文化产业成为世界经济中最具活力的部门之一。不过需要说明的是：它虽然可以为发展中国家提供新的高速增长的机会，但它本身并不是放之四海而皆准的灵丹妙药。从发达国家对文化产业所采取的政策措施的效果来看，对社会的发展并不全是正面的影响。一些措施只是带来了地区短期的繁荣，有的甚至加剧了社会的不平等。因此，乔尔·科特金在《全球城市史》中对以文化为依托的经济形态持批判态度，他认为文化产业只能使部分城市得到发展壮大，不具普遍性。对于大部分城市来说其发展还是应以建立适宜居住的社区为目标。这一建议非常中肯，文化产业乃至创意经济是在一定经济、社会、文化、科技条件下才能成长起来。环境不成熟地区，人为进行干预，无疑是揠苗助长之行为。也有学者"开药方"，认为避免当地居民被边缘化的路径必须是：将文化消费与文化生产均衡地混合，让当地居民参与到文化生产链的建立中，这样才能为当地居民提供更高的技能、知识、创造力和就业机会。[①]

除了学界在反思文化政策以外，各国政府也在不断评估相关政策的执行状况。在英国文化产业发展过程中，公共政策推动作用很大。这些年也在检讨政府及公共部门角色和地位：政府及公共部门应该作为创意产业的推动者和中介；过度的政府公共资金的投入，反而使创意企业远离私营投资者，不利于其商业发展。[②] 与之相反，美国文化产业的发展主要遵循市

---

① 〔丹麦〕Darrin Bayliss:《丹麦的创新潜力：文化在丹麦城市发展战略中的作用》，刘建蓉编译，《文化艺术研究》2009 年第 4 期。
② NESTA: Creating value: How the UK can invest in new creative businesses, April 2005.

场规律，反对政府政策干预。随着全球文化发展战略的兴起，近年来，美国政府也在不断反思政府在促进城市文化经济发展过程中的作用，加大了对文化产业的扶持力度，尤其是那些走向创新型、融合发展路径的产业类别。譬如，纽约对通过资格论证的艺术家给予工作场所和住房的资助，实施社区艺术开发计划，建立创意社区项目与地方经济发展的联系；纽约文化事务局与经济发展署合作，对工业发展债券进行了修改，使之更有利于非营利文化事业发展的需要。此外，对从事新媒体产业的企业提供税收优惠和直接基金资助，加强了对创意企业的服务与支持。[①] 我们必须承认：所有国家发展文化产业的路径都是不相同的，没有放之四海而皆准的一种标准政策措施或发展模式可以依循。

进入 21 世纪以后，中国文化产业飞速发展，与世界的文化交流越来越密切，文化自信也日益增强。我们应清醒的认识到当今社会任何一个国家的发展都不可能是孤立的。即便具体到文化产业领域，也都需要同时兼顾地方视角和全球视角，思考我们的文化产业政策如何调适不断发展变化的内容和领域（如扶持并促进文化产业的跨界融合发展）；如何在全球力量平衡中博弈（如通过拥有强大的文化产品和主流流行的行业，避免国外强势文化产品的冲击）；如何参与国际间的合作，共同应对区域性乃至全球性问题（如探讨并实践文化在可持续性发展中的作为），等等。

二 文化产业跨界融合发展的表现及政策环境

发达国家文化产业跨界融合发展不仅反映在业态上，而且与文化的公共领域也交错在一起。业态方面，以创意产业为例。无论是理论界，还是政策实务领域，虽然国际上一直都未能给创意产业概念一个统一的、清晰的界定；但不同模式的创意产业分类体系（如英国模式、欧洲模式、世界知识产权组织版权模式、联合国贸发会议模式等），均呈现出跨界融合的业态——产业内容大都位于艺术、文化、商业与技术的交界处。这四个领域里的元素构成了以智力资本为主要投入的产品与服务创作、生产与销

---

① *Munk Centre for International Studies*, University of Toronto, New York City Case Study, July 2006.

售的循环过程。创意产业是典型的跨领域经济部门，它涉及了传统部门、技术密集型部门和服务导向型部门之间的交互作用，其中包括了从民间艺术、节庆、音乐、书籍、视觉艺术与表演艺术，到技术密集型的分支领域，如电影、广播电视、新媒体、数字动画与视频游戏，以及服务导向型的领域，如建筑设计、工业设计与广告服务等。譬如，联合国贸易和发展会议（UNCTAD）就将创意产业界定为一个集群，内容包括：

——使用创意与智力资本作为初始投入的产品与服务的创作、生产和销售的循环过程；

——由一系列以知识为基础的活动构成，不仅侧重于艺术，也从贸易与知识产权中获得潜在收入；

——既包括有形产品，也包括无形的拥有创意内容、经济价值和市场目标的智力与艺术服务；

——处于手工艺、服务和产业部门之间的交界处；

——在国际贸易中构成了一个新的充满活力的领域。[①]

创意产业未来发展趋势必然是更多不同行业、不同领域的重组与合作。"文化"之所以在知识经济或创意经济中处重要地位，是因为它更多时候不是以物质形式表现出来（如一件文化产品实体），而是以符号、意象及观念等无形价值体现在产业业态中，易于与其他产业融合发展。正是因为这一特征，传统的、定量的宏观经济指标很难全面反映文化经济的价值。国外学者试图通过四组经济指标评估其影响，第一组主要是衡量对经济的直接贡献，包括了我们常用的占国民生产总值（GDP）比重、就业人数等；第二组则衡量引入其他部门所带来的产业副产品，即间接可量化的经济贡献（倍增效果）；第三组评估影响其他部门的发明创新，即直接的量化性差的经济贡献（溢出效应）；第四组则为间接地对生活质量、教育、文化认同的非量化贡献。[②] 这里，通过经济分析，文化产业的强融合性、高知识性、高附加值等特征进一步凸显。

[①] 联合国贸发会议（UNCTAD）主编《创意经济报告2010》，中国社会科学院文化研究中心（RCCP）翻译，三辰影库音像出版社，2011，第7页。

[②] 联合国贸发会议（UNCTAD）主编《2010创意经济报告》，三辰影库音像出版社，2011，第76页。

源自不同模式的文化创意产业分类体系

英国文化、媒体与体育部模式	欧洲模式	世界知识产权组织版权模式	联合国贸发会议模式	中国文化及相关产业模式（2012）
广告	**核心创意艺术**	**核心版权行业**	**遗产**	**文化产品的生产**
建筑	文学	广告	传统文化表现：手工艺品、节庆活动等；	新闻出版发行服务
艺术及古董市场工艺	音乐	著作权集体管理组织		广播电视电影服务
设计	表演艺术	电影与录像	文化场所：考古遗址、博物馆、图书馆、展览等	文化艺术服务
流行设计与时尚	视觉艺术	音乐		文化信息传输服务
电影与录像带	**其他核心文化产业**	表演艺术	**艺术**	文化创意和设计服务
休闲软件与游戏音乐	电影	出版	表演艺术：现场音乐表演、戏剧、舞蹈、歌剧、杂技和木偶戏等；	文化休闲娱乐服务
表演艺术	博物馆与图书馆	软件		工艺美术品的生产
出版	**泛文化产业**	电视与广播	视觉艺术：绘画、雕塑、摄影和古董等	
软件与计算机服务业	遗产服务	视觉与平面艺术		**文化相关产品的生产**
广播电视	出版	**相互依赖的版权产业**	**媒体**	文化产品生产的辅助生产
	录音	空白录制材料	视听产业：电影、电视、电台和广播	文化用品的生产
	电视与广播	消费型电子产品	出版和印刷媒体：图书、报刊和其他出版物	文化专用设备的生产
	视频与电脑游戏	乐器		
	相关产业	纸张	**功能创意**	
	广告	复印机、摄影器材	新媒体：软件、视频游戏、数字化创意内容；	
	建筑	**部分性版权产业**	创意服务：建筑服务、广告、文化和娱乐活动、创意研发、数字及其他相关创意服务；	
	设计	建筑		
	时尚用品	服装、鞋类		
		设计	设计：室内设计、建筑设计、时尚用品、珠宝、玩具设计等	
		时尚用品		
		家具用品		
		玩具		

文化产业与文化公共领域之间有着内在的关联。文化公共领域的良性发展是文化产业繁荣的重要生态环境，它不仅营造了宽容、多元的文化氛围，同时也促进了人的发展。英国创意产业工作组在界定"创意产业"

时，特别强调了"源于个人创造性、技能与才干"这一关键点；佛罗里达著名的"三T"理论——人才（Talent）、技术（Technology）、宽容（Tolerance），其逻辑即为：创新的社会环境有赖于宽容吸引人才，人才创造科技。文化产业政治经济分析学派认为，文化产品生产和核心创意人力资源之间的传统关系仍然存在，所不同的是这种关系受到以知识产权为基础的复杂的合同关系的制约。[①] 围绕着人的发展和能力，文化经济的可持续性始终需要依托文化公共领域的发展。近年来，发达国家文化经济领域与文化公共领域之间的边界日趋模糊。表现在：其一，非营利性质的文化艺术部门对经济的贡献力在不断提高。据美国国家艺术基金会估算，每年非营利艺术对美国经济的贡献力大约为37亿美元。[②] 纽约智库机构——都市未来研究中心（Center for an Urban Future）很早就提出纽约城市创意核心部门不仅包括营利性的创意公司，而且也包括非营利性的艺术、文化机构。其二，市场中的文化产品和服务也不仅做出了经济贡献，它对于地区文化的民主化和分散化也起到了积极的作用，甚至成为社会共同体的黏合剂。从某种意义上说也呈现出公共性质。其三，新的运作模式正在出现，如采用公共部门和私营部门合营（Private-Public partnerships）的投融资方式来促进艺术家、商业和非营利文化机构的发展，等等。如纽约市的"文化机构团体"（The Cultural Institutions Group，CIG），是由34个成员组织机构组成的，如大都会艺术博物馆、卡耐基音乐厅、纽约莎士比亚艺术节等，该组织有个重要的使命：在文化机构中培育更多的公私合营运作机制。

文化产业跨界融合是存在于一定的政策环境之中的。换句话说，政策体系对文化产业跨界融合起到促进作用。发达国家文化领域都经历了不同程度的从严从紧的管制政策被市场化、轻度管制合法化及国际化所取代的过程。[③] 譬如，早期欧美国家基于传播媒介的公共资源属性，政府为了维护民众享有公共利益的权利，制定了内容和结构方面的管理制度。内容管

---

① 〔英〕Nicholas Garnham 著《从文化产业到创意产业——解读英国艺术及媒体发展政策中"创意产业"一词的含义》，马绯璠译，《文化艺术研究》2009年第2卷第6期。

② National Endowment for the Arts website：www.nea.gov/about/Facts/AtAGlance.html. 转引自 Munk Centre for International Studies，University of Toronto：NEW YORK CITY Case Study，July 2006.

③ 李敏：《欧美文化政策转变的方向、特征及启示》，《现代经济探讨》2012年第3期。

制包括要求电台必须匀出一定的播出时间给非娱乐性节目等；结构管制包括限制单个实体可以拥有的广播电台的数量等。西方国家 20 世纪七八十年代普遍面临城市经济衰退，各国为应对财政危机和政府的信任赤字、绩效赤字，均开始了大规模的政府行政改革。其中一个重要措施即以市场机制作为调节资源配置的主要工具，减少国家干预，放宽管理政策。同时，欧美各国的反垄断法也逐步放松了对企业集中化的管制。如 1980 年美国通过《放松管制法》，1981 年里根以促进市场繁荣为由，解除和缓和了对通信、广播、运输、金融业的限制，里根还实行温和的反托拉斯政策，以便利企业并购。资本的国际化引发了去国家化的政治浪潮，日益国际化的经济体要冲破民族国家政府的种种限制。而跨国并购就成了企业打破贸易壁垒，抢占国际市场和提高国际竞争力的一个重要战略手段。国际上许多巨型公司和重要产业都卷入了跨国并购中。文化产业领域，如澳大利亚新闻集团是以纸质等印刷媒介起家，80 年代收购了美国的 20 世纪福克斯，开办福克斯电视网，成为美国第四大广播电视网。90 年代收购了英国卫星广播公司和香港的星空卫视，后者作为亚洲卫星电视的服务平台，先后打开了印度、日本传媒市场，并开拓了中国传媒市场。

如果说放松管制为文化产业发展铺垫了基础；那么，健全的现代版权制度则是对版权拥有者权利的保护，是对社会激发知识创造积极性的基本保障。虽然版权法及其制度出现的时间较早，1790 年美国国会就通过了美国历史上第一个版权法案；1852 年英国也推出了《专利法修正案》，并成立了国家专利局，隶属国家贸易与工业部。但版权制度自诞生之日起，就在不断地接受并适应新技术带来的挑战，尤其是数字技术和互联网的影响。版权与文化娱乐产业的商业模式联系紧密。影视业、图书出版业、游戏软件业、文化相关数字产业等的生存和发展都依赖于版权保护。随着产业内容融合的推进，涉及领域仍在扩展。从西方传统法观念来看，英美法系国家是以"财产价值观"的哲学思想来设计他们的版权制度的；而以法德为代表的大陆法系国家则是以"人格价值观"作为版权立法的哲学基础[1]。在 90 年代开始的国际版权制度一体化，以及国际版权贸易潮流推动下，两大法系的版权制度相互渗透、

---

[1] 我国原有的版权法律体系主要采用大陆法系理念。

相互融合。德国、日本、美国、英国等经济发达国家,也在不断修正并完善本国的版权法律制度,这些国家版权法律从立法框架到制度内容都在逐渐缩小差距。[①] 事实上,这一系列的调整都是为了使各国的版权制度能够适应由技术快速发展所带动的社会变革的实际需要。各国在此基础上发展起来的知识产权政策[②],保护了各国文化产业及其贸易免受因版权侵犯而造成的商业利益损失。

发达国家对中小创意企业的政策扶持,以及为他们在跨界融合发展过程中提供的专业或技术支持等措施,促进了业态融合向可持续发展延伸。有学者认为创意产业改变了传统文化产业中"寡头竞争"体制(制造主流产品的大型企业加上众多附属的独立开发小公司的模式),而是形成了一种真正分散化经营的体制,或者说是大企业与独立公司紧密联系、相互依存而不再进行相互竞争的体制。[③] 这为中小型企业更加灵活、创新发展提供了良好的市场环境。在传统文化产业领域,经营者通常扮演各种组织角色——制作者、代理商、营销商和零售商。但随着向创意产业转型,经营者越来越趋向于专注于某一组织角色,这成就了创意产业的主体是大量的中小型企业。政府对创意产业的政策支持很多体现在对中小型企业创新发展的扶持方面,如融资支持、税收优惠、孵化器平台服务和灵活的工作空间、数字化技术辅助,有的甚至资助创意项目帮助中小型企业获得创意和商业成功、为从业人员提供创意教育和商业技能培训(这些技能涉及市场营销、资产管理、知识产权保护),等等。当然,许多具体的政策措施并不是直接由政府实施的,而是通过政府与民间组织、公共文化部门、教育科研机构、房地产商等以合作伙伴的关系或委托(即文化授权的方式)的关系实施的。如伦敦的10个创意中心即以该模式发展的,它们为创意企业或个人提供全方位的、细致的"菜单式"的专业

---

① 丛立先:《国际版权制度发展趋向探论》,《国外社会科学》2010年第2期。
② 目前,西方学界也有一部分学者对知识产权政策在保护知识产品创造者利益和积极性方面所起到的正面作用表示质疑。他们认为,知识的私有化和信息的商品化使得一些知识、信息产品开始从公共资源向排他性营销产品转变。这不是帮助公众近用知识和信息,而是无形中设置了获取的门槛。他们认为从这点出发,知识产权政策不利于社会的创新和进步,不利于文化的民主化。〔美〕罗纳德·V. 贝蒂格著《版权文化——知识产权的整治经济学》,沈国麟、韩绍伟译,清华大学出版社,2009。
③ 〔法〕弗雷德里克·马特尔著《主流——谁将打赢全球文化战争》,商务印书馆,2012,第370页。

化服务（包括产业咨询、战略规划、市场支持、融资与筹款指导、培训指导等）；创建合适的服务方法（以各领域专业人士为顾问的一对一服务），从而成为伦敦创意产业发展高效的服务网络。

这同时体现了文化政策运用跨界思维整合资源的路径。美国的创意产业主要依赖金融投资者的投资——依据市场需求而变化；也有一些国家如英国，则注重利用公共政策推动创意产业发展。即便如此，文化的经济政策也强调政府与社会的互动关系，这十分有助于全社会参与社会治理。在全球化大趋势下，由于经济体纵向和横向的集中与联合，媒介融合、传统独立的文化产业的跨界融合使得开始形成一个联合的经济部门，政策制定时不能仅考虑其中一个部门，应全盘综合考虑。[①] 这是政策内部跨界整合思维运用的重要体现。

三　对我国城市文化经济政策的思考

受欧洲、日本和韩国在文化经济政策实践方面的影响，以及我国自身文化经济的发展，我国学术界对文化经济的关注和讨论大致是从20世纪90年代开始的，那时中国文化产业还处于酝酿探索阶段。当前中国文化产业已进入快速发展阶段。但从世界来看，近年来西方文化产业伴随着信息科技产业的发展正在向更具融合性的创意产业转型。这必然也会对我国城市文化经济政策产生影响。我们在应对全球趋势，发展城市文化经济的同时，各个城市应客观、理性思考、判断自身文化经济发展的方向；在区域发展中的位置；全球视野与地方行动的关系，等等。

考察各个国家和地区对文化创意产业的界定，可以发现其具体涵盖的行业、领域都不尽相同[②]，许多都是结合本地城市优势产业加以界定的。

[①] Nicholas Garnham, From Cultural To Creative Industries—An Analysis of the Implications of the "Creative Industries" Approach to Arts and Media Policy Making in the United Kingdom, International Journal of Cultural Policy, 2005, vol. 11, No. 1, pp. 15 – 29.

[②] 譬如，英国包括13类：广告、建筑、艺术及古董市场、工艺、设计、流行设计与时尚、电影与录像带、休闲软件与游戏、音乐、表演艺术、出版、软件与计算机服务业、广播电视。澳大利亚包括7类：制造（出版、印刷等）、批发与销售（音乐或书籍销售）、财务资产与商务（建筑、广告及其他商务）、公共管理与国防、小区服务、休闲服务、其他产业。韩国包括17类：影视、广播、音像、游戏、动画、卡通形象、演出、文物、美术、广告、出版印刷、创意设计、传统工艺品、传统服装、传统食品、多媒体影像软件、网络。

国内一开始的提法是文化产业,后来才有文化创意产业的延伸。概念的转换,反映了经济发展方式的转型及产业结构的升级。文化产业,原本强调的是文化的经济性,即把文化作为一种生产要素,进行创作、生产、销售、衍生品开发、商业推广等,是对文化这种特殊资源的产品化、文化产品商品化、文化商品市场化的过程。随着文化产业的发展,慢慢人们又赋予了它新的内涵,即强调了经济的文化性,着眼于文化及科技对经济的影响,即在经济发展过程中,文化内容及科技因素发挥的隐性作用。

近些年来,中国经济持续高速增长,可持续发展战略成为中国经济和社会发展的内在要求。与此同时,以智力资本为主体的内容经济作为一种新的发展范式正在全球兴起。据发达国家和地区经验表明:文化(创意)产业在对转化产业资源、扩大消费市场、促进贸易、降低失业率、实现城市复兴与转型、增强社会凝聚力、提高人口素质等经济和社会作用方面,均已呈现出潜在的优势。中国在这一发展模式中看到了新的机会,在国家政策的引导下,国内各地区均对发展文化产业十分重视,纷纷制定区域产业政策及配套措施,有些省份、城市甚至把文化产业推到了区域战略性新兴产业的地位,希望借助文化(创意)产业的发展,带动区域创新、产业升级和经济整体增长。因此,国内各城市文化产业的发展是在各区域产业政策强力推动下快速成长的。

现阶段是不是国内每个区域(或城市)都适合发展文化产业,或者更明确地说是不是文化产业都能成为城市的支柱性产业呢?这个问题值得地方决策者认真思索。从国外经验来看,文化(创意)产业的发展是需要一定经济、社会、文化基础的,是经济发展到一定水平后才呈现的产业群,并不适合所有地区。文化(创意)产业在区域分布的合理性主要取决于资源条件与优势、经济绩效、产业集中度及运输通信成本等。因此,文化(创意)产业的发展是受一定条件和外在环境限制的。一般来说,影响文化(创意)产业发展水平的主要因素是文化消费和文化(创意)产业规模。一个城市的文化消费水平最终是由当地社会经济发展水平决定的,影响因素包括居民收入、物价水平及消费习惯等;而文化(创意)产业的发展规模则与其传统文化习俗、居民休闲时间以及生活品质、本地经济水平、科技发展水平、商业金融服务等因素密切相关。一个城市必须要有符合文化（创意）产业生长的适宜环境，它才会显现出其产业优势，不能孤立地无限扩大文化（创意）产业的作用。由此可见，各城市在权衡是否将文化产业作为区域经济发展支撑点时，一定要评估自身发展环境和条件。培育是一个长期的过程，不能盲目跟从其他发达城市经验。我们需要看到目前学界和政府部门经常引用并借鉴的相关理论，主要是由西方学者根据发达国家大都市的情况总结概括出来的。由于这些大都市均已进入成熟的后工业化社会，这就从根本上决定了这些理论的现实基础、研究对象、需要解决的问题乃至解决办法和运用条件等，都与后工业化社会息息相关。与西方发达国家相比，我们的工业化、城市化、现代化发展进程不同，人均收入和人力资源结构也不同，任何理论照搬硬套到中国城市中都是不现实的，需要辩证对待西方学界理论观点，我国城市文化产业理论研究一定要立足本土语境，服务本国城市发展。

以市场为导向的产业发展模式，及以政策为引导的产业发展模式，是国外发达城市普遍采纳的发展范式。近年来，两种发展模式相互渗透，汲取发展经验。从国内城市整体发展环境来看，以政策为引导的产业发展模式占主体，但是近年来在某些城市呈现出一些不良的发展趋势，需要我们保持清醒的认识。譬如，运动式的发展方式，经济化的思维方式，计划式的管理方式等，这不但严重制约了我国城市文化产业的发展，而且也影响了我国经济社会的总体发展。文化产业和其他产业一样，其发展也必须以市场为主体，尊重文化产业特性及发展规律，让企业家、投资者和消费者来做市场选择——决定什么是最适合他们的。文化产业从业者如果对政府过度依赖，往往会限制创意经济的活力。

政策导向型的产业发展模式决定了在我国城市文化产业发展过程中，尤需关注从决策的视角对区域产业政策的规划与设计，权衡利益相关者（policy stakeholders）的意见和态度，在政策目标及具体措施上应反映出个人或团体的要求。避免盲目的、单边的、运动式的决策和执行方式。由于文化产业性质的特殊性，需要政策在引导其发挥经济贡献的同时，还要突出其社会价值：进一步引导文化产业在促进社会融合、提高人口素质等方面发挥积极作用。任何单纯以经济为发展旨向，唯GDP为首的发展目标，必将违背我们发展文化产业的初衷。可见，正确处理好文化产业的市场取向与价值导向之间的关系，显得尤为重要。以下就目前国内城市文化产业发展中存在的一些问题谈谈看法。

其一，从政策措施来看，一些城市文化产业发展落入依靠资金投入和项目审批的高度"计划型"政策中。不论是系列工程、重点企业和项目的审批，还是专项基金的资助，主要思路都是通过政府行政力量和资金补贴给予企业外在的推动力。因为不是企业的内在动力，所以，很容易成为政府的形象工程，甚至成为某些利益集团的牟利工具。一些城市政府代替市场主体直接参与到文化产业投资中。这是非常不可取的。国外学者曾分析文化产业的特点：

> 第一个特点是，固定生产成本较高，创意中需要投入大量成本；与此同时，文化产业副本制作和配给的成本却很低，甚至为零。这就决定了对文化部门来说，要实现规模经济，接触到尽可能多的受众、实现纵向和横向的联合至关重要。第二个特点是，服务对象需求不确定，只有新信息才有价值，因而对文化产品生产者和消费者来说文化产品都是新的，他们都不可能提前知道究竟想要什么。所反映出来的信息是：文化产业投资风险较高，往往只有少数人投入后能获得巨大经济效益，而其余大部分则是血本无归。文化产业往往适合资金充足的、可以实现规模投资的大公司来操作。文化产业营销的费用在成本中占的比例越来越大。第三个特点是文化商品的内在特性决定了它在消费过程中不会遭到破坏，因此很难做到独家垄断，也很难通过价格手段带来有效需求。[1]

可见，文化产业是高风险并不一定高回报的产业。发展文化产业，资金耗费很大，如果投入不作投资风险评估、执行过程的管理和项目监督，就很容易造成国有资产的流失。这涉及政府在其发展中的角色问题：政府

---

[1] Nicholas Garnham, From Cultural To Creative Industries—An Analysis of the Implications of the "Creative Industries" Approach to Arts and Media Policy Making in the United Kingdom, International Journal of Cultural Policy, 2005, vol. 11, No. 1, pp. 15 – 29. 〔英〕Nicholas Garnham 著《从文化产业到创意产业——解读英国艺术及媒体发展政策中"创意产业"一词的含义》，马绯璠译，《文化艺术研究》2009 年第 2 卷第 6 期。

不宜直接干预与控制文化产业的发展，公共干预的目的是弥补市场失灵。政府的职责应转移到强化管理和服务上来。通过运用更多市场的手段去激发各种社会力量积极参与，提供更多、更优质的信息、市场、技术、监管等方面的公共服务，科学制定规则，维护好公平的市场竞争秩序；同时，建立产业金融促进和支持体系，为企业发展提供外部服务（如基础性学科研究、公共技术平台、人才引进、为增进从业人员技能而开展的能力建设方面的培训等），增加科技研发投入，完善信息服务体系，积极为本地产品及品牌开拓市场做好宣传和推介工作，等等。

其二，从发展格局来看，国内文化产业各门类区域间结构趋同、同质竞争、重复建设现象十分突出。动漫游戏、影视动画等新兴文化产业遍地开花，产业园区蜂拥而上，集群战略过度使用[1]，名不副实现象严重，文化"走出去"战略纷纷提上日程。这是地方政府在规划中忽视区域资源、优势、特色及不足的重要表现，盲目跟风导致区域性体现不足，投资风险增加。一个城市文化产业的发展首先要立足于本地市场，满足本地大众精神文化需求，然后再将目标指向国内市场，这是基础。在此前提下才能考虑"走出去"战略。但我国很多地区在制定文化产业发展战略时，并没能充分考虑到这点。对于"走出去"条件成熟地区，也还需要进一步明确：文化产业，内容是关键，在全球化背景中区域文化产业只有以本民族的、本土的，具有鲜明的文化特色的东西，外加上先进技术的支撑，才能吸引世界和推向全球。并且，整个吸引和推介过程需要取得全球效应，从国际反响中进行总结，才能取得实质效果，否则很容易落入我们的一厢情愿。

其三，从增长方式来看，一些城市文化产业仍以高投入、高消耗、低产出、低效益为特征，这种增长方式较多注重经济增长的数量和速度，忽视经济增长的质量和结构。文化产业有其自身的产业发展规律，需要向科学、集约和优化的方向调整，如果只关注规模扩张和数量增长，势必影响产业今后可持续发展能力，成为一种数量上的"大跃进"行为。譬如，我们一总结成就时，通常就引出数量，多少个第一云云，但质量如何，社

---

[1] 产业集群战略若有效发展，将有助于建立创意产业各个分支部门内部和相互之间的协助关系，促进区域合作的最优化；但使用不当就变相成为文化圈地运动，或房地产化。

会效益如何，国内国际影响如何都不提了。

其四，从方法途径来看，许多城市提出要通过培育扩大文化消费来促进文化创意产业快速发展。此观点是基于对——当人均 GDP 超过 3000 美元时，文化消费会快速增长；接近或超过 5000 美元时，文化消费则会井喷——这一国际经验的盲目乐观。但事实上，这一经验在国内并没有应验。之所以出现这种状况，必须要考虑到目前我国经济社会发展的实际。经济学上说经济发展有三大推动力：一个是投资，另一个是出口，还有一个就是消费。尽管我国 GDP 持续增长，但我们的增长模式主要是依赖于出口与投资，内需拉动乏力；由于社会保障制度建设不完善，居民的可支配收入大多用于住房、医疗和教育等方面。如果居民消费结构短时期内改变不了的话，文化需求相对来说将长期处于被抑制的状态。所以，提高民众的文化消费水平还不仅仅是培育消费群体的问题（这个固然重要），还与其他深层次问题，譬如发展模式、产业结构等纠结在一起。

其五，从外部环境营造方面来看，有些城市出现重文化产业发展，轻公共文化事业发展的现象。认为文化产业是挣钱的，而公共文化事业则是需要花钱的。这是经济思维至上的表现，也是短视的行为。文化产业可持续发展有赖于地区文化资本的保护和文化资产资源的发展。可见，对市民的文化保障与福利政策，毫无疑问，应该被当作鼓励和支持文化经济发展战略的一部分，而政府对此有重要的职责。我们可以看到韩国文化艺术振兴政策首先做的就是改善文化产业的大环境，强化文化艺术教育和扩大文艺的社会作用，扩充文化基础设施和改善设计环境；建立灵活多样的文化扶持方式，鼓励普通市民参与文化活动。事实上，一个城市文化生态的繁荣、发达，公民素质的提高，必然引领整个社会文化消费水平的提升，同时也带动行业领域创意人才核心竞争力的增强。这一定是一个相辅相成的过程。

最后，从未来发展趋势来看，文化产业也逐步向产业融合转型。文化产业的基础资源不再仅仅局限于文化资产资源；技术导向型创新、软创新、艺术创意及信息与通信技术（ICT）支持等，对产业未来创意资本的形成将显得更尤为重要。促进相关领域的研发和技术设备的建设，成为政策战略重要的基础性工作。一般产业价值链中有三个主要环节，即研发设计、加工制造和市场营销。文化产业转型融合后，主要占据产业链的研发和销售服务环节。这就决定了政策支持或政策干预的重点会发生转换。譬如，需要关注创意投入产业供应链中的原创内容环节。这里政策措施不是干预内容，而是从教育和培训、知识产权体系、文化生态多样性等外部环境予以支持。此外，建立对文化产品进行有效营销的市场网络及支持机制，也将是需要政府政策扶持的关键领域。

第五节　创意城市：何以发展文化策略？
——深圳文化立市十年实践（2003~2013）

谈深圳这座城市的历史，人们往往想起一首歌："1979年，那是一个春天，有一位老人在中国的南海边画了一个圈，神话般地崛起座座城，奇迹般地聚起座座金山。"（《春天的故事》）深圳凭借着中央赋予的政策优势，在全国确立了"经济特区"的特殊地位。早期的"淘金梦"造就了一座年轻城市的迅速兴起，从轻加工制造业的"三来一补"[1]，到用中国制造的产品服务于世界的枢纽。如今，深圳的常住人口超过1000万[2]，2012年深圳的国内生产总值（GDP）约2000亿美元。不断创新发展成就了这座新兴的与世界接轨的全球次级城市。30多年的锤炼，这座城市除了自身所面临的土地和发展空间的制约外，作为经济特区原有的一些得天独厚的条件正在逐步丧失，与中国内地城市之间的竞争日趋激烈。深圳未来何以发展？城市转型的方向在哪里？为了寻求新的解答，文化策略引导下的"创意城市"[3]发展路径是城市可持续发展的巧妙（smart）[4]选择，

---

[1] 三来一补指来料加工、来样加工、来件装配和补偿贸易，是中国大陆在改革开放初期尝试性地创立的一种企业贸易形式。

[2] 统计局数据：2012年末常住人口1054.74万人，户籍人口287.62万人。也有数据显示深圳居住人口大约在1500万人左右。

[3] 英国学者查尔斯·兰德利提出的创意城市，实质上是一种崭新的策略性的都市规划法，倡导借由运用人的想象力和才华，去思考、规划并行动，以解决城市中的各种问题。"创意城市"（Creative City）是在"文化规划"（Cultural planning）基础上发展出来的新的概念，既有继承性，也有突破点。

[4] Smart在英文中有更多的内涵，除了"巧妙的"以外，还有"可实现的"、"流行的"、"精明的"，等等。

最终应是以人为中心的城市综合发展观的形成。这里的文化不可狭义理解，其中所谓的文化策略则主要是指对城市软资产的整合。对于一个经济基础良好的城市而言，软实力是决定城市竞争力的关键，也是宜居城市发展的核心。深圳自2003年确立了"文化立市"发展策略，经过十年的发展，有成功的经验，也有不足的地方。以下是对深圳城市十年实践的探讨与期许。未来是否能够因应新趋势，破除陈规旧习——改变传统管控技术，建立现代治理的韧性和适应力，是创意城市是否能走向成功的衡量准则。

一　城市发展中的文化策略与作为

英国学者查尔斯·兰德利指出，创意城市的管理不能仅仅遵循诸如住宅、公园、卫生、治安或交通等传统的机能路线来规划，而且必须考虑类似"城市营销"的工作。这不是简单的"广而告之"类的营销，或我们通常所言的提高城市"知名度"的问题，策略的关键在于城市软资产的协调。兰德利认为这一过程涉及概念包括：图像学（Iconics）、设计意识（Design awareness）、环保意识（Eco-awareness）、艺术与艺术性思维（Art and artistic thinking）、气氛与经验（Atmospherics and experience）、丰富联想与制造共鸣（Associational richness and resonance creation）、文化深度（Cultural depth）、建立网络的能力（Networking capacity）、沟通及语言技巧（Communication and language skills）。[①] 兰德利提供的是一个城市理想的、均衡发展的管理策略，但事实上不同城市所处的起点不同，在处理软资产时，所采用的政策工具也是不同的。

如今城市借由"图像化地"（iconically）呈现自我来参与竞争，可以借助具体实体，如公共建筑、重量级/有影响力的公司、大型文化活动、某人与一座城市的关联，等等；也可以借助无形的城市精神、地方性知识（传统/现代）、思想观念，等等。深圳"图像"的最初意象是中国改革开放的总设计师——邓小平。深圳从一个边陲小渔村，被政策性定位为"经

---

① 〔英〕查尔斯·兰德利著《创意城市：如何打造都市创意生活圈》，杨幼兰译，清华大学出版社，2009，第25~31页。

济特区",发展成为现代化都市,离不开这位政治领袖的决策。与之关联的是这座城市与生俱来的自主创新的精神气质和海纳百川的城市气度。被想象为拥有无限机遇的深圳,吸引了全国各地的年轻人汇聚于此,凭着追逐梦想的闯劲,靠着市民自豪感所激发的信心,让深圳在异常激烈的城市竞争中,仍能焕发着持久的魅力。城市图像具有强烈的象征内涵,当我们提及"深圳"时,一大串联想便会浮现脑海:年轻、活力、热情、包容、开放、创新、宽容、高效、勤奋、忙碌、孤独、欲望、金钱、躁动、漂泊、不安、疏离、焦虑……丰富的想象力夹杂着人们所认知的关于这个城市的知识与体验。城市图像与地方感(the sense of place)是互为表里的紧密结合体,一个是环境外在表现,一个是人内在感受。在全球化均质浪潮中城市图像与地方感的重建,对于城市独特性发展显得尤为重要。城市的"自我图像"(the iconic)既有稳固的一面,也有不断发展的可塑性。因此,文化政策中具有象征性的举措可以构思并塑造城市新的"图像",而积极正面的城市图像也有助于地区认同感的建构。

年轻的城市往往因缺乏源自历史的文化深度而饱受诟病。早期,深圳文艺、科学、教育、精神生活等方面都较为匮乏,"文化沙漠"成为城市的代名词。无论是政府,还是民间,对此都非常不满。一时间,媒体上充斥着大量的相关争论。对于一座城市,爱才会关注,关注才会产生喜欢和不满,不满才会有所批判,批判是希望其进步,并寻找从弱处入手的解决办法,确立自身发展的方式与优先要务。从某种意义上来说,深圳文化立市发展策略即为了摆脱、颠覆这一意象而生发的。2003年深圳加强了传统城市管理的整治工作——净化城市环境,畅通城市交通,安宁社会秩序等;与此同时,城市管理者提出了"文化立市"的基本策略。政府依据城市发展中积累的优势文化资源,积极推动"图书馆之城""钢琴之城""设计之都"建设。依托具体的规划项目——大型公共文化设施及其基层的公共文化设施网络、全民参与性的文化节庆及活动(关爱月、读书月、创意十二月等),逐步营造出充满生机的文化氛围,也增强了移民之城的地方认同感。"图书馆之城"不单是硬件设备的全民共享化、数字化建设,而且更是倡导让阅读成为市民生活方式的一部分。"钢琴之城"不是一种强制化的艺术学习或艺术消费,是城市艺术品位及艺术追求的主张。"设计之都"则是利用民间设计精英聚集的优势，重点发展文化产业链的高端环节，作为战略工具指导城市转型，利用"设计意识"创造审美化的日常生活环境。"知识"（创新源于现有知识的积累和对现有知识的不满足）、"艺术"（生活的审美、思维的反叛和创造力的源泉）和"设计"（美学与经济学的糅合）这三个极具象征意味的元素，成为这座年轻的雄心勃勃的城市新的"图像"追求。城市文化管理者在这三个新的"图像"中寄予了对这座城市的美好期望：这将是一个思想、知识、智慧和创造力源源不断的生发之地。

这十年来，社会上的资源大都在政府的主导下配置和运行。在这样的背景下，政府的文化政策发挥了重要的引导和推动作用。当这座城市确立了文化强市目标后，先后制定了《深圳市文化发展规划纲要2005～2010》（2005）、《深圳市文化产业发展促进条例》（2008）、《加快文化产业发展若干规定》（2008）、《关于全面提升深圳文化软实力的实施意见》（2010）、《深圳文化创意产业振兴发展规划2011～2015》（2011）及其配套政策、《深圳文化发展"十二五"规划》（2012）、《关于深入实施文化立市战略建设文化强市的决定》等系列政策文件。文化因素也融入了城市规划与发展的技术细节中。如通过与旧城区、旧工业区、旧商业区改造相结合，置换出更多的富有创意的文化发展空间。这里既有公共文化生活空间，也有兼具公共性与商业性的交融地带，甚至还有公共艺术、思想理念的先锋试验场。政府、公共机构、企业、民间组织、专业人士、创意人群和市民都可以进入这一场域进行互动。例如，有的开发成为深圳文化创意企业服务的文化集聚区，有的成为培育民间文化组织的工作坊、活动场所，还有的则开展深港/城市建筑双年展这类较为前沿的公众交流推广项目。2013年举办的第五届双年展就是利用改造过的原广东浮法玻璃厂的工业厂房和蛇口客运码头旧仓库进行布展的，该项目也是一个多元结构的组织、运作框架。

从全球范围来看，政府利用文化政策对文化发展相关的社会公私行为做出有选择性的约束和指引，已成为一种普遍选择。但文化发展最终所呈现出来的文化活力和多样性，往往是从非正式的民间生态中展现出来的。伦敦早在2008年公布的文化战略草案《文化大都市——伦敦市长2009～2012年的文化重点》中，就明确提出要建立机制减少官样文书、支持创意和草根智慧。深圳是一个移民聚集的"草根"城市，"草根"城市最初孕育的文化也是一种"草根"文化。有学者认为草根文化是一种动态的、可变的文化现象，它具有强大的生命力、基层性和独立性。草根文化的这种特性决定了它必然有种冲破桎梏、勇于创新的精神。可能很多人不屑于谈论深圳早期"大家乐"这种由外来打工者创造的群众文化活动模式。然而，正是这种草根文化开创了中国娱乐文化大众化的先河，带动了文化市场的发育、成长；同时也成为市民积极参与文化活动、开展社会文化生活的开端。深圳在文化立市十年实践中，清晰地认识到文化的民主化，不仅仅在于为全体市民乃至工作于此、生活于此的民众，创造文化近用和文化选择的渠道、平台；而且更为重要的是要激发民众创造的潜能，为他们提供成就梦想的机会和空间。深圳在市场经济下的文化产业创新发展，无论是大型公司的执著，还是中小企业的坚韧奋斗，都为我们呈现了文化市场领域内生机勃勃的景象。民间组织也伴随着这座城市广泛的文化实践在逐步成长，目前还未摆脱成长的烦恼。从未来改革方向可见，社会配置资源的机制将会逐步改变，治理能力的建设将成为重要议题。城市文化策略的运用还需要进一步落实到如何让民众能够真正参与到经济政治文化社会生活中，并在参与过程中实现社会治理。

深圳十年来所获得的国内国际殊荣：

2007年深圳市被确定为综合性国家高新技术产业基地和国家知识产权示范城市创建市；
2008年荣膺联合国教科文组织全球创意城市网络授予的"设计之都"称号；
2009年深圳当选了"杰出的发展中的知识城市"，成为第一个获此殊荣的中国城市；
2012年深圳第四次获得"全国文化体制改革工作先进地区"称号；
2013年深圳荣获联合国教科文组织授予的首个"全球全民阅读典范城市"奖章。
此外近年来，深圳文化创意企业、文化创意产品、文艺精品在国际国内获得的殊荣更是举不胜举。

二 地方性知识:城市软实力的内核

"地方性知识"概念最初是由美国著名的文化人类学家克利福德·格尔兹(Clifford Geertz)提出的。格尔兹认为"文化是一种通过符号在历史上代代相传的意义模式,它将传承的观念表现于象征形式之中。通过文化的符号体系,人与人得以相互沟通、绵延传续,并发展出对人生的知识及对生命的态度。"① 他认为,各种文化都有其存在的价值。基于此,格尔兹提倡一种"地方性知识"的视角,认为任何主体在认识过程中都要受到特定立场的局限,任何认识在本质上都是一种"地方性知识"。在本文中,深圳的"地方性知识"包含两层涵义:其一是指深圳在十年实践中形成的新的理念、新的想法,以及引导市民行为的价值观念和态度,这里姑且称为"深圳观念"。其二是指深圳在文化发展战略探索中积累的"智慧资本"(Intellectual Capital,IC)。在管理学和经济学中不同的理论流派,对于"智慧资本"的定义皆有所不同。不过,对于智慧资本属于无形资产(intangibles)的定义是无争议的。对于城市而言,通常将人力资本;知识资本;认知能力、创新能力、想象力和科研能力所创造的价值;城市特色及非物质文化遗产;乃至城市发展的特有经验等,均视为智慧资本的组成元素。深圳在短短的发展历史中,以创新的方式改变了资源增长模式,不单纯依靠物质积累与文化沉淀,积极创造"地方性知识",确立了城市自身独特的软资产。

"地方性知识"的形成与地域发展的特殊情境相关,不可避免会受到环境的制约以及时代的影响;同时,地域性决定了这种无形资产在其他地区的不可复制性。"地方性知识"不是一个稳固的形态,有不断变化的可能性,它在不断进化过程中成为城市软实力的核心。以下分别从"深圳观念"和"智慧资本"两方面,展开对文化立市十年实践中形成的"地方性知识"的探讨。

深圳曾在2010年经济特区成立30周年之际,发起过"深圳十大观

---

① 转引自王铭铭著《西方人类学思潮十讲》,广西师范大学出版社,2005,第117页。

念"评选活动。① 虽然评选出来的深圳观念有政治口号之嫌，但这种颇具感召力的特殊话语形式，浓缩了深圳过去的年代及当今社会的主流信息。当生活于此的民众因鲜明的社会主题而热血沸腾，并予以广泛认同时，这些口号便积淀了时代的情绪、欲望、主张、观念乃至信仰。客观地讲，评选出的"深圳十大观念"发挥了凝聚民心的话语"磁场"的作用，但感性宣泄代替不了理性的思考和实践。这些观念，有的在深圳早期——脱离计划经济刚走向市场经济时——发挥过积极作用，因此带有强烈的时代色彩，拿到今天有些就需要反思了。如"时间就是金钱，效率就是生命"。当然也有一些观念仍具有重要的现实意义，但还需要城市的管理者能够在制度建设方面予以完善和保证。如"来了，就是深圳人"。城市的包容性不应仅停留在情感上的慰藉，更需要实质性的政策措施来真正实现：来了，就是深圳人！深圳在文化立市十年实践中形成的"深圳文化观念"，我认为主要体现在：对文化权利的维护及对卓越的追求。深圳早些年就已提出政府应在保障市民文化权利方面有所作为，并较早开展了全市范围的公共文化服务体系建设。政府在完善文化基础设施网络的同时，举办了一系列大型文化活动，鼓励民众日常文化参与。在日益多元、宽松的城市文化氛围中，市民也意识到要维护自身的文化权利，开始主动去选择或思考文化参与的方式和内容。从听讲座、看表演、观展览……到从事文化志愿者、组织读书会、评议社会文化论题，等等。市民的文化参与在逐步走向深入，这一系列的变化体现了市民的成长。未来城市文化的发展需要市民的成长，需要每个人担负起文化责任。对卓越的追求，是深圳创新精神、务实精神的外在表现。无论是城市文化管理的不断革新，还是市场经济中文创企业的杰出贡献，勇于突破陈规旧习、因应发展趋势是进步的共同经

---

① 评选活动缘于深圳新闻网论坛上的一篇贴文：《来深十八年，再回忆那些曾令我热血沸腾的口号》。随后，由深圳报业集团主办的评选活动渐次展开，前后经历了网络征集200余条观念、评选出103条候选观念、"103进30"、"十大观念评选"四个阶段。最后由学术界、文化界、媒体代表、网民代表等组成评委会，结合市民投票权重和专家投票权重，最终评选出"时间就是金钱，效率就是生命""空谈误国，实干兴邦""敢为天下先""改革创新是深圳的根，深圳的魂""鼓励创新，宽容失败""深圳，与世界没有距离""让城市因热爱读书而受人尊重""实现市民文化权利""送人玫瑰，手有余香""来了，就是深圳人"十条最具影响力观念。

验。市民的成长同样也体现了个人对卓越的追求。

"知识城市（knowledge city）"① 是最近几年随着知识经济发展出现的新概念，是指通过研发、技术和智慧创造高附加值产品和服务，从而推动城市发展的城市。这些城市将知识管理和智慧资本规划相结合，促进知识传播和创新，为创造高附加值的产品和服务提供可持续的城市大环境。深圳在2009年举办的第二届"世界知识城市峰会"上，获得了"杰出的发展中的知识城市"称号。这是国际学术组织对深圳建设知识城市的鼓励，也是对深圳一直以来积累智慧资本、追求知识创造与融合的肯定。不过，就目前来看深圳与国内一线城市、世界城市相比，还存在不少影响"智慧资本"发展的短板。如一流高校和学术机构的匮乏，品牌及文化输出不够，高端创造型人才不足，等等。巴黎俱乐部的主席雷夫·艾德文森教授曾建议深圳应考虑研究如何建设一个知识的港口，有效集聚城市的关系资源、人力资源、社会资源等。需要制订城市的整体创新计划表，列出在社会管理、公共服务、居民健康、生态保护等各个领域需要创新的项目和计划，其中要把提升居民的幸福感作为一个重要的考量标准。② 无疑，这一建议是非常中肯的，点出深圳需要协调的软资产领域。这应成为深圳未来亟须发展的方向。深圳在文化立市十年实践中对"智慧资本"发展最大的贡献是：营造了一个崇尚知识、理性和智慧的社会氛围，即便在普通民众中，也鼓励知识的增长和创造性参与，使之成为城市复杂的开放性创新系统的一部分。

三 市民的文化权利与责任

城市中最重要的资产是生活于此的人，市民权利和责任的均衡发展是推动城市可持续发展的关键，而城市发展的终极目标也是要回归到人的发展上。从这点出发，文化策略成为城市发展的必然选择。市场经济发展过

---

① 知识城市应具备5个特点：城市基础设施健全完善，成为"数字城市"（Digital City）；以创新为动力；资本市场发达；有完善的文化艺术基础设施；吸引人才，成为"智慧资本城市"（Intellectual Capital City）。目前全球知识城市范例主要有伦敦、曼彻斯特和巴塞罗那。

② 《深圳：杰出的发展中的知识城市》，《南方日报》、《深圳商报》2009年11月6日。

程中，最初对私产的捍卫推动了深圳人公民意识的觉醒。随后，社会物质生活的改善和精神领域的进步，生发了广大市民对文化权利的诉求。文化权利是一种普遍权利，应由一切民众所享有，它富有与生俱来的平权色彩及对文化特权的反抗。民众对文化权利的诉求就意味着对文化民主、对社会平等的向往。文化发展从本质上来说，是一个社会的整体构建。与其说是管理者的责任，不如说是在管理者引导下全体民众的共同责任。所以，作为引领者的城市管理者尤其应重视以人为中心的城市综合发展观；重视城市发展过程中每位市民的积极担当和努力作为。

营造多元宽松的环境，释放民间潜在的力量，是创意城市发展的引擎。美国学者沙朗·佐京曾提过"谁的文化？谁的城市"，意思为文化是控制城市空间的一种有力手段。这里我要说"谁的城市？谁的文化"。城市的主体是生活在城市中的每一个人，每一个人都应成为社会管理的参与者。领导者需要运用文化策略实现"城市让生活更美好"的理想。但政府不是唯一的力量，汇聚、整合社会资源是重要的途径。有人言，从某种意义上看，深圳最有力量的不是政府，而是民间力量。[①] 民间所迸发出来的创造力推动着社会和市场的不断进步，也推动了政府管理谋求创新。深圳大约经历了10多年公民意识的培养和公民行动的实践过程，市民开始通过网络、社会组织及其他民间平台，理性地有效行使自己的公民权利和责任。

大约2003年开始深圳民间活跃着一群"深圳主义者"，以商界政界学界媒体界居多，"因特虎三剑客"是其中最著名的人物。他们开办了一个名为"因特虎"的网站，以"一切与深圳有关"为口号，讨论各类深圳的事情。甚至还以民间智库的名义，出版过几本深圳民间研究报告，参与议政；举办"深商峰会""深圳圆桌""双周沙龙"等论坛，希望能够像兰德那样做"独立的、介乎官民之间的进行客观分析的思想库"。尽管由于种种原因，他们没能实现这一愿望。但他们中的许多人仍坚持通过不同方式发出民间思想的话语。深圳的读书月在进行全民阅读推广时，把个人的阅读引导成群体的互动，让更多市民共同分享、讨论，形成了群体性

[①] 《解放民间力量》，《中国青年报》2011年8月9日。

的参与行为。一些民间阅读组织逐步从中产生,借助社区、公共领域甚至虚拟的新媒体平台,渐渐地开始发展全年性的、长期持续性的阅读推广。如后院读书会、深圳读书会、三叶草故事家族、彩虹花公益小书房、读书吧、99人书库等。小津概念书店、旧天堂书店、物质生活书吧等独立书店,青番茄网上实体书图书馆、中心书城"深圳晚八点"等,也以其独特的文化艺术推广方式赢得了广大市民的喜爱和推崇。在越来越多的民间读书组织、机构的带动之下,阅读习惯越来越自然地渗透到市民的业余生活,因为读书而发起的聚会成为深圳市民一股新的社交潮流,被称为"市民体会城市生活幸福感的重要来源"。深圳的民间力量不只体现在阅读推广中,还有大量的活跃于各个领域的社会组织①,如倡导环保的"磨坊""蓝色海洋";设计农村校舍的"土木再生";推广建筑文化、促进城市及建筑的可持续发展的"ATU观筑",以及观鸟协会、募师支教志愿者团队……其中,非深户籍志愿者约占一半以上,他们以实际行动为社会奉献自己的一份力量。截至2013年12月,深圳全市共有注册志愿者90.2万人,占常住人口的8.5%,位居全国大中城市前列,登记备案参与志愿服务的社会组织1407家,团体志愿者组织2557个。②

文化策略引导下的城市发展,鼓励市民行使公民权利、履行公民义务,使市民在社会文化生活参与过程中深切体验对荣誉、责任和权力的认知。全球化时代城市的发展容易千城一面,失去历史传统。如何既不悖逆世界发展潮流,又能联系地方,在我们传统文化中汲取养分,突出城市的独特性?是值得城市管理者深思的问题。这里的独特性不单指建筑风格和城市形态,还指城市生活的氛围,乃至于其中的人的精神素养。权利观念在西方文化中是一个人对另一个人的外在的和实践的关系③,体现更多的是一种外在的约束力。中国传统文化中对德性的强调,则主张依靠内在道德的提升及其外化,达到内外平衡及和谐。用之于社会即讲求人与人之间的友善

---

① 截至2012年底,深圳市社会组织总量达到了5656家。深圳社会组织改革和发展在全国都走在前列,2012年也是深圳社会组织高速发展的一年,比上一年度增加了24.2%。
② 《我市注册志愿者逾90万》,《深圳特区报》2013年12月6日。
③ 康德在谈到权利概念时,认为它首先涉及的是"一个人对另一个人的外在的和实践的关系。因为通过他们的行为这种事实,他们可能间接地或直接地彼此影响。"康德:《法的形而上学原理》,商务印书馆,1991,第39~40页。

关系。友善虽然多表现在个人行为，但体现的是一个社会的进步。无论是西方的权利观，还是东方的和谐观，都能给予我们很多的启示。重点是如何融合于城市管理中去思考、规划并行动。台湾学者林士清提出"友善城市"的概念，其核心内涵是：保证生态安全的前提下，给居民提供舒适便捷、供应充足的日常生活所需的物质需求。衡量友善城市的发展指标主要分为两个方面，一是从民众角度看生活品质、公共安全、健康社福、生态环境、交通建设；二是政府角度，包括多元文化、城市观光、公共设施、社会公益、经济发展等。[①] 这同样是以人为中心的城市综合发展观的另一种阐释，不过内容上更倾向于市民的物质需求。我认为友善城市不应只关注物质方面的支持，还应考虑市民主观精神世界的感受。

近期美国高端旅行杂志《悦游》（*Condé Nast Traveler*）公布了46000位读者评选的2012年度世界最不友好城市榜，深圳意外入榜，排第14位。《悦游》强调它的排名是根据地点、政治观念、面积、语言障碍等因素所决定，并不一定与当地人的粗鲁行为相对应。总体而言，这主要是外籍旅行者的主观印象，其中英语普及程度不够所造成的语言障碍的确是深圳软肋。事后，深圳新闻网对此作了一份网民民意调查。许多人认为深圳确实不够友好，上榜原因依次可能是：房价物价高、生活压力大、人际关系淡漠，生活节奏快，治安不好，缺少城市文化，政府与市民关系不够好，等等。选出的主要改进领域为：房价、治安和城市文化建设。这是生活于此或曾经生活于此的部分民众的意见。事实上，人们对城市生活的怨恨、无奈等复杂情感在中国城市化过程中还相当普遍，类似的观点也普遍存在于其他城市中。其中暴露出的问题亟须城市管理者深入探讨——如何实现经济增长与生活质量提升相统一？如何利用文化策略增强城市的软实力？如何使城市的进步服务于人的发展？

结语：每一座城市都是独特的。深圳城市的特殊性不仅来自于其短暂而迅速发展的历史，而且还体现在历史遗留问题对深圳当前及未来发展的影响。当年经济特区成立时设置的二线关，造成原特区内外发展不均衡。

[①] 新加坡南洋理工大学2013中国服务型政府城市调查发布会暨2013连氏公共管理国际研讨会，2013年11月15~16日。

深圳是典型的移民城市,也是中国人口结构最年轻的城市。户籍人口占常住人口比重约27.3%①,可见人口的流动性很大。地理上的不平衡发展及人口结构倒挂,为深圳城市管理带来了诸多挑战。文化立市,不应仅仅局限于城市中的文化计划、项目等,需要文化整体观的引领,打破户籍人口与常住人口的界限,以全体市民的福祉为依归。文化立市战略在深圳未来的发展方向应该是:文化策略引导下的创意城市路径。它需要城市管理者能够突破常规思维,灵活、变通地整合城市软资产,创新性解决城市问题。深圳十年实践,虽然理想与现实仍有差距,但星星之火可以燎原,这是笔者个人对深圳改革创新的期待。

---

① 截至2012年底统计数据。

附一
深圳在世界城市及中国大陆城市中的位置

编者按：以下国际、国内研究机构在进行城市综合竞争力或单项竞争力研究时，经济是首要考量因素，有的也包括了一些社会综合因素的测评。在"全球城市指数""全球生活成本调查""全球最宜居城市排行榜""全球城市竞争力指数""国际生态环境可持续发展城市100强"等研究中，都关注了文化及相关领域的发展对核心领域的影响。然而这些衡量通常都很简略，仅基于寥寥几个指标。如《外交政策》杂志"全球城市指数"评分城市文化体验时仅使用了三个指标。

1. 在2010年"全球化与世界级城市研究小组与网络"（Globalization and World Cities Study Group and Network，GaWC）排名中，深圳位居第2级世界都市。

说明：GaWC世界级城市排名是以英国拉夫堡大学为基地，尝试为世界级城市定义和分类。世界级城市名册于GaWC 5号调查学报中概述，以国际公司的"高级生产者服务业"供应，如会计、广告、金融和法律为城市排名。GaWC的名册确认了世界级城市的3个级别及数个副排名。不过这份名册一般是以城市设有多少提供金融及顾问服务的跨国公司营业处排名的，不是按文化、政治和经济等中心为考虑因素。

2. 在2011年美国《对外政策》杂志（Foreign Policy）"全球城市指数"排名中，深圳居第65位。

说明：《对外政策》杂志是在哥伦比亚大学社会学教授萨斯奇亚·萨

森等人和一些组织的研究基础上，发布了全球城市排名。此项排名的依据主要聚焦于5个领域：商业活动、人力资源、信息交流、文化积累及政治参与。

3. 在2012年美国美世咨询公司《全球生活成本调查》中，深圳居第30位。

说明：全球人力资源咨询和服务机构美国美世咨询公司的《全球生活成本调查》是全球最全面的生活成本调查，旨在协助跨国公司和政府机构为其海外派驻人员确定适当的薪酬津贴提供参考。该调查涵盖了全球五大洲的214个城市，衡量了各地200多个项目的相对成本，包括交通、食品、服装、家居用品以及娱乐。住房成本也被包含在内，因为这往往是海外派驻人员最大的一笔支出，在决定各个城市的排名情况时起到重要的作用。纽约被用来作为基准城市，其他所有城市都与纽约进行比较。汇率变动对照美元加以衡量。

4. 在2012年英国"经济学人智库"（Economist Intelligence Unit, EIU）"全球最宜居城市排行榜"中，深圳居第82位。

说明：英国"经济学人智库"每年发布"全球最宜居城市排行榜"，对世界范围内的大城市分别在社会稳定性、卫生保健、文化与环境、教育、基础设施5个方面进行评分，满分为100分，按得分从高到低排序。2012年，共有140座城市参评。中国上榜城市得分均在70～80分（深圳得分72.8），对处在这个分值区间的城市，EIU的报告中给出的评价是：总的来说日常居住环境较好，但仍有一些方面存在问题。

5. 在2012年英国"经济学人智库"（Economist Intelligence Unit, EIU）"全球城市竞争力指数"排名中，深圳居第52位。

说明：英国"经济学人智库"以城市8类竞争力和31项单独指数对全球120个城市进行了评估，包括经济竞争力、人力资源、金融产业成熟度、机构效率、硬件建设、国际吸引力、社会与文化特质、环境与自然危害等。该榜单由欧洲和美国的城市为主导，而亚洲城市在"经济增长"这一项普遍表现较好。其中天津、深圳、大连三城位居"经济增长"项排名前三，在此项排名中，前20位中国城市占据了12位。在此研究基础上，花旗银行（Citi）委托研究人员进行了一项有趣的调查，预测2025

年哪些城市将最具竞争力。这项调查基于多项因素对城市进行排名，其中包括爆发战争的概率、基础设施、犯罪情况、自然灾害风险以及教育水平等。在该项预测中 2025 年城市竞争力排行深圳居第 69 位。

6. 在 2008 年"国际生态环境可持续发展城市 100 强"排名中，深圳居第 72 位。

说明：2008 年《世界华人报》周刊联合国际绿色环保管理委员会、美国俄克拉荷马州立大学、台湾逢甲大学、加拿大皇后城学院、中国科学院老专家技术中心、中国政法大学商学院、中国人民大学商学院、蒙代尔国际企业家大学等 108 家大学、学术理论科研机构等组成的"世界华人经济品牌实验室"负责国际生态环境可持续发展城市 100 强的资料收集和最终测评工作，对全球城市进行了筛选和测评，选出国际生态环境可持续发展城市 100 强。该排名主要是根据 6 个标准来测评。生态指数（气候、自然灾害防范、绿化、废水排放、空气污染、节能减排）、经济指数（自然资源合理利用、减少和消除有害物质、调节净化能力、生态系统的良性循环）、服务指数（市政管理、道路交通、物资供应、金融服务、社会保障制度）、安全指数（政治稳定性、犯罪、安全保障）、置业指数（基础设施、住房结构、住房配套品、维护服务等）、综合指数（教育、文化、娱乐、体育）6 个标准中又分别包含气候、节能减排、城市绿化等 26 个小项，各项评分汇总后排名。从榜单来看，欧美国家城市占 70%，这说明欧美国家从整体城市结构、城市环境、社会文化环境以及经济环境和自然环境都体现出综合竞争力和明显的竞争优势。发展中国家包括中国，想达到同一水平还需要更多的探索和努力。

7. 在 2013 年万事达卡（MasterCard Worldwide）"世界旅游目的地指数"（Mastercard Global Destination Cities Index）调查中，深圳进入全球增速最快的 20 个旅游目的地城市之列，居第 15 位，估算 2013 年比 2009 年增长 60.9%。

说明：万事达卡"世界旅游目的地指数"是针对全球 132 个受调查的城市就旅游人次以及旅游消费进行调查。旅游人次是由国际全球航班信息里所提供的国际航班及航运量的数据汇集而成。航班排程也被用来计算城市之间的航班频率。航空公司还定期公布承载率和航班排程来估计实际出境旅客和对未来一年的出境旅客量提供预测；旅游消费则是根据联合国数据库"服务贸易"中的"旅行部分"提供每年有多少居民在国外的消费进行估计（在本国支付的机票费用不包括在内）。此跨境消费的总数再除以估计离境的旅客总数就得到了每位离境旅客平均的跨境消费。该指数及相关报告并非基于万事达卡的交易数据，它反映全球经济和世界贸易流动情况。

8. 在2012年伦敦金融城公司的"全球金融中心指数"（The Global Financial Centres Index，GFCI）排名中，深圳居第32位，较2011年9月公布数据下降了7位。

说明：伦敦金融城公司的"全球金融中心指数"（GFCI）是全球最具权威的国际金融中心地位的指标指数。2007年3月开始，该指数开始对全球范围内的46个金融中心进行评价，并于每年3月和9月定期更新以显示金融中心竞争力的变化。该指数着重关注各金融中心的市场灵活度、适应性以及发展潜力等方面。GFCI指数将构成金融中心竞争力的诸多因素划分为五个核心领域，即人才、商业环境、市场发展程度和基础设施，以及在上述四个领域的领先进而具备的总体竞争力。在研究模式中，人才指标包括了人才的匹配、劳动力市场的灵活度、商业教育、人力资本的发展等；商业环境是指市场监管水平、税率、贪腐程度、经济自由度、商业交易的便利程度等；市场发展程度指标包括了证券化水平、可交易股票和债券的交易量与市场价值、众多金融服务相关企业集聚于某一金融中心产生的聚集效应等；基础设施主要是指建筑和办公地的成本与实用性；总体竞争力则是基于"总体大于部分之和"的理念而创造的城市的总体竞争力水平及城市宜居程度等指标。2012年3月公布的全球金融中心指数第11期报告，采用了80个指标，其中37个指标在第9期报告后进行过更新，另外还有5个新加入的指标。报告显示，香港、新加坡、东京、上海、北京、台北和深圳的得分均出现下滑。中国内地金融中心得分下滑的趋势尤甚，有金融评论家认为外汇管制是原因之一。在全球金融中心指数第11期报告的全球金融中心分类中，上海定位在相对宽泛（Relatively broad）层级中的"全球多元化"（Global diversified）金融中心，北京定位在相对较深（Relatively deep）层级中的"全球专业性"（Global specialists）金融中心，深圳定位在与北京同一层级中的"跨国专业性"（Transnational specialists）金融中心。

9. 在 2012 年《福布斯》（Forbes）"中国大陆城市榜"中，中国大陆旅游业最发达的城市前十位，深圳居第六位；中国大陆最佳商业城市前十位，深圳居第三位；中国大陆创新能力最强的城市前十位，深圳居第二位；中国大陆经营成本最高的城市前十位，深圳居第十位。

说明：《福布斯》（Forbes）中文版于 2003 年进入中国，已成为中国最有影响力的财经杂志之一。《福布斯》中文版权威的榜单在中国财经媒体中独树一帜，在其所涉及的领域中都成为引起广泛关注和媒体争相报道的标杆。

10. 在 2013 年中国社会科学院《中国城市竞争力报告》中，单项指数排名：深圳在可持续指数居第三位；综合经济指数居第二位；宜商指数居第七位；和谐指数居第五位；知识指数居第三位。

说明：《中国城市竞争力报告》由中国社科院主办，自 2003 年开始，每年发布一次，对全国 200 多个地级以上城市综合竞争力进行比较。2013 年报告首次使用宜居、宜商、和谐、生态、知识、城乡一体化、信息和文化 8 个方面 68 个客观指标，构建了城市可持续竞争力即未来竞争力指数。蓝皮书专家表示，把宜居作为城市的基本和首要功能，推动城市协调、和谐、可持续发展，才能真正提升城市竞争力。

虽然以上林林总总的"城市排行榜"研究都可谓"一家之言"，但从中大致了解到各类指标体系对文化要素的考量并不多，也不充分。我们应认识到：文化为城市经济和社会生活所做出的贡献是一个值得进行更为深入和全面研究的课题。事实上，在其他相关研究中，已经开始逐步认识到广义的文化因子对经济发展的倍增效应。2007 年 3 月，纽约市合作组织（Partnership for New York City）联合普华永道会计师事务所发布的《机会城市：21 世纪宜商环境指标》（Cities of Opportunity：Business-Readiness Indicators for the 21st Century）中就明确提出：在新一轮的全球城市竞争中，商务成本不再是首要因素，那些在自身特色和无形资产方面有良好表现的城市会有更多的胜出机会。所谓的无形资产是指非物质资产，不以物质为基础，而主要通过知识资本、认知能力、想象力、创新能力和研究能力等来创造价值。文化显然是首当其冲、不可忽视的测量领域。伦敦发起的《2012年世界城市文化报告》即可看作是关于文化和未来城市发展的全球倡议。① 研究报告通过深度分析方法,对全球12个知名城市的60多项相关指标进行了比较。课题组采用了经济合作与发展组织(OECD)分析文化活动的框架,考察了城市文化活动的多样性、发展和活力等,统计指标分布在文化生产、文化消费及参与领域。当文化竞争力被视为全球城市的软实力时,并没有形成一个比较成熟的测量框架去衡量、评估文化的综合价值。这种现状与文化的战略地位是极为不匹配的,但同时也给我们的研究带来了更多的机遇和挑战。

以上各类城市排行榜中,深圳在中国大陆城市中的经济表现十分突出,这是城市发展的一个重要基础。日本经济学家驮田井正曾提出一个文化经济学基本公式:生活的丰富度(幸福)= 文化力×经济力(财富)。在这里,文化力实质也是"软实力",是指通过较少的物质来获取较大的满足,或通过尽可能少的牺牲来获取更大的满足,可以说是有效利用物质资源的一种能力②。可见,文化力不能狭义理解,应以整体观的视角对待城市中的各种资源。相类比,一个城市的综合竞争力同样也是等于软实力×经济力,其中软实力可以制造"乘数"效应。可预见,深圳未来的发展不仅需要保持其经济实力,而且更需要加强其软实力。软实力与经济力的同步发展对深圳城市的可持续竞争力十分关键,但更为重要的是生活在城市里的市民,他们的幸福同样依赖于经济力的保持、软实力的提升。从这一视角展望,深圳城市文化发展策略在未来仍具有重要的实践意义。

---

① 近日发布的《2013年世界城市文化报告》显示参与的城市已扩展为22个。报告从文化遗产、文学、表演艺术、电影和游戏、人才、文化活力和多元化6个方面入手,通过量化数据来考量各大城市的文化发展状况。从数据的比较中可以看出我国城市与世界文化城市在文化参与、文化消费领域的差距还比较大。
② 〔日〕驮田井正、浦川康弘著《文化时代的经济学》,尹秀艳、王彦风译,经济科学出版社,2013,第129页。日本学者的观念源于日本资源贫乏的困境。全球日趋严峻的资源、环境压力迫使我们必须面对发展的挑战,思考其中的合理性。

参考文献

著作类：

梁漱溟著《东西文化及其哲学》，商务印书馆，1999。
胡惠林著《文化政策学》，上海文艺出版社，2003。
陈鸣著《西方文化管理概论》，书海出版社、山西人民出版社，2006。
毛少莹著《公共文化政策的理论与实践》，海天出版社，2008。
陈云著《香港有文化——香港的文化政策（上）》，香港，花千树出版有限公司，2008。
王为理著《从边缘走向中心：深圳文化产业发展研究》，人民出版社，2007。
艺衡、任珺、杨立青著《文化权利：回溯与解读》，社会科学文献出版社，2005。
潘嘉玮著《加入世界贸易组织后中国文化产业政策与立法研究》，人民出版社，2006。
俞可平主编《治理与善治》，社会科学文献出版社，2000。
薛晓源、曹荣湘主编《全球化与文化资本》，社会科学文献出版社，2005。
孙萍主编《文化管理学》，中国人民大学出版社，2006。
陈威主编《公共文化服务体系研究》，深圳报业集团出版社，2006。

陈威主编《完备的公共文化服务体系研究》，深圳报业集团出版社，2010。

谭功荣著《西方公共行政学思想与流派》，北京大学出版社，2008。

张生祥著《欧盟的文化政策：多样性与同一性的地区统一》，中国社会科学出版社，2008。

宿琴著《多元维持与共识建构：欧盟文化政策研究》，中国政法大学出版社，2012。

黄鹤著《文化规划：基于文化资源的城市整体发展策略》，中国建筑工业出版社，2010。

刘合林著《城市文化空间解读与利用：构建文化城市的新路径》，东南大学出版社，2010。

中国科学院中国现代化研究中心主编《中国现代化报告2009——文化现代化》，北京大学出版社，2009。

周长城等著《全面小康：生活质量与测量——国际视野下的生活质量指标》，社会科学文献出版社，2003。

中宣部文化体制改革和发展办公室、文化部对外文化联络局主编《国际文化发展报告》，商务印书馆，2005。

张广钦主编《国外公共图书馆建设标准与规范概览》，国家图书馆出版社，2009。

中国社会科学院知识产权中心主编《非物质文化遗产保护问题研究》，知识产权出版社，2012。

周成璐著《公共艺术的逻辑及其社会场域》，复旦大学出版社，2010。

王列生等著《国家公共文化服务体系论》，文化艺术出版社，2009。

范中汇著《英国文化》，文化艺术出版社，2003。

郑新文著《艺术管理概论》，上海音乐出版社，2009。

王京生著《观念的力量》，人民出版社，2012。

〔美〕Toby Miller/George Yudice 著《文化政策》，国立编译馆主译，蒋淑贞、冯建三译，台北，巨流图书公司，2006。

〔英〕吉姆·麦圭根著《重新思考文化政策》，何道宽译，中国人民大学出版社，2010。

〔法〕Gerard. Monnier 著《法国文化政策：从法国大革命至今的文化艺术机制》，陈丽如译，台北，五观艺术事业有限公司，2004。

〔法〕Pierre Moulinier 著《44个文化部：法国文化政策机制》，陈羚芝译，台北，五观艺术事业有限公司，2010。

〔英〕查尔斯·兰德利著《创意城市：如何打造都市创意生活圈》，杨幼兰译，清华大学出版社，2009。

〔美〕威廉·N. 邓恩著《公共政策分析导论》，谢明等译，中国人民大学出版社，2002。

〔英〕托尼·本尼特著《本尼特：文化与社会》，王杰等译，广西师范大学出版社，2007。

〔美〕理查德·E. 凯夫斯著《创意产业经济学：艺术的商业之道》，孙绯等译，新华出版社，2004。

〔澳〕思罗斯比著《经济学与文化》，王志标等译，人民大学出版社，2011。

〔英〕雷蒙·威廉斯著《关键词——文化与社会的词汇》，刘建基译，生活·读书·新知三联书店，2005。

〔加〕D. 保罗·谢弗著《经济革命还是文化复兴》，高广卿等译，社会科学文献出版社，2006。

〔加〕D. 保罗·谢弗著《文化引导未来》，许春山、朱邦俊译，社会科学文献出版社，2008。

〔荷〕C. A. 冯·皮尔森著《文化战略》，刘利圭、蒋国田译，中国社会科学出版社，1992。

〔英〕E. B. 泰勒著《原始文化》，连树声译，上海文艺出版社，1992。

联合国教科文组织、世界文化与发展委员会主编《文化多样性与人类全面发展——世界文化与发展委员会报告》，张玉国译，广东人民出版社，2006。

联合国贸发会议（UNCTAD）主编《2010创意经济报告》，中国社会科学院文化研究中心（RCCP）翻译，三辰影库音像出版社，2011。

〔新加坡〕阿努拉·古纳锡克拉、〔荷兰〕塞斯·汉弥林克、〔英国〕文卡特·耶尔主编《全球化背景下的文化权利》，张毓强等译，中国传媒大学出版社，2006。

联合国开发计划署主编《2004年人类发展报告：当今多样化世界中的文化自由》，中国财政经济出版社，2004。

联合国教科文组织主编《世界文化报告1998：文化、创新与市场》，关世杰等译，北京大学出版社，2000。

联合国教科文组织主编《世界文化报告2000：文化的多样性、冲突与多元共存》，关世杰等译，北京大学出版社，2002。

〔美〕泰勒·考恩著《创造性破坏——全球化与文化多样性》，王志毅译，世纪出版集团、上海人民出版社，2007。

〔美〕乔尔·科特金著《全球城市史》（修订版），王旭译，社会科学文献出版社，2010。

〔法〕让-皮埃尔·戈丹著《何谓治理》，钟震宇译，社会科学文献出版社，2010。

〔日〕西村幸夫著《再造魅力故乡：日本传统街区重生故事》，王惠君译，清华大学出版社，2007。

〔英〕维克托·迈尔—舍恩伯格、肯尼思·库克耶著《大数据时代：生活、工作与思维的大变革》，盛杨燕、周涛译，浙江人民出版社，2013。

〔美〕詹姆斯·海尔布伦、查尔斯·M.格雷著《艺术文化经济学（第二版）》，詹正茂等译，中国人民大学出版社，2007。

〔法〕弗雷德里克·马特尔著《主流——谁将打赢全球文化战争》，刘成富等译，商务印书馆，2012。

〔日〕驮田井正、浦川康弘著《文化时代的经济学》，尹秀艳、王彦风译，经济科学出版社，2013。

〔美〕艾伦·斯科特著《城市文化经济学》，董树宝、张宁译，中国人民大学出版社，2010。

〔美〕简·杰弗里、余丁著《向艺术致敬：中美视觉艺术管理》，徐佳译，知识产权出版社，2008。

〔美〕Sharon Zukin 著《城市文化》,张廷佺等译,上海教育出版社,2006。

〔美〕刘易斯·芒福德著《城市文化》,宋俊岭、李翔宁、周鸣浩译,郑时龄校,中国建筑工业出版社,2009。

〔法〕贝尔纳·古奈著《反思文化例外论》,李颖译,社会科学文献出版社,2010。

〔美〕赫斯蒙德夫著《文化产业》,张菲娜译,中国人民大学出版社,2007。

〔美〕科瑞德著《创意城市:百年纽约的时尚、艺术与音乐》,陆香、丁硕瑞译,中信出版社,2010。

〔英〕吉姆·麦奎根主编《文化研究方法论》,李朝阳译,北京大学出版社,2011。

〔澳〕约翰·哈特利编著《创意产业读本》,曹书乐、包建女、李慧译,清华大学出版社,2007。

〔美〕理查德·佛罗里达著《创意经济》,方海萍、魏清江译,中国人民大学出版社,2006。

〔美〕E.S.萨瓦斯著《民营化与公私部门的伙伴关系》,周志忍等译,中国人民大学出版社,2002。

〔美〕罗纳德·V.贝蒂格著《版权文化——知识产权的整治经济学》,沈国麟、韩绍伟译,清华大学出版社,2009。

Diane Grams & Betty Farrell, Entering Cultural Communities-Diversity and Change in the Nonprofit Arts, Rutgers, the State University, 2008.

Nike Stevenson, Cultural Citizenship: Cosmopolitan Questions, Open University Press, 2003.

Ruth Towse (EDT), a Handbook of Cultural Economics, Edward Elgar Pub. 2005.

Justin Lewis/ Toby Miller, Critical Cultural Policy Studies: A Reader, Oxford, UK; Malden, MA: Blackwell Pub., 2003.

David Throsby, The Economics of Cultural Policy, Cambridge University Press, 2010.

论文及报告类：

胡惠林：《当代中国文化政策的转型与重构——20年文化政策变迁与理论发展概论》，《上海交通大学学报（社会科学版）》1999年第3期。

刘华：《文化政策视域下我国知识产权文化发展研究》，《华中师范大学学报（人文社会科学版）》2009年第2期。

方彦富：《文化政策研究的兴起》，《福建论坛（人文社会科学版）》2010年第6期。

李河、张晓明：《当代中国文化政策十年》，《中国社会科学院院报》2008年5月8日。

方立峰、任孜：《公共政策导向与文化存亡》，《西北大学学报：哲学社会科学版》2012年第4期。

李敏：《欧美文化政策转变的方向、特征及启示》，《现代经济探讨》2012年第3期。

郭灵凤：《欧盟文化政策与文化治理》，《欧洲研究》2007年第2期。

郭灵凤：《变化中瑞典文化政策：地方化与欧洲化》，《欧洲研究》2008年第1期。

张敏：《法国当代文化政策的特色及其发展》，《国外理论动态》2007年第3期。

苑捷：《当代西方文化产业理论研究概述》，《马克思主义与现实》2004年第1期。

罗昔明：《文化、政策与管制——托尼·贝内特的文化批评观念剖析》，《兰州学刊》2007年第2期。

高小平等：《美国政府绩效管理的实践与启示》，《中国行政管理》2008年第9期。

王俐容：《文化政策中的经济论述：从精英文化到文化经济？》，台湾，《文化研究》2005年第1期。

田晓明：《文化建设的思考与隐忧》，《苏州大学学报（哲学社会科学版）》2012年第6期。

金岱：《论社会凝聚与文化逻辑》，《学术研究》2013年第2期。

周江评、孙明洁：《城市规划和发展决策中的公众参与——西方有关文献及启示》，《国外城市规划》2005年第4期。

李祎、吴义士、王红扬：《从"文化政策"到"文化规划"——西方文化规划进展与编制方法研究》，《国际城市规划》2007年第5期。

屠启宇、林兰：《文化规划：城市规划思维的新辨识》，《社会科学》2012年第11期。

李少惠、张红娟：《建国以来我国公共文化政策的发展》，《社会主义研究》2010年第2期。

国务院发展研究中心课题组：《旧城的保护与更新：经验借鉴与启示》，《中国发展观察》2009年第2期。

袁娟、沙磊：《美国和日本政府绩效评估相关法律比较研究》，《行政与法》2009年第10期。

潘明珠、许兴望：《博物馆推广活动绩效评估之研究》，台北，《旅游管理研究》第一卷第1期，2001年12月。

谢玉玲、赖荣平、谢育颖：《文化展演设施建设需求评估指标之研究》，台北，《建筑学报》第58期，2006年12月。

孙溯源：《集体认同与国际政治——一种文化视角》，载《现代国际关系》2003年第1期。

单霁翔：《城市文化遗产保护与文化城市建设》，《城市规划》2007年第5期。

沈丽：《历史街区之文化型社区建设的"3W"模式》，《法制与社会》2007年第11期。

陈舒：《历史街区有机更新模式研究——从利益相关者角度出发》，《特区经济》2013年5月。

飞龙：《国外保护非物质文化遗产的现状》，《文艺理论与批评》2005年第6期。

刘志军：《非物质文化遗产的人类学透视》，《浙江大学学报》2009年第5期。

庄孔韶：《文化遗产保护的观念与实践的思考》，《浙江大学学报》2009年第5期。

赵志红、黄宗贤：《艺术在公共空间中的话语转换——公共艺术概念的变迁》，《美术观察》2007年第11期。

王志弘：《台北市文化治理的性质与转变，1967～2002》，《台湾社会研究季刊》2003年总52期。

〔澳〕Terry Flew：《"统一化"与"软实力"——全球创新经济大潮下对文化政策的反思》，赵介苎编译，《文化艺术研究》2009年3月第2卷第3期。

〔英〕Nicholas Garnham著《从文化产业到创意产业——解读英国艺术及媒体发展政策中"创意产业"一词的含义》，马绯璠译，《文化艺术研究》2009年第2卷第6期。

〔瑞士〕布鲁诺·费雷著《文化经济学：个人视角》，张斌译，《国外理论动态》2007年第3期。

〔澳〕Christopher Madden：《艺术和文化政策指标：一种全球视角》刘建蓉编译，《文化艺术研究》2010年第2期。

〔法〕皮埃尔-米歇尔·门格著《欧洲的文化政策——从国家视角到城市视角》，欣文译，《国外社会科学》2012年第3期。

〔丹麦〕Darrin Bayliss：《丹麦的创新潜力：文化在丹麦城市发展战略中的作用》，刘建蓉编译，《文化艺术研究》2009年第4期。

〔波兰〕雅努兹·西摩尼迪斯著《文化权利：一种被忽视的人权》，黄觉译，《中国社会科学》1999年第4期。

〔法〕查尔斯·安布罗西诺、文森特·吉隆：《法国视角下的创意城市》，贾丽齐、刘海龙译，《国际城市规划》2012年第7期。

〔斯洛文尼亚〕Vesna Copic著《论文化政策研究中实证研究的缺失》，马绯璠编校，《文化艺术研究》2012年第1期。

章辉：《文化研究与政治经济学：从对抗走向联合》，《甘肃社会科学》2013年第3期。

丛立先：《国际版权制度发展趋向探论》，《国外社会科学》2010年第2期。

范春燕：《解读当代西方发达国家的文化政策——西方学者对文化政策的研究及其启示》，《国外社会科学》2013年第3期。

任珺:《文化指标:从理论背景到指标模型设计》,《中国公共文化服务发展报告(2009)》,社会科学文献出版社,2009。

任珺:《欧盟文化政策与区域文化统计指标研究》,《文化蓝皮书:中国文化产业发展报告(2010)》,社会科学文献出版社,2010。

任珺:《我国区域文化产业发展的政策反思》,《文化产业导刊》2011年第12期。

任珺:《当代西方国家文化政策发展脉络》,《中国文化产业评论》(第14卷),上海人民出版社,2011。

任珺:《政策导向的文化研究》,《南方论丛》2011年第3期。

任珺:《文化政策研究需要跨学科互动》,《中国社会科学报》2012年7月2日"文化产业栏目"。

任珺:《文化治理推动文化管理机制创新研究》,《中国文化创新报告(2013)》,社会科学文献出版社,2013。

任珺:《公共政策视域下的文化权利保障》,《中国社会科学报》,2013年9月6日"公共管理栏目"。

任珺:《当代西方文化政策价值取向及政策选择》,《文化战略与管理》(第2卷),上海人民出版社,2013。

任珺:《文化治理在当代城市再生中的发展》,《文化产业研究》(第7辑),南京大学出版社,2014。

香港大学文化政策研究中心、香港民政事务局:《创意指数研究报告》,2005年11月。

台北市文化局:《台北市文化指标变迁趋势分析报告》,2008年1月。

Adrienne Scullion/Beatriz Garcia, What is Cultural Policy? A Research Agenda, Centre for Cultural Policy Research, University of Glasgow, Scotland. 1999.

Cultural statistics in the EU: Eurostat working document 3/2000/E/No. 1, European Commission, 2000.

"Action Plan on Cultural Policies for Development", Intergovernmental Conference on Cultural Policies for Development, Stockholm, Sweden, 30 March −2 April, 1998.

"The National Endowment for the Arts: Public Participation in the Arts: 1982 and 1992", Research Division Note#20, Oct. 25, 1993.

European Taskforce on Culture and Development, In from the margins: A contribution to the debate on culture and development in Europe [R], Strasbourg: Council of Europe publishing, 1997.

International Federation of the Arts Councils and Culture Agencies (IFACCA), D'Art report number 18: Statistical Indicators for Arts Policy, June 2005.

Colin Mercer, "From Data to Wisdom: building the knowledge base for cultural policy"; Jukka Liedes, "Policy development through user-oriented indicators and the challenges and pitfalls of evidence-based policy making"; Vladimir Bina, "Indicators on Cultural Participation and Access to Culture", CultureWatchEurope 2012 Conference: Cultural Access and Participation-from Indicators to Policies for Democracy, Helsinki, Finland, 30 June 2012.

Council of Europ/ERICarts, "Compendium of Cultural Policies and Trends in Europe", 13th edition, 2012.

Australian Bureau of Statistics (2010). "Vital Signs: Cultural Indicators for Australia". Canberra, ACT: Cultural Ministers Council.

Derek Simons and Steven F. Dang, "International Perspectives on Cultural Indicators: A review and compilation of cultural indicators used in selected projects", November 2006.

UNESCO/UNESCO Institute for Statistics: Measuring Cultural Participation, 2009 framework for cultural statistics handbook No. 2, 2012.

Partnership for New York City, "Cities of Opportunity: Business-Readiness Indicators for the 21st Century", 2007.

T. Bennett, "Differing Diversities-Cultural Policy and Cultural Diversity", 2001.

Colin Mercer, "Towards Cultural Citizenship: Tools for Cultural Policy and Development", Stockholm, The Bank of Sweden Tercentenary Foundation, 2002.

Deborah Mills, "Cultural Planning-Policy Task, not Tool", Artwork Magazine, issue 55, May 2003.

后 记

　　文化往往被视为一种观念形态，但文化物质层面的社会生活方式，日益为人们所重视和强调。当代社会，文化作为治理的"客体"（object）和"工具"（instrument）的双重属性非常明显。所以，文化政策领域获得前所未有的扩展。表面上，冷战后各民族国家文化政策对文化的社会属性及经济属性极度关注；事实上，当代文化政策政治意识形态属性不是消解了，而是更为隐性化了，内在于人们的生存、发展方式当中。在这场激烈的竞争中，需要比拼的是谁能处理好文化的整体发展观，即协调政治、经济、社会、文化、科技和环境之间的平衡关系。从这一角度出发，文化必然成为国家或城市发展的关键，相关的公共政策与战略的正确选择就显得尤为重要了。

　　中国社会在20世纪末进入剧烈的转型期，由计划经济向市场经济的迅速变革，把人们从文化的意识形态领域引入文化的社会、经济领域，呈现与国际接轨的发展趋势。本书即在这一背景下介入文化政策研究，重点对文化生产运行机制、文化管理体制及技术等方面作深入探讨，所涉及的知识与经验，对我们的文化政策发展，无疑具有一定的参照价值。但本书仍有不足之处，如还缺乏对文化符号生产和流通体系中的文化价值和社会权力之间张力的分析与思考。虽然本书试图以全球视角来观察不同层面文化政策的发展，但限于语言文字的障碍，导致许多国家的发展经验实际上是缺场的。有学者指出当前任何对文化及其政治潜能的研究，都不能忽视全球文化市场及其技术和资本流动。这也是文化政策研究需要关注的重要领域，本书虽有涉及但还未能深入展开研究。此外，对深圳的案例研究也有些简单和仓促了。笔者曾就这一问题与吴予敏教授探讨过，他认为：我们处在深圳，对于深圳的经验可能估计不够，或者看到它的问题多一点，但是从城市历史和深圳的理念看，确实是有很多可以好好总结和宣扬的地方。在本书中深圳案例研究显然还不到位，本书留下的种种缺憾只能在以后相关研究中予以弥补。

  落其实者思其树，饮其流者怀其源。首先，我要感谢导师吴予敏教授，先生达观的做人态度、严谨的治学观念，对学生的为人为业影响深远。同时，我也要感谢彭立勋教授给予的学术启迪和帮助，感谢他抽出宝贵时间为本书作序。其次，感谢将我引入文化政策研究领域的尹昌龙博士，特别感谢王为理研究员和毛少莹研究员，他们在本人研究工作中给予了诸多启发和支持。感谢深圳大学诸位师长的教导与培育；感谢深圳市特区文化研究中心、深圳市社会科学院各位领导及同仁的关心和帮助，与他们的交流和讨论，使我获益匪浅。最后，感谢至亲家人让我拥有幸福！

2013 年 11 月 30 日于深圳梅林

图书在版编目(CIP)数据

跨域视角下的文化政策研究/任珺著.—北京：社会科学文献出版社，2014.2
ISBN 978-7-5097-5619-5

Ⅰ.①跨… Ⅱ.①任… Ⅲ.①文化工作-方针政策-研究 Ⅳ.①G0

中国版本图书馆CIP数据核字（2014）第016668号

跨域视角下的文化政策研究

著　　者 / 任　珺

出 版 人 / 谢寿光
出 版 者 / 社会科学文献出版社
地　　址 / 北京市西城区北三环中路甲29号院3号楼华龙大厦
邮政编码 / 100029

电子信箱 / pishubu@ssap.cn　　　　　　　　责任编辑 / 周映希　崔　岩
项目统筹 / 周映希　　　　　　　　　　　　责任校对 / 岳宗华
经　　销 / 社会科学文献出版社市场营销中心　责任印制 / 岳　阳
　　　　　（010）59367081　59367089
读者服务 / 读者服务中心（010）59367028

印　　装 / 三河市尚艺印装有限公司
开　　本 / 787mm×1092mm　1/16　　　　　印　　张 / 18
版　　次 / 2014年2月第1版　　　　　　　　字　　数 / 285千字
印　　次 / 2014年2月第1次印刷
书　　号 / ISBN 978-7-5097-5619-5
定　　价 / 59.00元

本书如有破损、缺页、装订错误，请与本社读者服务中心联系更换
▲ 版权所有　翻印必究